本书系河北师范大学出版基金与河北师范大学法政与公共管理学院出版基金资助成果

日本修改安保法与解禁自卫权

源流和历史变迁

Amendment of Japan's Security Laws and
the Lifting of the Ban on the Right of Self-Defense

Origins and Historical Changes

赵立新 著

中国社会科学出版社

图书在版编目（CIP）数据

日本修改安保法与解禁自卫权：源流和历史变迁／赵立新著. —北京：中国社会科学出版社，2024.9
ISBN 978 – 7 – 5227 – 3552 – 8

Ⅰ.①日… Ⅱ.①赵… Ⅲ.①军法—法制史—研究—日本 Ⅳ.①E313.26

中国国家版本馆 CIP 数据核字（2024）第 093911 号

出 版 人	赵剑英
选题策划	宋燕鹏
责任编辑	金 燕　宋燕鹏
责任校对	李 硕
责任印制	李寡寡

出　　版	中国社会科学出版社
社　　址	北京鼓楼西大街甲 158 号
邮　　编	100720
网　　址	http://www.csspw.cn
发 行 部	010 – 84083685
门 市 部	010 – 84029450
经　　销	新华书店及其他书店
印　　刷	北京明恒达印务有限公司
装　　订	廊坊市广阳区广增装订厂
版　　次	2024 年 9 月第 1 版
印　　次	2024 年 9 月第 1 次印刷
开　　本	710×1000　1/16
印　　张	19.75
插　　页	2
字　　数	281 千字
定　　价	108.00 元

凡购买中国社会科学出版社图书，如有质量问题请与本社营销中心联系调换
电话：010 – 84083683
版权所有　侵权必究

目　录

前　言 …………………………………………………………… (1)

第一章　《日本国宪法》的制定与"和平主义"原则的确立 ……………………………………………………… (6)
　　第一节　美国占领与"非军事化"政策的实施 ……………… (6)
　　第二节　《日本国宪法》的制定及主要内容 ………………… (11)
　　第三节　宪法第9条与"和平主义"原则的确立 …………… (22)

第二章　《旧金山和约》的签订与安保问题的出现 ………… (26)
　　第一节　《旧金山和约》的签订与安保体制的确立 ………… (26)
　　第二节　日美安保体制分析 …………………………………… (37)
　　第三节　从亚太角度看日美安保体制 ………………………… (41)

第三章　安保体制与"和平主义"原则的背离 ……………… (47)
　　第一节　日本国内对安保体制的认识 ………………………… (47)
　　第二节　日本国民对第9条的接受与再军备遗留问题 ……… (53)
　　第三节　关于"放弃战争"的解释变化：自卫权问题出现 ………………………………………………………… (57)

第四章　20世纪60年代安保法的修改与自卫权解释变化 …… (64)
　　第一节　《日美安保条约》的修改 …………………………… (64)
　　第二节　关于日本的战争责任问题 …………………………… (68)

第三节　个别自卫权内涵的解释扩展 …………………（72）
　　第四节　关于自卫队与自卫权的相关诉讼 ……………（77）

第五章　21世纪后日本解禁集体自卫权与修改安保法 …（82）
　　第一节　"9·11"事件与自卫权解释的变化 …………（82）
　　第二节　日本政府对安全认知的变化与解禁集体
　　　　　　自卫权 …………………………………………（96）
　　第三节　2015年日本"新安保法案"的出台 …………（115）

第六章　对日本解禁集体自卫权
　　　　　与修改安保法的认识 ……………………………（135）
　　第一节　对日本解禁集体自卫权的认识 ………………（135）
　　第二节　对日本修改安保法的认识 ……………………（143）
　　第三节　从国际法与军事法角度的思考 ………………（156）
　　第四节　对日本承认集体自卫权行使问题的思考 ……（167）

第七章　如何理解日本宪法的"和平主义" ……………（174）
　　第一节　日本政府对"和平主义"原则的认识变化 …（174）
　　第二节　"分裂型"和平国家与"积极和平主义" ……（182）
　　第三节　日本战后对"和平主义"宪法的修改活动 …（187）
　　第四节　对日本"和平主义"宪法的再认识 …………（205）

第八章　日本解禁集体自卫权与修改安保法的影响 ……（223）
　　第一节　日本新安保政策与"自主防卫" ……………（223）
　　第二节　日本解禁集体自卫权与美日同盟 ……………（232）
　　第三节　日本新安保法与东亚和中国安全 ……………（240）

结语　对日本未来走向的思考 ……………………………（252）

附录一　日本历代内阁一览 ………………………………（259）

附录二　相关法案 ……………………………………………（263）
　"日本明治宪法"（即《大日本帝国宪法》）…………………（263）
　《日本国宪法》 ………………………………………………（268）
　"日本国宪法修改草案"（自由民主党）……………………（280）
　《日美安全保障条约》（旧）…………………………………（301）
　《日美安全保障条约》（新）…………………………………（302）

参考文献 ………………………………………………………（305）

前　　言

2022年12月，日本正式通过新版《国家安全保障战略》《国家防卫战略》《防卫力量整备计划》三份安保政策文件，这表明战后日本安保理念和防务政策发生了重大转折，也是日本彻底抛弃"专守防卫"政策、背离《日本国宪法》"和平主义"原则的体现，但《日本国宪法》"和平主义"原则条款的存在始终是日本扩展军事力量的绊脚石。因此，修改"和平宪法"也成为岸田文雄政府上台后着力推动的一项重要课题。

实际上，修改宪法几乎是战后有野心日本政客的"必修课"。拥有战后最长首相任期的安倍晋三在解禁集体自卫权和修改安保法之后，念念不忘的就是修宪，对安倍没有完成的使命，岸田文雄能否实现，关键要看其任期时间和国内外局势的发展。从表面看，对日本政府执着于修改宪法"和平主义"原则条款的行为似乎难以理解，但通过对历史的回顾，我们也许会有较为清晰的认识。

近代以来，在日本社会不断西化的过程中，传统文化的"反动"或强或弱始终存在，它与来自西方的制度、文化长期保持一种"张力"，由此构成了日本制度和文化的"混合性"。对此，日本著名的思想家加藤周一曾形象地称近代以来的日本文化为"杂种文化"，而作为政治学者的丸山真男则将日本传统文化的影响看作"执拗的低音"。① 纵观日本近代以来的法制历史，同样体现了这样一种

---

① ［日］樋口陽一：《加藤周一と丸山眞男》，平凡社2014年版，第121—122页。

"特色"。

日本是近代第一个制定宪法的亚洲国家，也是迄今世界上法律体系比较完备的国家之一，但是，法制和宪法的概念并不是日本本土的产物，它是近代日本继受西方法制的结果。

近代以前，日本文化曾深受中国的影响，日本古代法也深深地打上了中国传统法的烙印。在中国，"宪法"一词在中国先秦的文献中就已出现，如《国语·晋语九》有"赏善罚奸，国之宪法"之语，《诗经》也有"文武吉甫，万邦惟宪"，但这里的"宪法""宪"，显然不同于现代的宪法观念。古代日本在吸收中国文物制度的同时，也引进了中国关于"宪法"的概念。

公元7世纪初，日本掌权的圣德太子大力吸收中国文化，制定了《十七条宪法》，这是"宪法"一词最早在日本出现。① 此后，日本江户幕府时期编有《宪法部类》，明治政权初期编有《宪法资料》，但很显然，这都不具有近代宪法的含义，只不过是一些法令或法令集，"宪法"一词意味着"法规"。与此相对，自江户时代末期到明治初期，英语 Constitution 的观念开始被介绍到日本，作为表现这一观念的译语，日本国内曾使用"国宪""政规""根本立法""宪法"等各种词汇。1889年日本"明治宪法"发布后，"宪法"作为 Constitution 的对应词汇在日本正式固定下来，但日本"明治宪法"，是以神权主义为基础的宪法，因此，日本学者称之为"外见的立宪主义宪法"。②

进入20世纪30年代以后，随着日本法西斯的上台，"明治宪法"多元体制的缺陷日益明显，其民主因素逐渐遭到破坏，保守、反动的一面逐渐被强化，特别是1938年《国家总动员法》的制定和1940年政党的解散，表明"明治宪法"的立宪主义连"外见"都已

---

① 华夏、赵立新、[日]真田芳宪：《日本的法律继受与法律文化变迁》，中国政法大学出版社2005年版，第13页。
② [日]佐藤司：《現代憲法論》，八千代出版1987年版，第2页。

经不复存在，取而代之的是天皇制法西斯主义，"明治宪法"体制遭到了彻底破坏。

1945年8月14日，日本宣布无条件投降，以美国为首的同盟国军队占领日本。根据《波茨坦宣言》的精神，以美国为首的占领军当局通过"指令"，实行了一系列铲除日本军国主义的非军事化政策，同时，为彻底消除军国主义产生的土壤，在盟军司令部的主持和"压力"下，以宪法改革为中心，日本在政治体制、社会经济、思想文化等领域展开了广泛的改革。

1947年5月3日实施的《日本国宪法》否定了天皇主权，确立了国民主权原则，"和平、民主、人权"成为新宪法的三大基石。新宪法为战后日本社会的民主化和经济腾飞奠定了基础。

由于战后的《日本国宪法》是在美国"压力"下制定的，因此，在1952年日本恢复独立后，其国内保守势力开始试图修宪。此后70多年间，围绕宪法修改，日本国内各种势力之间展开了长期的斗争，迄今为止，斗争仍在继续，虽然日本政府试图全面修改宪法的企图没有成功，但一些宪法条文，如宪法第9条"不得保持武装力量"的规定，通过日本政府的解释和议会相关立法，实际已经变得空洞化。换句话说，日本宪法部分内容已经发生了"实质上的变迁"。

2007年5月，安倍晋三政权不顾在野党的反对，在议会强行通过了"修宪程序法"，从而为《日本国宪法》的修改铺平了道路。可以说，日本宪法的"三大基石"已开始动摇。2012年安倍晋三第二次上台，虽然维持了迄今为止最长期的执政时间，但修宪是安倍晋三没有完成的夙愿。

今天作为日本首相的岸田文雄准备再进一步，试图通过修改宪法为自卫队正名，这无疑是日本对侵略亚洲国家历史的公然"背叛"。

目前，以中日韩为核心的东亚地区已经成长为与北美和欧盟并肩的世界三大经济中心之一，东亚地区在产业链、供应链上深度融合，而日本推动修宪和"泛安全化"的经济政策，无疑会阻碍区域经济一体化进程。但日本执着于修宪和强化安保的步伐并没有放松。

目前，日本自卫队在亚洲活动的范围越来越大，早已超出"自卫"的范畴，且身边伴随的是美军，甚至包括多国联军，这显然不是为了维护地区的和平与稳定。

当然，日本的行动符合美国的利益，因此，拜登就任总统以来，在其亚洲的行程中，日本成为重要的一站。从拜登对日本的行程安排也可以看出其对日本的重视：不仅有美日的双边活动，美国还把两场重要的多边活动放在日本。其中，一场是启动"印太经济框架"——讨论经济议题；一场是美日印澳"四方安全对话"机制峰会——讨论安全议题。在之后的记者发布会上，岸田文雄表示："要确保印太地区的和平与繁荣，需要日本和美国发挥主导作用。"其借力美国的表现很明显，也似乎是在告诉国内民众和亚太域内国家，日本在亚太地区具有很强的影响力。

当然，岸田文雄苦心经营的背后目的很明确。在拜登首次的日本行结束后第一天，《朝日新闻》就指出，岸田文雄已完成他"上任以来最大的外交盛举"，但接着又说，首相是希望炫耀他的成就，以取得今夏参议院选举的胜利。可见，日本人也很清楚，岸田文雄的行为是为选举服务的。因为，如果岸田文雄所在的自民党在参议院选举中失败，他只能辞职。相反，由于参议院的任期是6年，但每3年改选一半议员，众议院议员的任期是4年，岸田文雄一旦顺利率领自民党过关，就能带领这届内阁走向长期稳定，但摆在岸田文雄面前的路并不平坦。因为一般选民更关注与自己生活息息相关的经济。

在目前俄乌冲突外溢影响不断扩大的背景下，作为以进出口贸易立国的日本，同样被能源、粮食和原材料的全球供应紧张所困扰，近期日本的通货膨胀率更是不断走高。对此，曾长期担任外务大臣的岸田文雄首相采取的办法就是转移国内视线，因此他苦心经营，试图借美国抬高自己，争取更多选民的支持。

实际上美国和日本是在互相利用。因为，在二战后以美国为主的盟军占领日本期间，美国对日本进行的"民主化改革"并不彻底，从表面看，日本政治体制实现了分权制衡，建立了违宪审查制，出现了多个政党，很符合美国"民主"的样子。但美国不仅保留了日本的天皇制，也没有彻底清算日本的军国主义残余，在日本获得"独立"后，还有意扶植与军国主义存在千丝万缕联系的保守势力上台执政。如作为二战后远东国际法庭认定的甲级战犯岸信介，在20世纪五六十年代曾作为首相长期执政，决定释放战犯的正是美国。在美国的操弄下，日本在未对历史进行认真彻底反思的情况下，就被裹挟到美国的新战略中。在担任日本首相期间，岸信介的重要政绩之一即是修改《日美安保条约》，与战后初期签署的旧《日美安保条约》相比，新条约明文规定了美国有"保卫日本的义务"，通过该条约，日本和美国结成了军事同盟，美国在东亚找到了战略支点。

当然，1960年的新《日美安保条约》也增加了日本的主导权。此后的日本依靠美国力量逐渐挣脱战后国际规则的束缚，并一路右转，在美国的默许下不断扩充军事力量。虽然迄今未能实现修宪、建立国防军的目的，但通过解释宪法，一步步解禁了集体自卫权，而美国也达到了在亚太地区保留不稳定因素作为自己制衡其他国家支点的目的。但这个目的，是以伤害和牺牲域内安全稳定为代价的。因此，当今日本解禁集体自卫权和修改安保法的联动，是一项非常危险的举动。

第一章 《日本国宪法》的制定与"和平主义"原则的确立

第一节 美国占领与"非军事化"政策的实施

一 美国的占领体制与占领政策

(一) 美国的占领体制

1945 年 8 月 14 日，日本正式接受《波茨坦公告》，向同盟国投降，9 月 2 日签订投降文书，之后，以美国为首的"同盟国军"进驻日本，日本天皇和政府的国家统治权也受制于"同盟国军"最高司令官（SCAP）。[1]

在"同盟国军"开始"占领"日本之初，美国曾拟实施直接统治，但 8 月下旬，美国的对日方针发生了变化。8 月 22 日，美陆军省通知占领军最高司令官麦克阿瑟，决定对日实行间接统治。之后的 10 月 2 日，在日本东京成立以麦克阿瑟为首的联合国军总司令部（简称"盟总"，GHQ）。"盟总"之下设参谋部，参谋部之下设民间财产管理、公共卫生福利、民间情报教育、民政、经济科学、天然资源、民间运输、统计资料、民间通信、法务、一般会计、国际检事等局，同时在总司令部下设"对日理事会"和"远东国际军事法庭"。在地方则设有 8 个地方军政部。

---

[1] ［日］牧英正、藤原明久：《日本法制史》，青林书院 2007 年版，第 441 页。

"盟总"对日实行间接统制的方式是以指令、一般命令、备忘录、书信和口头等形式，通过日本的终战联络委员会或日本政府下达指令。9月20日，日本天皇发布"紧急敕令"，规定：为实施联合国军最高司令官的备忘录和指令，在必要时，"盟总"可以日本政府命令的形式来发布指令，这些"指令"同样具有法律效力。为保证"盟总"和麦克阿瑟指令的实施，日本政府于10月31日制定《阻碍占领目的处罚令》，规定：对反对盟国最高司令官对日本政府指令之行动、反对盟国占领军的军、军团、师团及各司令部为实施这一指令所发布的命令之行为、以及违反日本政府为履行这一指令所发布的法令的行为，均视为"阻碍占领目的的有害行为"，对此严加惩处。① 这样，在美军占领日本的同时，建立了以美国为主的占领体制。

同年12月16日，在莫斯科召开苏、美、英三国外长会议，决定成立远东委员会和对日理事会。远东委员会由美、苏、英、中、法、荷、加、澳、印（度）、菲、新（西兰）11国组成，设在华盛顿。该委员会是决定和审查对日占领政策的决策性机构，它有两项权力：一是决定对日政策的原则性方针和政策；二是根据成员国的要求审查美国政府对"盟总"的指令和最高司令官的行动。但委员会制定的政策必须通过美国政府下达指令给"盟总"和麦克阿瑟，由他们具体执行，且该委员会对领土和军事等行动无权干涉。在决定对日政策时，需要委员会成员半数以上的同意，且半数中必须包括美、苏、英、中四大国。如决议没能通过，美国政府可以向"盟总"和麦克阿瑟发出"中间指令"，如委员会不提出异议，则指令有效。可见美国在委员会中享有极大的权力。

对日理事会则由美、苏、英、中四国代表组成，它是盟国最高司令官的咨询机构。盟国最高司令官在向日本政府发出指令前，必

---

① ［日］末川博：《戦後二十年史資料——法律》（三），日本評論社1971年版，第212页。

须在事先通知理事会，并与之协商。但理事会对最高司令官没有约束力，也没有对指令的否决权。麦克阿瑟在该理事会的第一次会议上曾说：理事会的职能是顾问性和建议性的，他不得侵犯最高司令官的行政责任，并且不得批评其占领政策。①

远东委员会和对日理事会在成立后，由于内部的对立和分歧，未能发挥其应有的作用。所以，在战后对日的军事占领和占领政策的制定与实施中，美国占据了主导地位。而战后日本的法制改革也正是围绕美国的占领政策展开的。

（二）美国的对日占领政策

美国对日占领政策的研究在太平洋战争爆发后即已开始，1944年1月，美国国务院成立战后计划委员会，其下属的远东地区委员会即负责起草对日政策。同年3月，该委员会完成《战后美国的对日目的》，文件从政治、经济、军事等方面规定了美国在日本要达到的最终目的。根据这一文件，美国政府在1945年制定了《战后初期的对日政策》，并于9月22日正式公布。它是美国政府及其占领军实行对日占领政策的基本文件，由"最终目的""盟军权利""政治""经济"四部分组成。据此，其最终目的是：甲，日本确实不再成为美国和世界和平安全的威胁；乙，最终建立一个和平、负责任的政府，即尊重他国权力、支持联合国宪章的理想和原则所显示之美国目的的政府。即解除日本的军国主义，消除其军事威胁，建立和平民主的新日本。

为实现上述目标，占领军通过指令，实行了一系列铲除日本军国主义的非军事化政策，主要包括：解除日军武装、解散军事机构、废除军事法令和制裁战犯等。由于日本投降时，本土和海外尚有几百万武装军队，对此，占领当局以第一和第二号命令，利用天皇和日本政府，迅速解除了这些日军的武装，并使其复员回原地，使曾拥有庞大军队的日本一时变成没有军队的国家。与此同时，美军还

---

① 吴廷璆：《日本史》，南开大学出版社1994年版，第796页。

相继解散了日本军队的主要机构大本营、元帅府、陆军参谋本部、海军军令部以及军事参议院、陆军省、海军省。并指令日本政府废除《兵役法》《国防保安法》《军机保护法》等一系列军事法令，以及《国家总动员法》《战时紧急措施法》等战时法令。在9月至12月，又分三批逮捕了东条英机等108名战犯，交远东军事法庭进行审判。到1946年，日本政府根据指令还相继解散和取缔了在乡军人会、大日本政治会、大政翼赞会等100多个法西斯军国主义团体，整肃了曾猖狂鼓吹和积极执行侵略战争的法西斯军国主义骨干，不许他们出任公职，不许在政党、社会团体、新闻出版和财界任职。[①]这样，以美国为首的占领军迅速实现了日本的非军事化。

二 美国在日本各项改革的开始

要彻底铲除日本的军国主义体制，以上措施还远远不够，必须对日本的政治、经济、社会、文化等方面进行全面改革，彻底消除军国主义产生的土壤。为此，战后日本的法制改革就以宪法改革为中心，在政治体制、社会经济、思想文化等领域广泛展开。

10月4日，盟军总司令部发布《关于废除对政治、公民、宗教自由限制的备忘录》，要求日本政府立即释放包括共产党人在内的一切政治犯；废除特高警察，并罢免内务省和各县警察部长及特高警察；废除《治安警察法》《治安维持法》等法令；解除对政治、民权及信仰自由的一切限制，其中包括对天皇和政府的自由议论限制。当时的东久迩内阁由于不愿执行这一指令，加之国务大臣绪方竹虎因作为首批战犯被捕，外务大臣重光葵也因战犯嫌疑辞职等因素，被迫于10月5日辞职。继任的币原喜重郎内阁于成立后的第二天（该内阁10月9日成立），即遵照10月4日备忘录的指示，释放了包括共产党人在内的近2500名政治犯。其中包括收监者439人，预

[①] 吴廷璆：《日本史》，南开大学出版社1994年版，第798—799页。

防拘禁者17人，间谍嫌疑者39人以及被保护观察者2026人。① 此后，在12月19日，联合国军司令又下令，恢复被释放政治犯的选举资格，它们可以参加投票和担任公职。

10月11日，币原首相亲自前往盟军总司令部拜访了麦克阿瑟，麦克阿瑟要求他进行妇女参政、鼓励成立工会、教育民主化和自由化、废除秘密司法制度、进行经济民主化五项改革。此后到1945年年底，政府根据指令进行了一系列的改革。

在民主化方面，12月17日制定众议院新选举法，给广大妇女以选举权和被选举权，并降低选举权和被选举权的年龄。12月18日制定工会法，保障国家公务员和广大工人组织工会、举行罢工和集体交涉的基本权利。同时还废除了法西斯军国主义法令和战时制定的经济法令。

在教育方面，根据"盟总"《关于日本教育政策》的指令，废除了学校中的军事教育和军事训练，驱除了学校中的军国主义者和法西斯分子，并成立公民教育刷新委员会和日本教育家委员会，在铲除法西斯军国主义教育的同时，为建立新的教育体制进行准备。

在社会方面，"盟总"于12月15日发布了神道与国家分离的指令，从而切断了法西斯军国主义的精神支柱。为贯彻这一指令，日本政府于12月28日发布《宗教法人法》，保障宗教信仰者的自由。次年2月，又进一步修改这一法令，把神社改为一般的宗教法人。同时，在1946年1月1日发布的关于新日本建设的诏书中，天皇亲自发布了否定自己神格的宣言，从而为象征天皇制的变化奠定了基础。此外，政府根据指令在经济方面也采取解散财阀、实行币制改革等措施。

上述改革为日本新宪法的制定及各项改革奠定了基础。1946年

---

① ［日］天川晃、荒敬等：《法制司法制度の改革》"GHQ日本占領史"第14卷，日本図書中心1996年版，第9頁。

以后，以《日本国宪法》的制定为契机，各项改革轰轰烈烈地展开了。

第二节 《日本国宪法》的制定及主要内容

一 《日本国宪法》的制定

1889年制定的《大日本帝国宪法》（即"明治宪法"）确立了近代日本的政治制度，这种政治制度在促进日本社会发展的同时，也助长了日本法西斯军国主义的发展。因此，要铲除法西斯军国主义，就必须改革日本的政治制度，废除《大日本帝国宪法》，制定一部新的、民主的宪法。

关于日本政治制度的改革问题，美国政府在1943年即开始研究，当时对在政治改革中如何处理天皇制问题有两种意见：一种主张废除天皇制，一种主张改革和保留天皇制。1945年10月6日，美国国务院和陆海军共同制定文件，决定先把天皇制和裕仁天皇个人分开，然后考虑制定新宪法问题。这样，美国政府通过"盟总"开始积极参与日本国宪法的制定工作。

与此同时，广大日本国民也纷纷要求按照《波茨坦宣言》的精神创建一个民主、非军事化的政治体制，其中有些团体和进步学者还提出了体现国民主权原则的宪法草案，而在日本政府内部则出现了几种意见：一种主张只需改变"明治宪法"的运用即可达到目的，不必修改条款；一种主张只要对条款稍加修改即可；还有一种认为修改是必要的，但必须在将来恢复独立后进行。① 因此，日本政府对修改宪法一直持消极态度。

1945年10月11日，麦克阿瑟指令新成立的币原喜重郎内阁起草新宪法草案。币原首相立即成立了以松本丞治国务大臣为主任的

---

① ［日］宫泽俊义：《日本国宪法精解》，董璠舆译，中国民主法制出版社1990年版，第6页。

宪法调查委员会，该委员会以清水澄、美浓部达吉为顾问，宫泽俊义等为委员，开始着手对宪法的修改工作。1945年12月8日，时任国务大臣松本丞治曾在当年的临时议会中阐明宪法修改的4项原则，即：不改变天皇总揽统治权原则；扩大议会权限以限定天皇权限；国务大臣负责全部国务并对议会负责；扩大对国民权利和自由的保护。① 此后，根据这一方针，该委员会在1946年2月完成草案，并呈交"盟总"审阅，此即"松本草案"。由于该草案没有对"明治宪法"进行大的修改，战前的天皇制仍被保留。不仅如此，草案说明中竟出现了"由天皇统治日本国是从日本国有史以来不断继承下来的，维持这一制度是我国多数国民不可动摇的坚定信心"。这显然与美军的占领政策大相径庭，也不符合广大日本国民的意愿。因此，该草案遭到盟军总司令部的否决，认为该草案比最保守的民间草案还要保守，一点也看不到宪法民主化的意图。②

与此同时，在松本领导下的委员会进行宪法起草时，美国最高统治集团也在认真考虑日本宪法的修订工作。1945年11月27日，美国三部协调委员会颁布了列为最高机密的、题为"日本政府体系改革"的SWNCC228号文件，在该文件"结论"部分的第四款规定了日本宪法修改的6条基本原则，指出："日本人必须被鼓励去废除《大日本帝国宪法》，或者沿着更民主的方向进行改革。如果日本人决定保留日本帝国宪法，那么盟军最高统帅也要向日本当局指出，下列原则必须加入其中：①内阁总理大臣，应在立法机构的建议和赞同下选任，他与内阁的全体成员必须对立法机构负责；②当一个内阁在立法机构中失去信任后，它必须集体辞职或面对全体选民；③天皇只有在内阁授意下才可以进行所有的重要国事活动；④天皇必须被剥夺《大日本帝国宪法》第一章第11、12、13和14条所授

---

① ［日］现代宪法研究会：《日本国宪法：資料と判例》，法律文化社1981年版，第6页。

② ［日］牧英正、藤原明久：《日本法制史》，青林书院1999年版，第452页。

予的全部军事权力；⑤内阁必须对天皇行动提出可行意见和提供帮助；⑥皇族的全部收入应来自国库，皇族的花费必须与立法机构批准的年度预算相符合。"① 上述6项基本原则实际规定了日本宪法改革的具体实施原则，包括了象征天皇制和内阁责任制等原则，此后日本宪法的修改方案正是按这些原则精神进行的。

12月18日，SWNCC228号文件在美国的参谋长联席会议讨论和研究后，被整理成"备忘录"，即《参谋长联席会议备忘录》，以SWNCC228/1号文件的形式发布。文件称："从长远的军事观点来考虑，参谋长联席会议对日本政府的主要担心是将来会有极端的民族主义分子或军国主义分子的势力和集团来统治这个国家，并操纵这个国家再次发动侵略和战争。"还要求麦克阿瑟"更周密和详细地研究和考虑政府和宪法改革的每一个细节，使日本人民能够接受这些变化，以避免或尽量减小日本人因这些改革而产生的不满和动乱"②。

麦克阿瑟和盟军最高统帅部在1946年1月11日正式接到这两份绝密文件后，开始拟定"盟总"自己的日本宪法改革总体构想。因此，当麦克阿瑟在2月7日接到"松本草案"后，当然予以拒绝。此后，麦克阿瑟决定由"盟总"亲自起草宪法草案。同时指示了宪法修改的三原则：①天皇制可以保留，但必须改变其现有存在形式，其权利和义务都要受宪法的限制；②日本应放弃战争和战争准备，日本不得拥有陆海空三军武装力量；③废除一切封建体制。

此后，"盟总"政治局的惠特尼准将和民政局副局长兼行政科长肯迪斯上校、法制科科长乌艾尔中校和哈西海军中校等人开始依据这三项原则在极秘密的情况下起草日本宪法，2月13日草案完成并交给麦克阿瑟，在取得麦克阿瑟同意后，将草案交给日本政府，此

---

① 于群：《美国对日占领政策研究》，东北师范大学出版社1996年版，第53—54页。
② 于群：《美国对日占领政策研究》，东北师范大学出版社1996年版，第54页。

即"麦克阿瑟草案"。之所以如此着急，是因为"盟总"想在2月26日召开的远东委员会之前公布草案，以避免该委员会对宪法修改问题的直接介入，维护美国的利益。麦克阿瑟草案规定以国民主权为原则，放弃战争、解除军备，保障基本人权等，这使顽固坚持"维护国体"的日本政府感到非常狼狈，特别是看到草案中罗列的"天皇是象征""放弃战争""土地和自然资源收归国有""国会改为一院制"等，感到就像"晴天霹雳"一样。因此，币原首相和松本国务大臣仍想争取麦克阿瑟让步，制定一个双方都能接受的妥协方案，但麦克阿瑟寸步不让。

　　经内阁讨论，最终决定接受这一草案。因为对币原内阁来说，不论对草案如何不满，在当时的国际形势下，该草案规定的天皇制"是现实可以期望的最大限度的天皇制"，如果不与该草案合作，恐怕会带来全面否定天皇制本身。对这一点，当时的"盟总"民政局长惠特尼在向日本政府交付草案时曾说得很清楚，他说："如果日本拒绝此案，就对天皇的人格进行重大变更。"后来又说："如果你们无意支持这种形式的宪法草案，麦克阿瑟元帅将越过你们直接诉诸日本国民。"[①]

　　在麦克阿瑟的坚决态度和明显威胁面前，日本政府被迫原则上接受这一草案文本，只对美方草案作了两处修改：一是把议会由一院制改为两院制，二是删去了"土地和自然资源收归国有"的所有条文。3月4日，由"盟总"民政局的部分官员和经过挑选的日本专家小组组成特别工作组，开始宪法草案的具体文字核准和校译工作。专家组先把美方草案用准确、不能引起歧义和误解的英文表述出来，然后再译成能良好地、满意地传达英文意思的日文。3月6日，日本政府在此基础上制定了"日本宪法修改草案纲要"，并公开发表。由于草案贯彻了自由、民主、和平的原则，因此得到大多数国民的支持。

---

① 吴廷璆：《日本史》，南开大学出版社1994年版，第806页。

一些政党团体和个人提出了很多修改补充意见，其中日本共产党提出了废除天皇制的主张，其他政党和团体则主要要求宪法明确规定"主权属于国民"，反对含糊地写成"国民的总意是至高无上的"①。

与此同时，远东委员会也在研究日本宪法草案。1946年5月3日，远东委员会出台了《关于日本新宪法草案应采纳的原则》，对日本新宪法的制定提出了三点原则：①应该给予足够的时间和机会充分讨论和思考新宪法的条款；②应该保证新宪法与"明治宪法"存在法律上的连贯性；③新宪法应该在能够明确表达日本国民自由意志的情况下通过。②1946年7月2日，远东委员会又通过《制定日本新宪法的基本原则》决议案，该决议案与日本公布的宪法草案主要有两处明显的不同，即：日本内阁大部分成员（包括内阁总理）应该来自国会议员，内阁成员必须来自文职官员。③对于远东委员会和日本国内的修改意见，"盟总"除"废除天皇制"以外，基本上都予以接受或考虑，因为这与美国的政策没有大的冲突。

1946年4月11日，美国三部协调委员会颁布标题为"处置日本帝国宪法"的SWNCC209/1号文件，明确表达了美国政府对日本制宪的立场：①美国作为一个共和国，当然愿意创建一个共和制的日本，如果这是日本国民意愿的话，但是，有迹象显示，绝大多数日本人不愿完全废除明治宪法，因此，最高统帅应该尽力避免采取主动行为完全废除旧的宪法。②日本君主制政府如果可以改造成一个和平和负责任的君主立宪制政府，符合美国在日本要达到的目标。③最高统帅不要强迫日本国民立即作出决定。④SWNCC228号文件提出的宪政改革原则仍需要考虑继续执行，特别是"明治宪法"第

---

① 这实际是日本翻译的专家小组企图玩弄蒙混过关的手段，因为草案英文原文为："Sovereign will of the People"，其含义明显为"主权属于国民"。

② [日]现代宪法研究会：《日本国宪法：資料と判例》，法律文化社1981年版，第37页。

③ 于群：《美国对日占领政策研究》，东北师范大学出版社1996年版，第57页。

1条、第3条、第4条必须从语言到精神彻底改变,天皇必须置于宪法的约束之下。⑤盟军最高统帅必须向天皇施加影响,使其不断且自愿地向日本国民表明他是一个普通人,与其他日本人没有不同之处。此后的6月27日,三部协调委员会又颁布题为"美国关于正式通过日本新宪法的政策"的文件,该文件针对上述5月13日远东委员会的决议案,要求麦克阿瑟不要急于通过新宪法,以免使远东委员会各成员国认为新宪法不是在日本国民自由表达自己意愿的情况下通过的,同时,该文件要求增加一项补充规定,即关于"日本宪法的修改":"当将来宪法需要修改时,众议院必须在三分之二以上议员出席时才能开展修改宪法的辩论,任何修改必须在出席议员三分之二以上投票赞成时才能做出。"① 此即后来的96条。

为贯彻三部协调委员会的文件精神,麦克阿瑟指示"盟总"民政局和日本政府在8月公布的宪法草案修正案中,增加了日本国内众多政党及团体要求明确的"主权属于国民"条款以及远东委员会提议的"内阁半数以上议员应是国会议员"条款。在日本国会两院酝酿宪法草案修正案时,又增加远东委员会关于"内阁全体成员都应为文职人员"的提议。同时,针对远东委员会认为日本宪法制定太快,不符合《波茨坦公告》中"日本国民自由意志的表达"精神的意见,增加"宪法的修改"和"本宪法自公布之日起经六个月开始施行"条款,以缓和美国与远东委员会各成员国因日本宪法制定产生的矛盾,避免苏联等大国在远东委员会行使否决权阻止《日本国宪法》的实施,从而影响美国对日本进行各项改造方针和政策的实施。

期间的4月17日,日本政府以"纲要"为基础,制定了"宪法修改草案",并予以公布。众议院从6月25日开始对草案进行审议,经若干修改后,于8月24日通过并送交贵族院,贵族院于8月26日开始审议,经修改后于10月6日以压倒多数通过(298票对2票

---

① 于群:《美国对日占领政策研究》,东北师范大学出版社1996年版,第58页。

通过），10月7日，众议院再次以424票对5票通过了贵族院的草案。当然，依据当时的情况，议会的讨论不会是完全充分自主的，但讨论中，质询和答复仍频繁进行，表示了一些批评的见解。

议会通过的宪法草案，因在两院审议时进行过修改，所以再次送枢密院咨询，10月29日获通过后，经天皇裁可，于11月3日依据《公式令》的规定在官报上公布，并定于1947年5月3日开始实施，此即《日本国宪法》。

二 《日本国宪法》的主要内容和特点

1946年制定的《日本国宪法》否定了天皇主权，确立了国民主权原则。具体规定了立法、行政、司法三权的分立与制衡。

新宪法由前言、11章正文，共103条组成。其中正文包括：天皇（第1—8条）、放弃战争（第9条）、国民的权利与义务（第10—14条）、国会（第41—46条）、内阁（第65—75条）、司法（第76—82条）、财政（第83—91条）、地方自治（第92—95条）、修改（第96条）、最高法则（第97—99条）、补则（第100—103条）。这部宪法在保护资本主义私有制的前提下，削弱了天皇的权力，并以三权分立原则组织国家机关，实行责任内阁制，扩大了公民的民主自由权利。

具体来说，新宪法与明治宪法相比具有以下特点：

（1）确定了象征天皇制。鉴于天皇在日本社会中的深远影响，占领当局保留了天皇制，以便利用它作为政治、精神上的统治工具，但新宪法规定："天皇是日本国的象征，是日本国民统合的象征"，"其地位基于主权所在之日本国民之总意"（第1条）。并规定，天皇只能行使宪法所定关于国事之行为，没有关于国政的权能。而实行关于国事的行为时，应由内阁建议与承认，并由内阁负责。从而否定了明治宪法以天皇为中心，主权属于天皇的政治体制。

与旧宪法相比，新宪法对天皇制的规定主要有以下四方面的重大变化：（1）旧宪法把天皇神化，说天皇是"神的子孙"，是"神圣不可侵犯的"，并实行政教合一，强迫人民信仰神道，崇拜天皇。新宪法在1946年元旦天皇发表《人格宣言》的基础上，再没有把天皇与神联系起来，同时宣布废除政教合一，实行政治和宗教相分离的政策，从而在精神和思想上削弱了天皇对国民的控制。（2）旧宪法规定，天皇是日本国家的元首，总揽立法、行政、司法、外交、财政、军事、官员任免等一切统治大权。新宪法则规定，立法权属于国会，行政权属于内阁，司法权属于法院等，天皇"没有关于国政的权能"，"只能行使本宪法规定的国事行为"，如依据国会的提名任命内阁总理大臣，依据内阁的提名任命最高法院院长及法官，以及公布宪法修正案、法律、政令及条约等，这些国事行为由于"必须有内阁的建议与承认，由内阁负其责任"的限制，纯属形式和礼仪上的，故从根本上限制了天皇的权力。（3）新宪法否定了"君权神授"的谬论，旧宪法把天皇的统治地位和权力说成是"神授"的，为否定这一点，新宪法明确规定，天皇的地位"以拥有主权的全体日本国民的意志为依据"。（4）新宪法对天皇财产和皇室经济做了新的规定和限制。依据旧宪法，天皇财产和皇室财产全部归天皇和皇室管理，不属于国有财产，议会也不能过问。从而使天皇的财产急剧膨胀，到第二次世界大战结束时，据官方公布的统计数字，天皇的财产总额高达15.9亿日元，相当于当时日本最大的两家财团三井和三菱资产总和的3.5倍。天皇所拥有的土地相当于战前所有大地主土地总和的4倍。而新宪法规定："天皇的一切财产属于国家，皇室的一切费用必须列入预算，经国会议决通过。""授予皇室财产，皇室承受或赐予财产，均需依据国会的决议。"从而在经济上限制了天皇的权力。①

（2）实行国民主权原则。世界主要国家宪法中关于国家主权的归属问题有不同的提法，美国宪法主张"人民主权"，英国宪法主张

---

① 于群：《美国对日占领政策研究》，东北师范大学出版社1996年版，第61—62页。

"议会主权",德国宪法主张"国家主权"。由于日本宪法是在美国的控制下制定的,所以基本采纳了美国的主张。日本新宪法前言规定:"兹宣布,主权属于国民,并制定本宪法","盖国政源于国民的严肃委托,其权威来自国民,其权利由国民的代表行使,其福利由国民享受,这是人类普遍的原则,本宪法即以此原则为依据。"依据日本新宪法,日本国民行使主权的方式有两种,一是直接民主制,二是间接民主制。其中直接行使的主权有:①国民直接投票选举国会两院议员;②国民直接投票选举地方各级议会的议员;③国民直接投票选举都道府县和市町村的各级行政长官;④国民直接投票决定是否同意修改宪法,只有在得到国民投票者半数以上同意时才能修宪;⑤国民在众议院大选时同时直接投票决定是否罢免最高法院的法官;⑥国民直接投票决定是否同意订立只适用于某一地区的特别法律。新宪法规定的国民间接行使的主权,即由国民直接选出的各级议会议员来行使。

（3）规定了放弃战争的原则。新宪法在序言中指出:"日本国民期望永久的和平,深怀统治人类相互关系的崇高理想,信赖爱好和平的各国人民的公正与信义,决心保护我们的安全与生存。我们希望在努力维护和平,从地球上永久消灭专制与隶属、压迫与偏狭的国际社会中,占有光荣的地位。"为表明实现这种理想的决心,宪法又在第9条明确规定:"日本国民衷心谋求基于正义与秩序的国际和平,永远放弃作为国家主权发动的战争、武力威胁或使用武力作为解决国际争端的手段。为达到前项目的,不保持陆海空军及其他战争力量,不承认国家的交战权。"纵观各国宪法,放弃战争,否认交战权在各国宪法中是史无前例的,法国、意大利和比利时宪法明文规定不参加侵害别国的战争,但并没有规定放弃战争和否认交战权。明确规定放弃战争和不保持武装力量的只有《日本国宪法》,因此它反映了日本国民维护和平的决心。这也是日本宪法的一大特色。

（4）明确了分权与制衡原则。新宪法规定了国家的立法、行政、司法三权分属国会、政府、法院这三个具有独立法律地位的国家机关，并确立了相互制约的关系。宪法规定：国会是国家最高权力机关和唯一的立法机关，他由参议院和众议院组成。两院议员均由国民普选产生。行政权由内阁行使，内阁是国家最高行政机关，对国会负责。内阁首相经国会提名由议员中产生，众议院对内阁有不信任决议权，而内阁对众议院又有解散权。司法权属于最高法院和由法律规定设立的下级法院，法官独立行使审判权。同时在第78条还规定了法官的身份保障体制。当然，在三权之中，国会占据最高的地位，除立法权外，他还拥有对国家政治的发言权和控制国家权力的能力。不仅如此，他还拥有广泛的国政调查权。因此，在三权分立中，国会处于优越地位。

（5）规定了较广泛的国民权利与自由。宪法第3章对国民的权利和自由作了较广泛的规定，该章共31条，占宪法总条文的近三分之一。除对人身、财产、居住、集会、结社、出版、通信、宗教信仰等一般权利做出规定外，在政治上还新增加了国民选举和罢免公务员的权利，以及为要求制定、废止、修订有关法律举行和平请愿的权利；在社会经济方面则增加了劳动权、受教育权、享受文化生活与健康的权利等。与此同时宪法还确认了国家的基本人权是"不可侵犯的永久权利"。而对国民权利的限制，只在第12条规定"受宪法保障的国民自由与权利，国民必须以不断的努力保持之。国民不得滥用此种自由和权利，而应经常负起用以增进公共福利的责任"。这些国民最基本的权利和自由的规定虽然比欧美宪法的规定晚了100到200年，但与"明治宪法"相比无疑是一个巨大的历史进步，对于战后日本政治与社会发展及经济进步等都有着重要的意义。

为确保新宪法能够保持相对的稳定性，防止当权者随心所欲的修改宪法产生独裁整体，新宪法第96条明确规定：现行宪法的修改必须经国会两院全体议员三分之二以上多数赞成，并由国会创议，经全民投票过半数同意。正是这一严格规定，使《日本国宪法》迄今70多年的时间没有修改。

《日本国宪法》的制定反映了战后日本国民热爱和平、要求民主的愿望，也基本体现了现代宪法发展的特点。他为铲除法西斯主义的影响，建立民主的新日本奠定了基础，同时也开创了日本现代法制建设的新时代。但是，由于宪法制定的特殊背景和条件，使其无论内容还是形式方面，都有许多不完善的地方。如宪法中多处出现的"国家""国""国权"等不明确的概念。[1] 此外，宪法中确立的一些原则，有的形同虚设，有的根本没真正实施过，一些宪法解释也往往因人、因时而不同。加之国内长期存在的宪法论战，从而使宪法中的民主、自由内容和原则经常受到右翼势力的抵制，这些都影响了宪法的实施效力。

当然，由于新宪法是在"麦克阿瑟草案"的基础上制定的，因此，受到了英美宪法和欧洲大陆宪法的广泛影响，特别是美国《独立宣言》、法国《人权宣言》、英国《权利法案》和德国《魏玛宪法》的基本内容。但它并非英美宪法的翻版，而是在当时各种因素的影响下，吸收了各进步宪法和思想的产物。具体来说：（1）新宪法草案是在麦克阿瑟的指示下完成的，他在草案中提出的几项基本原则包括：保留天皇制、放弃战争、废除封建制度、采用英国式的预算制度等。这些原则除最后一项外，几乎与英美宪法没有多大联系。而实际是与美国的占领政策、日本的特殊国情以及麦克阿瑟个人的思想密切相关。（2）美国宪政思想的影响。《独立宣言》、联邦宪法的前言、以及林肯总统演说中的政治思想等都对宪法草案产生了重大影响。（3）以《魏玛宪法》为主的欧洲进步宪法的影响。这主要表现在与社会保障权有关的条文上。另外，在日本新宪法草案起草前制定的《联合国宪章》以及此前的《非战公约》等国际文件对草案也存在一定的影响。如宪法第 9 条显然是受到了后者的影响。[2]

可见，《日本国宪法》虽然是由美国人起草的，但并非全面移植

---

[1] 何勤华等：《日本法律发达史》，上海人民出版社 1999 年版，第 63 页。
[2] ［日］伊藤正己：《日本国宪法と英美宪法》，载 jurist，1975 年 11 月。

英美宪法，而是受到了各种因素的影响。但不能否认，这种其他因素的影响更多表现在宪法的前言、基本条款背后的思想等方面，在具体的条文中，英美的制度和规范则起到了决定性的影响。

第三节 宪法第9条与"和平主义"原则的确立

一 《日本国宪法》第9条的由来与结构

（一）战后日本宪法第9条的由来

《日本国宪法》第9条是依据《波茨坦宣言》和战后初期美国对日方针的精神制定的。具体来说：首先，基于美国战后对日政策的总体目标，即美国三部协调委员会SWNCC150/4号文件中所规定的"确保日本今后不再成为美国的威胁，不再成为世界和平与安全的威胁"；其次，基于以三部协调委员会SWNCC228/1号文件形式发表的美国参谋长联席会议备忘录，在这份备忘录中，美国军方的将军们对日本将来最担心的是日本在军国主义分子和极端民族主义分子的操控下再次发动侵略战争；再次，麦克阿瑟和盟军最高统帅部在认真研究了包括上述文件在内的一系列美国相关文件，在1946年2月7日，对GHQ民政局的成员提出了制定宪法草案的三项原则，其中第2条明确指出："废除作为国家主权的战争，即使是作为解决纠纷的手段或保卫自己的安全，日本也必须放弃战争。日本的防卫和保护要依靠当今推动世界发展的崇高的理想。日本不得拥有任何陆海空三军武装力量，不能给予日本军任何的交战权利。"① 在这里，明确地表达了连自卫战争都要放弃，但是，这一表现在2月13日GHQ的草案和此后的《日本国宪法》中没有继续，这也是此后产生"宪法9条没有放弃自卫权和自卫战争"解释的原因。② 在"盟总"

---

① ［日］现代宪法研究会：《日本国宪法：资料と判例》，法律文化社1981年版，第12页。

② ［日］小沢隆一：《クローズアップ憲法》，法律文化社2008年版，第31页。

起草的宪法草案中，依据麦克阿瑟的提议，提出了放弃战争、不保持陆海军和否定日本交战权的内容。该草案的表述为："放弃以国权发动的战争。无论任何国家，作为与别国解决争端的手段，永久地放弃武力威胁和使用武力。未来不赋予保持陆、海、空军及其他战力的功能，不赋予国家交战权。"① 此后日本政府在这一基础上进行了修改，但基本继承了这一原则。在草案的第9条规定：永远放弃以国家主权发动的战争、武力威胁或使用武力作为解决国际争端的手段；不允许保持陆海军及其他战争力量，不承认国家的交战权。在草案提交议会审议时，在第1项的前面又增加了"日本国民衷心谋求基于正义与秩序的国际和平"，在第2项的前面增加了"为达到前项之目的"。这就是宪法第9条的由来。②

当然，也有日本学者从思想的角度对宪法第9条提出的思想背景从五个方面进行了总结，即：（1）两次世界大战期间的和平思想；（2）1928年签署的《巴黎非战公约》的相关规定；（3）日本国民的厌战情绪；（4）币原喜重郎的和平思想；（5）麦克阿瑟的作用。③

（二）宪法第9条的学说解释

围绕宪法第9条的学说解释主要包括以下几种类型：①第1款全面放弃和第2款全面禁止说。该学说认为：第9条第1款规定了连自卫战争在内的所有的战争和武力行使都放弃，为此，第2款是对全面禁止战力的确认。②第1款部分放弃和第2款全面禁止说。该学说认为：关于第1款，因为国际法（《巴黎非战条约》和《联合国宪章》）没有禁止作为自卫手段的武力行使，因此，应该采取限定放弃的宗旨，关于第2款，是全面禁止战力的保持。③第1款部

---

① ［日］高柳賢三：《日本國憲法の制定過程》，有斐閣2000年版，第242页。
② ［日］日本近代法制史研究会：《日本近代法120講》，法律文化社1992年版，第262页。
③ ［日］千叶真、小林正弥：《日本宪法与公共哲学》，白巴根等译，法律出版社2009年版，第39—48页。

分放弃和第 2 款限定禁止说（自卫战力合宪说）。该学说认为：第 9 条第 1 款意味着部分放弃，第 2 款"为达到前款目的"这一用语应理解为没有放弃作为自卫的战争和武力行使。④第 1 款部分放弃、第 2 款的"战力"禁止和"自卫力"允许说（"自卫力"合宪说）。该学说关于第 1 款的解释与第 2 种和第 3 种学说相同，第 2 款禁止"战力"的解释与第 2 种学说相同，但认为，第 2 款没有禁止"为了自卫的必要最小限度的实力"，这也是自卫队创立以来日本政府的主要见解。依据第 1 种和第 2 种学说，第 9 条可以理解为禁止保持超过警察力量的实力，因此，现在的自卫队是违宪的。另一方面，依据第 3 种和第 4 种学说，自卫队作为自卫力量是合宪的。① 本来，自卫权这一观念是国际法上的观念，在国际法上，自卫权被作为国家的基本权利，属于传统上主权国家所固有的权利，是指一个国家在遭受外国的非法入侵时，为保卫自己的国家而诉诸武力或实力的一种权利。《联合国宪章》第 51 条对自卫权也予以有限的承认，但是，作为行使军事力的军队的存在在《日本国宪法》上并没有规定，从这一点上来说，自卫队的存在是不符合宪法规定的。

二　和平主义与和平的生存权

《日本国宪法》的制定反映了战后日本国民热爱和平、要求民主的愿望。因此，新宪法在"前言"中指出："日本国民期望永久的和平，深怀统治人类相互关系的崇高理想，信赖爱好和平的各国人民的公正与信义，决心保护我们的安全与生存。我们希望在努力维护和平，从地球上永久消灭专制与隶属、压迫与偏狭的国际社会中，占有光荣的地位。"为表明实现这种理想的决心，宪法又在第 9 条明确规定："日本国民衷心谋求基于正义与秩序的国际和平，永远放弃作为国家主权发动的战争、武力威胁或使用武力作为解决国际争端的手段。为达到前项目的，不保持陆海空军及其他战争力量，不承

---

① ［日］小沢隆一：《クローズアップ憲法》，法律文化社 2008 年版，第 32—33 页。

认国家的交战权。"纵观各国宪法，明确规定放弃战争和不保持武装力量的只有《日本国宪法》，虽然自近代以来，特别是第二次世界大战后，一些国家的宪法规定了放弃"以征服为目的的战争"（法国、巴西）、"作为国家政策手段的战争"（缅甸）、"作为解决国际纠纷手段的战争"（意大利），甚至规定"准备侵略战争的行为都是违宪的"（德国），但无论怎样表达，表明的都是禁止"侵略战争"，甚至《联合国宪章》也没有否定作为行使自卫权的武力行使。与此相对，《日本国宪法》第9条第1款规定的放弃战争是否包括自卫战争尽管存在很大争论，但在第2款规定的为使放弃战争成为现实而废除军备这一点上，使其超越了其他国家的宪法，应该属于典型的和平主义，它反映了日本人民维护和平的决心，在世界史上具有一定的意义，这也是《日本国宪法》的一大特色。

《日本国宪法》和平主义的重要意义在于，把"和平的生存权"作为和平主义的基础，把和平作为人权问题提了出来。因为，战争不仅否定自由和人权，甚至危及人的生存，人的自由和生存只有在和平中才能得到保护，所以，和平是一切人权的基础。

第二章 《旧金山和约》的签订与安保问题的出现

第一节 《旧金山和约》的签订与安保体制的确立

一 美国对"讲和"的准备过程

1946年6月21日,美、英、苏、中四国完成了对日讲和条约草案,该草案不仅禁止日本拥有"包括陆军、海军、空军以及防空军在内的一切武装力量",而且禁止日本拥有"像宪兵队、特高科等一切准军事力量以及相关辅助组织",甚至禁止拥有"日本的军事组织以及准军事组织"。同时,为监视条约的实施,由四国设立一个监察委员会。但是,到1948年初,随着冷战的出现,美国开始转变对日政策。

当时的美国国防部要求陆军部进行关于德国和日本"限制军备"的研究,陆军部接受任务后,由计划作战局提出了《关于日本限定军备》的计划书,该计划书的结论部分明确了之后日本再军备的基本性质,含有许多今天日本自卫队性质的内容,其相关部分内容如下

> 之五:日本继续置于美国的控制之下。从战略角度而言,将日本本土置于美国控制之下,不仅可以对抗远东共产主义的扩张,必要时也是达成美国现行战争计划不可缺少的。之六:为防止日本屈服于苏联的控制,必须复兴日本经济,在由美国保障日本领土和政治体制的同时,允许日本军队作为补充。之

七：仅从军事的观点来看，日本军队的建立可以分担美国对日本的防卫责任，使美国有限的人力资源作为经济型军事力量使用。之八：假设就局限性而言，日本军队的设立不同于增加市民警察和边防警察，现在因为以下理由既不现实也不明智，即：①由于日本经济状况不佳导致食品、工业和运输船只的原材料缺乏，甚至对军备，如果没有长期的外部援助就不能维持有限的军备计划，因此，仅凭日本的力量，要实现这一计划仅限于兵员、劳动力和主要设施。②要实现这一行为，需要修改新宪法、抛弃《波茨坦宣言》，甚至需要要求日本人完全修改远东委员会十几个国家和美国一起制定的合理的占领政策，而该种修改不仅会受到苏联的强力反对，也会受到远东具有重要利害关系国家的强烈反对。之九：日本市民警察的增强首先应该是为了强化现在的中央集权国家和地方警察，国家和地方警察除执行原来的任务之外，还要负责支援占领军地域保安队的任务，成为将来日本军队组织化的桥梁。之十：首先，设立日本沿海警卫队，并根据需要增加必要的员额，沿海警卫队除执行原来的任务之外，还要负责支援占领军地域保安队的任务，成为将来日本军队组织化的桥梁。之十一：该计划现在应该是为日本限制性军事力量的最终建立，为联合国军占领的结束或日本实质的主权回归做准备的。日本的限制性军事力量主要由美国组织、训练并予以严格控制，并且应该是为了维护国内安全、抵御外部侵略而从事地域性防卫活动，以国家再次复兴为目的而存在的。之十二：为了现在及将来的防卫承认日本军队的立场，应该进行实现修改新宪法为目的调查。①

在此必须确认的是："限制军备"是占领结束后的计划，而不是

---

① ［日］古関彰一：《"平和国家"日本の再検討》，岩波書店 2013 年版，第 61—62 页。

在占领时期进行。但是，尽管之后经历了众多波折，在该计划中仍能看到，之后美国对日再军备计划的基本要点中，有很多甚至是非常重要的决定都与该计划是吻合的。换句话说，在战后冷战刚刚开始之际，美日媾和条约构想出现之前，美国陆军部就已经预先做出了日本再军备的基本构想。

对该决定而言，以下几点非常关键：第一，该"限制军备"必须由美国组织、训练，并严格处于美国的控制之下。这一再军备的基本性质在此后美国的文件中多次被确认。第二，提出了加强占领之下的日本警察力量，认为可以起到"支援占领军的地区保安军的任务，同时也可以成为将来日本军队组织化的桥梁"。在这里，美国陆军部已经设想通过增强警察力量作为桥梁，为将来过渡到军队奠定基础，之后的事实也正是照此逻辑发展的。第三，该文件提到了日本宪法的修改问题。即，要使日本的军队合法化，需要按宪法96条规定的国会提议和国民投票对宪法进行修改，虽然在法律形式上看，有观点认为宪法并不禁止防御性的军事力量，但是，依据宪法前言和占领军发布的一系列命令，宪法的意图很明显的是无条件地放弃战争，禁止军队，日本的安全托付给爱好和平的各国人民的信任。因此，①虽然依据宪法解释，超越警察的高水平日本军事机构的创立是违宪的，但也是唯一合理的，并且，从与日本国民的关系上以及美国的角度来看，这是最好的选择；②远东委员会赞成规定军队的修改根本没有可能性，苏联、中国和菲律宾会强烈反对，澳大利亚、新西兰会在一定程度上反对。另一方面，美国应该劝告日本政府在适当的时机进行那样的修改。①

从上述内容可见，美国陆军部在考虑建立从警察（确切地说是"市民警察"）转换到军队之间、得到强化的"警察队"这一日本从未存在的中间的军队组织。

此后，随着冷战的展开，不仅军事层面，占领政策整体的修改

---

① 《朝日新闻》，1948年1月8日。

也迫在眉睫。与上述陆军部的政策研究并行，美国国务院开始对占领政策进行全面的讨论，并在1948年10月的"国家安全保障会议"（NSC）上，提出了"关于合众国对日政策的劝告"，该文件没有涉及有限的军备问题，仅决定了强化警察力量，"包含沿岸警备队在内的日本警察机构，应该通过增强现有警察力量、再装备以及扩大当今的中央集权警察组织予以强化"。期间，1949年10月，中华人民共和国成立，迫使美国的对日政策视角转向亚洲整体。正如当时的美国参谋长联席会议主席布莱德雷在分析远东形势时所言："（日本）这个曾是敌国的国家，对我国来说不仅是太平洋上最强大的堡垒，而且作为太平洋战争的胜利果实，是留在我们手中最有价值的地方。"① 在与日本的关系上，美国在允许日本再军备的同时，开始关注安全保障措施。同年，美国在欧洲成立了"北约"，因此，亚洲版的北约成为美国考虑的重心。但是从当时的现状看，亚洲尚不具备成立类似机构的条件。因为，虽然在所谓"共产主义的威胁"之下，亚洲、太平洋各国有集体安全保障的构想，但对于受过日本侵略的亚太各国来说，不可能加入有日本参加的集体安全保障机构这一军事同盟，对美国的提议，菲律宾、澳大利亚等国领导人都表达了明确的反对意见。因此，美国只好放弃建立太平洋条约机构的设想。而此时的日本，因为美国的长期占领引发了强烈的反美情绪，因此，美国开始考虑与日本签订媾和条约的问题。

1950年9月11日，美国政府确定了"讲和条约七项原则"，其中第四项"安全保障"规定："在联合国成立负起实际责任的安全保障机构之前，为了维持日本区域的国际和平与安全，该条约考虑日本国的设施和合众国及其他军队之间存在继续合作的责任。"② 换句话说，此时美国已经放弃了建立"亚洲版北约"的想法，转而谋求在联合国集体安全保障体制建立之前，不仅为了日本的安全，而

---

① ［日］古関彰一：《"平和国家"日本の再検討》，岩波書店2013年版，第21页。
② ［日］西村熊雄：《日本外交史》，鹿島研究所出版会1971年版，第376页。

是"为了日本区域的国际和平与安全",缔结美军可以驻扎日本的两国间条约。

依据此后美国政府的解释,该"安全保障"条款的原则不仅仅是美国在日本的驻军原则,同时否定了在讲和条约生效后日本作为主权国家可以拥有的一国独自的自卫权。只有采取这种形式,才能既对抗了日本军队的重建和苏联的威胁,也减缓了亚太各国对日本军事威胁的担心。此后,美国在武装日本的同时,开始着手建立既对抗苏联的外部威胁又可以处理"来自日本攻击"的安全保障组织。

但是,在这里重要的一点是:美国此时并没有放弃在亚洲建立集体安全保障体制的想法。正如前述"讲和条约七项原则"中所表达的"在应有满足需要的其他安全保障体制成立之前"话语,虽然当时不具备建立集体安全保障体制的条件,但作为终极的目的还是存在的。关于这一点,时任美国总统杜鲁门对任命塔莱斯为讲和交涉大使时的话已表达得非常清楚。他说:

> 你和日本会谈时必须注意以下几点:美国希望能够实质的军事介入包含日本在内的岛屿防卫,日本必须不断增强自身的防卫能力,进一步而言,为了进一步丰富该项政策内涵,美国欢迎太平洋岛屿国家(包括但不限于美国、澳大利亚、新西兰、菲律宾、日本、甚至印度尼西亚等)缔结相互支援的协定,这是美国政府的政策。根据这一政策,当成员国受到缔约国之外国家的攻击或缔约国内任何一个国家的攻击、如日本再次发动侵略受到来自日本的攻击时,为对抗该种攻击,需要确保缔约国共同采取行动这一双重目的。①

---

① [日]古関彰一:《"平和国家"日本の再検討》,岩波書店2013年版,第68—69页。

在这里，美国试图构建的安全保障机制是为了对应来自"缔约国之外的攻击"（设想中苏联的攻击）和来自"日本的攻击"两种情况。

二 日本政府对媾和的准备过程

日本政府的讲和设想当初是以外务省的"和平条约问题研究干事会"为中心展开的，该干事会在1946年5月的"关于和平条约内容的原则方针"中，设想由远东委员会成员国建立集体安全保障体制，关于再军备认为应该承认保有武装警察军队或治安队。从总体上说，在1948年以前，日本政府的安全保障构想就是全面依赖联合国，但并没有采取任何措施。关于再军备虽然没有触及，但强调了强化警察力量以维持治安。

并且，在1947年9月，当时的片山内阁将日本政府的非正式安全保障构想转交给美国。根据该构想，在美苏关系恶化时，为维护日本国家的独立和国内治安，美国军队可以为监视讲和条约的履行驻留在日本，之后日美之间再缔结特别协定，将日本的防卫委托给美国。因为美国在讲和条约缔结后在日本国外的邻近地区驻扎军队，一旦有事，美国可以在和日本商谈的基础上将美军转移到日本本土驻扎，此时，日本为保证美军的驻扎，负责提供建设的基地。对于日本国内治安的维护，需要增强日本海上和路上警察力量。关于与联合国的关系，该构想认为，至少在联合国根据其宪章规定采取行动之前，日本国民希望美国能够保障日本的安全。

曾参与对日媾和与美日安保两条约的日本外务省条约局长西村熊雄事后曾回忆说："在1949年前，日本设想将来在讲和条约中设置不缔结与联合国任何一国为目标的同盟条款，以使日本保持中立性质，这是肯定能够达到的，因此，关于日本的安全保障问题，根本没有考虑的必要，事实上也没有认真检讨。"[①]

---

① ［日］古関彰一：《"平和国家"日本の再検討》，岩波書店2013年版，第70页。

但是，进入1949年后，关于讲和后的安全保障问题开始讨论，日本报纸报道了此前反对建立有日本参加的"亚洲版北约"的菲律宾总统转而支持的言论，但麦克阿瑟表示了反对态度，他认为："苏联不会攻击日本"，"美国不应考虑将日本作为同盟国利用，美国只希望日本保持中立"①。此后一直到1950年中，麦克阿瑟不仅反对日本的再军备，也反对美军驻扎日本。而日本政府的态度依然暧昧。

此后，朝鲜战争的爆发成为日本安全保障构想转换的契机。以首相吉田茂为中心的日本外务省事务局，自1950年10月以对美交涉为前提完成了几个媾和、安全保障条约草案。

被称作"A文件"的文件在"美国对日和平条约草案的构想"部分提到，关于日本的再军备问题，虽然不得不有一些限制，但总体上是承认的；关于安全保障条约中的美国驻军是否原则上与《联合国宪章》相结合则不明朗。以上述认识为基础，日本政府做成了"应对美国对日和平条约草案构想的我方希望的方针"，在这一文件中，日本政府所希望的安全保障方式是"依靠世界安全保障机构确立日本的安全"。所谓"世界的安全保障机构"就是指联合国。在此后的"努力增进世界和平与繁荣"部分，提到了美国驻军的法律依据是联合国的授权。②

其次，以"各界有识之士"为中心完成的"关于安全保障的日美条约草案"（统称"B文件"），该草案虽然以《联合国宪章》为基础构思了日本的安全保障，但与"A文件"不同的是，没有以日本的再军备为前提，这虽然为美军防卫日本提供了可能，但其依据始终是《联合国宪章》，这是其一大特点。对此，该文件附属的"说明书"这样解释："实际上，我国的防卫依赖于美国，因此，必须理解对美国的一切协作援助。但是，如果单刀直入地缔结防卫条

---

① 《朝日新闻》1949年3月3日。
② ［日］古関彰一：《"平和国家"日本の再検討》，岩波書店2013年版，第73页。

约,这种针对第三国目标的形式表现得太露骨,因此,虽然实际上是这样,但在形式上应该是一个任何人都无法指责的条约,并且,应该自始避开是否违反宪法第9条的宪法讨论,让国民在感情上能够接受。"①

此后,美国政府在11月发表了《讲和条约七项原则》,日本政府据此在12月完成了"D文件",受上述七项原则的影响,该文件没有明确将美国驻军的依据与《联合国宪章》联系在一起。换句话说,该文件将美国驻军的依据与联合国做了切割,将其规定为两国之间的关系,仅将排除侵略的自卫行动与《联合国宪章》结合起来。

1951年1月,日本政府又在"D文件"的基础上作出修改,该修改进一步强调了日美关系。根据该文件,如果日本不能实现与多数"民主国家"的讲和,强化日美关系问题就迫在眉睫,所以,作为日本来说,希望与美国一国缔结和平条约,建立两国间更加稳固的关系基础。

一言以蔽之,从"A文件"到"B文件"所承袭的以联合国为依据的安全保障关系,在"D文件"及其修正版转换为不以联合国为依据,这成为强化日美关系的基础。

三 日美讲和条约的交涉

以日本外务省为中心的对美交涉在积极进行之时,1951年1月25日,美国特使杜勒斯率领代表团到达日本。杜勒斯首先与麦克阿瑟举行了会谈,他首先表示,关于日本安全和美国军事基地的建设与使用问题要依据麦克阿瑟备忘录的精神执行,此后向麦克阿瑟通报了代表团此行的目的是同日本政府正式谈判安全保障问题,一旦美国同日本在条约基本条款上意见一致,就打算邀请其他有关国家同美国一起,在美日双方达成协议的基础上签订多边条约。他甚至

---

① [日]古関彰一:《"平和国家"日本の再検討》,岩波書店2013年版,第75页。

表示，尽管英国及其盟国在对日合约条款上存在分歧，但美国必须做，不管其他国家是否加入并批准。他相信，如果美国不惜单独对日媾和，其他盟国也会加入合约。

此后，杜勒斯在 2 月 11 日离开日本之前，与日本方面进行了多次正式和非正式会谈。在 1 月 29 日与吉田茂的会谈中，针对日本安全问题，吉田茂认为：对于日本重整军备的任何构想都必须缓行，因为，"第一个危险是，如果日本突然地重整军备将使目前处于'地下'的军国主义分子重新出现，有可能使日本面临重遭军部统治的危险"。因此，必须通过立法保证军部不能像以前那样接管政府，并采取其他步骤以免因军人阶层重新出现带来危险。第二个障碍是经济方面的，吉田茂认为日本是一个有自尊心的国家，他并不需要从任何国家获得施舍，但是在日本刚开始财政自立时建立军事力量，将使财政负担过重，也许会导致人民生活水平下降，在这方面同样需要时间为经济上支持重整军备奠定健全的基础。杜勒斯对此并不赞成，认为日本至少应该做出象征性的贡献，对集体安全的共同事业承担义务。吉田茂虽勉强认可，但第二天又以个人名义向美国代表团递交了一个备忘录，重申了自己的立场，即：（1）一国的安全应该由该国自己维持，但战败了的日本不能单独依靠自己进行自卫。（2）日本自己将保证内部治安，至于外部安全则希望通过适当的办法，如驻军，得到联合国特别是美国的合作。重新武装，在目前看来不可能，因为：①民众反对；②日本缺少现代军备的必要资源；③邻国担心日本的再度侵略。（3）琉球群岛和小笠原群岛在美国托管结束后，将其权利交还日本；托管期间由日美联合行使管理权。① 这表明战败后的日本不想也没有实力来建立一支强大的军队。

1 月 31 日，杜勒斯与吉田茂继续进行会谈，这次双方集中讨论了安全防卫问题，杜勒斯强调：日本必须承担本身的防卫义务，哪

---

① 于群：《美国对日政策研究》，东北师范大学出版社 1996 年版，第 158 页。

怕只占很小的比例，但可以此后逐渐增加，如果完全不承担防卫义务，就等于由美国代替承担防卫义务，而杜鲁门总统的指示是："美国已准备好在日本驻扎军队，并希望获得驻军权，但并没有说过美国准备承担保证日本的安全。不承担这种义务，我们保留在任何时候撤走军队的自由。"① 美国的压力，吉田茂最终做出了让步，表示缔约后要充实并增强警察预备队和海上保安队，由保安厅这类的机关统一管辖。此后，杜勒斯在公开讲话中也做出一些让步，他说："今天，美国拥有主要的威慑力量，但我们并不想保留此种力量只限于保护我们自己，我们将遵守联合国宪章，准备把我们的力量在相互承担义务的基础上，与其他国家的力量结合在一起，使这一保护我们自己的威慑力量也将保护其他国家。如果日本想保护自己以抵抗间接侵略，且如果他愿意，也可以参加集体保护以反抗直接侵略。"② 这实际是在暗示日本，只要日本在口头上做出防卫自己的承诺并表示愿意付诸实施，则美国可以向日本提供事实上的安全防卫保障。

在此期间，吉田茂还向杜勒斯方面提交了"再军备与宪法"的备忘录，其中，吉田茂认为："日本如果要保持军备必须修改宪法第9条，仅仅为了再军备修改宪法，在现今的情况下非常敏感，也很困难。在日本人对再军备的心情成熟之前，通过保持一般认为警察力量的防卫力量实际上达到了再军备的目的，我相信这是最好的方法。"③

在双方对草案内容的相持中，日本政府开始转变态度。

此后，日本政府在给美国的备忘录中表示，在对日合约和日美安全条约生效的同时，日本将实施武装计划，建立总数5万人的陆海保安军队。

---

① 于群：《美国对日政策研究》，东北师范大学出版社1996年版，第159页。
② 于群：《美国对日政策研究》，东北师范大学出版社1996年版，第159页。
③ ［日］古关彰一：《"平和国家"日本の再検討》，岩波书店2013年版，第83页。

双方几经沟通，2月5日，双方共同起草了一份双边协定草案，这一草案后来成为《日美安全条约》的原始稿，其主要精神甚至文字都被《日美安全条约》所采用。其主要内容是：（1）在对日合约和此条约生效之时，由日本授予，并由美国接受在日本国内及周围驻扎美国陆、海、空三军的权利。这种武装力量将用于保卫日本免遭外来武装进攻和在日本政府请求下镇压日本国内大规模暴动和骚乱。这种行为并不构成对日本内政的干涉；（2）未经美国事先同意，日本不得将任何基地给予任何第三国，亦不得将基地或与基地有关的权利、权力或权限，或陆海军驻防或演习权给予任何第三国；（3）美国的武装军队驻扎日本国内及周围的地位应由两国政府间的行政协定决定；（4）该协定的废止应在两国政府一经确认已有联合国的办法或其他单独或集体安全的布置，可由联合国或其他方面圆满维持日本地区的和平与安全之时。①

在与日本政府达成基本协议后，杜勒斯又就草案内容积极协调与英国、澳大利亚等盟国的关系，1951年6月，英、美就草案内容达成协议并于7月12日公布，此后由美国通知相关国家于9月4日在美国旧金山召开对日合约签订大会。

在美国的"精心准备"下，1951年9月4日，对日合约大会在旧金山歌剧院召开。出席会议的共有包括日本在内的52个国家代表，作为坚持十四年艰苦抗战，蒙受重大牺牲的中国合法代表——中华人民共和国因为美国的阻挠未能出席会议，南斯拉夫、印度和缅甸虽接到邀请，但拒绝到会。在大会上，苏联代表提出的合约修正案被会议主席艾奇逊以不合会议程序为由否决。最后，包括日本在内的49个国家在合约上签字，苏联、捷克斯洛伐克和波兰代表拒绝签字。

此后，美日两国又签署了《日美安全保障条约》和《日美行政协定》。

---

① 于群：《美国对日政策研究》，东北师范大学出版社1996年版，第160页。

第二节 日美安保体制分析

一 对日讲和条约的基本性质

在美苏冷战开始和朝鲜战争进行之中签订的对日媾和条约,不仅排除了苏联和中华人民共和国等直接的战争当事国,还因为完全由美国主导,因此,条约的签订甚至遭到了众多同为美国阵营的盟国的批判,如法国国民议会在条约签字之前通过了一项决议,表达了对法国没有发挥任何作用的遗憾,荷兰也对条约草案表达了反对态度,甚至澳大利亚、新西兰、菲律宾、印度尼西亚等国也表达了强烈的不满。

对日讲和条约不仅是作为明确反共政策结果而缔结的,它还存在以下特殊内容:首先,虽然是作为从法律上结束战争的条约,但对于日本的侵略战争责任没有任何提及,对于日本的再军备也没有进行任何限制。进一步说,因为没有触及侵略战争的责任问题,因此,也就没有承认联合国规定的赔偿请求权。美国为了实行其反共政策,首先要复兴日本经济,这对受到日本侵略的亚洲和太平洋国家来说是很严重的问题。[①]

在合约文本中,对此的描述是:"兹承认,日本应对其在战争中所引起的损害及痛苦给盟国以赔偿,但同时承认,如欲维持可以生存的经济,则日本的资源目前不足以全部赔偿此种损害及痛苦,并同时履行其他义务。"因此"日本愿尽速与那些愿意谈判而其现有领土曾被日军占领并遭受日本损害的盟国进行谈判,以求将日本人民在制造上、打捞上及其他工作上的服务,供各该盟国利用,作为协助赔偿各该国修复其所受损害的费用。此项办法应避免以增加的负担加诸其他盟国。当需要制造原料时,应由各该盟国供给,以免

---

① [日]古関彰一:《"平和国家"日本の再検討》,岩波书店2013年版,第91页。

任何外汇上的负担加诸日本"①。

从上述文字可以看出：(1) 该合约用领土是否被日本占领作为限制条件，将苏、英、法、加、澳、荷、新西兰等多数对日作战国家排除在应该获得赔偿的国家之外；(2) 合约没有规定赔偿数额和起止时间，这为后来日本在谈判中按自己制定的有利时间表进行提供了便利；(3) 合约将赔偿支付形式仅限定在劳务赔偿上，意在减少索赔国的索赔动力，因为亚洲许多国家劳动力过剩，并不欢迎日本的这种赔偿，何况这种赔偿还要经过艰苦谈判。正是利用这些条款，日本此后仅用十几亿美元应付了在战争中给亚太地区各国人民带来的几千亿美元的直接损失。因此，后来作为签约谈判当事人的杜勒斯和吉田茂在评价该合约时都认为该合约是一个"非惩罚性的、宽大的"合约。② 正是这一点遭到了许多签约当事国和未能签约的受日本侵略国家的强烈批判。

其次，《旧金山和约》事实上承认了美国在日本的驻扎。该条约规定：在占领军撤退后，"不得妨碍基于以一个或两个以上的盟国为一方，日本国为另一方，双方缔结的、或两国间或多国间缔结的协定、或作为其结果的外国军队在日本的驻屯或驻扎"③。据此，在作为结束战争的媾和条约中，确立了本来日本应该拥有选择权却导致没有选择权的军队驻扎规定。日本被完全纳入以美国为首的世界经济政治体系之中。

二 《日美安保条约》的结构

1952年签订的《日美安保条约》实际上是为美军驻扎日本服务的条约，这一点在前言中体现的很清楚。

首先，"作为日本防卫的暂定措施，为了阻止对日本国的武力攻

---

① 于群：《美国对日政策研究》，东北师范大学出版社1996年版，第178页。
② [日] 古関彰一：《"平和国家"日本の再検討》，岩波书店2013年版，第92页。
③ [日] 古関彰一：《"平和国家"日本の再検討》，岩波书店2013年版，第92页。

击，日本希望美利坚合众国在日本国内及其附近保留其军队"。对于日本的这一态度"美利坚合众国为了和平与安全，现在有意在日本国内及其附近维持若干本国军队"。换句话说，美军驻扎日本的目的仅仅是"为了和平与安全"，避免了使用"防卫日本"的用语。其次，关于日本的再军备，前言一方面承认，"日本国在条约生效之时不存在行使固有自卫权的有效手段"，但又指出，"美利坚合众国应避免保持用于除在日本受到攻击威胁或依据联合国宪章的目的及原则可以增进和平与安全之外的军备，并期待日本对于直接或间接的侵略负起自己逐渐增强的防卫责任"①。

依据上述精神，条约第1条规定：日本给予美国以在日本国国内及其周围驻扎陆海空军的权利，这些军队将用于协助保卫远东的国际和平与安全，并为日本的安全抗击外来的武装进攻。美国驻军亦可用于"应日本政府紧急要求去平定日本国内由于外来的一国或几国的煽动或干预所引起的大规模暴动和骚乱"。未经美国事先同意，日本不得将任何基地或任何种类的军事权利给予任何第三国。在第3条规定：关于美国武装军队驻扎在日本国内的细则应由美日两国政府随后签订的行政协定来决定。

《旧金山和约》和《日美安全条约》是战后美国对日媾和政策两个不可分割的组成部分，它满足了美国军方确保日本安全以及美军在日本的军事基地等要求，也符合美国政府对日媾和、结束与日本战争状态并将日本拉入美国阵营的政策目标。但由于安保条约过于笼统，关于美军驻扎的配备条件、程序等都没有规定，因此，需要一个行政协定加以规范。

1952年2月28日，日美双方经多次协商，正式签署《日美行政协定》，由于国会各反对党的反对和谴责，该协定在没有获得国会承认的情况下即予以签署。该协定由序言和29条正文组成，美军保留了许多原作为占领军带来的特权。协议规定：

---

① ［日］古関彰一：《"平和国家"日本の再検討》，岩波書店2013年版，第93页。

（1）允许美国使用日本国土上的"必要的设施及区域"和在"日本国内的任何地方"设立陆海空军军事基地，由日本分摊驻日美军费用。

（2）日本政府要与美军紧密配合，向美军提供气象和地震方面的资料；美军享有优先使用日本政府所有或由其调度和控制的一切公共设施和劳务的权利。

（3）美国驻日武装军队人员、文职人员及其家属（不包括日本籍家属）不论在基地内或基地外所犯任何罪行，均不受日本法律制裁，一切按美国法律或交由美国军事法庭审理。

（4）一切为美军公务使用而进口的货物均免交关税，美军及其随从人员为军队工作而获得的收入免缴所得税。

（5）美军人员不受日本护照和签证法的约束，也不受有关外侨登记和管理条例的约束。

（6）设置联合委员会作为实施该协定的协商机构，由美国和日本各派一名代表组成，遇到在日本区域内发生战事或受到战事的紧迫威胁时，美国政府及日本政府立即共同磋商，以期采取必要的联合措施以防卫该区域。①

三　日本安保法体系的建立

依据《日美行政协定》的规定，必须对相关的日本国内法进行修改，并制定只适用于美军的特别法。代表性的特别法主要有：刑事特别法、民事特别法、国有财产管理特例法、土地等使用特别措施法、邮政法特例法、关税法临时特例法、所得税法等临时特例法、地方税法临时特例法、航空法特例法、水源地法特例法、道路运输法特例法、通讯法特例法等。

依据《刑事特别法》的规定，对侵入美军基地之内、泄露美军机密等，处以比一般日本国内法更重的处罚，体现了对美军特别保

---

① 于群：《美国对日政策研究》，东北师范大学出版社1996年版，第184页。

护的目的。如，对侵入美军基地内者"处一年以下惩役或2000日元以下罚金"。而在日本国内法上，对侵入"禁止入内场所"者，依据《轻犯罪法》仅处拘留或罚款。只有在侵入住所或建筑物时，依据刑法规定的"侵入住所罪"处三年以下惩役。①

依据《民事特别法》，美军不承担因职务上侵权行为产生的损害赔偿责任，而由日本政府承担。《国有财产管理特例法》也规定了美军对国有土地使用的特权。其他法律也类似，在此不一一列举。

总之，在日本，除《日本国宪法》之下的一套法律体系之外，还存在一套在《日美安保条约》之下的法律体系，且后者优先于前者。②

第三节 从亚太角度看日美安保体制

一 各国对"讲和条约草案"的反应

美国国务卿杜勒斯在结束与日本政府的交涉后，迅速飞往马尼拉和堪培拉，与菲律宾、澳大利亚和新西兰领导人举行会晤，但是，这些国家对"对日讲和条约草案"的关心角度与日本人的关心角度完全不同，他们更关心该条约草案没有涉及战争责任和限制军备条款以及联合国赔偿请求权的放弃。而关于这些问题并非没有先例，如曾作为二战侵略者的日本同盟国意大利的讲和条约（1947年2月10日签订）中，在"前言"部分对侵略责任做出说下说明："在法西斯体制下的意大利，作为与德国和日本签订轴心条约的当事国，为了发动侵略战争，以此挑起了和所有同盟国的战争，对侵略战争负有直接的责任。"③

---

① [日]古関彰一：《"平和国家"日本の再検討》，岩波書店2013年版，第95—96页。
② [日]長谷川正安、宮内裕、渡邊洋三：《安保体制と法》，三一書房1962年版，第44页。
③ [日]古関彰一：《"平和国家"日本の再検討》，岩波書店2013年版，第98页。

关于军备限制条款，也进行了非常具体的限制。如要求撤除与法国接壤边境的军事设施，禁止拥有核武器，限制战车的保有数量，甚至规定了陆军的最高员额为18.5万人等。同时明确了对苏联、阿尔巴尼亚等被赔偿国家的特定金额。与此相对，在"非惩罚的、宽大的"对日讲和条约中，完全没有触及日本的战争责任，也没有对日本的军备限制条款，这是造成日本邻国和受日本侵略国家不满的原因，对此杜勒斯非常清楚。在杜勒斯被任命为总统特使次日的议会演讲中，他说：要推进太平洋条约，对于不限制日本再军备的对日讲和，需要澳大利亚、新西兰和菲律宾的同意，要组成这样的国际性组织，单靠单一国家的军队是不够的，作为组成国际安全保障一部分的军队创设需要日本。之后，作为对日交涉目的去日本之前的1951年1月，关于日本再军备和太平洋条约的关系，他又说："在太平洋对任何缔约国的攻击（所谓太平洋条约）"这一用语明确包含了，条约缔约国的任何国家，例如日本，对其他缔约国任一国家的攻击的可能性。只有这样，对澳大利亚、新西兰和菲律宾来说，使他们不再因对日本不进行军备限制而缺乏安全保障，这与太平洋条约的主要目的是一致的。①

虽然杜勒斯做好这一准备之后希望与上述国家进行交涉，但因为各国对美国的讲和条约草案反应非常负面，作为杜勒斯第一站访问的菲律宾，在与菲律宾总统柯基诺会谈时，对美国提出的放弃赔偿请求权问题，柯基诺总统强烈反对。考虑到日本侵略菲律宾近四年中给菲律宾人民造成的重大财产和人员损失，菲律宾对日本的战后赔偿表示关心是非常自然的。但是，杜勒斯极力劝说菲律宾接受草案，其理由是："我们相信，促使日本复兴的努力并非是因为喜欢日本人，而是因为安定稳健的日本符合地区的利益。""日本也是共产主义势力要争取的中心地域之一，如果日本的工业潜力和人力资

---

① Memorandum by Mr. John Foster Dulls, the Consultant to the Secretary, to the Ambassador at Large (Jessup), FRUS, 1951, Vol. Ⅵ, p. 134.

源被苏联和中共所利用，会给包括菲律宾在内的地区稳定带来危险。"①

杜勒斯以共产主义的"威胁"这套冷战理论劝说菲律宾的原因，是因为菲律宾的安全保障依托于美国，所以其对安全保障的关心程度不及赔偿。但对澳大利亚和新西兰来说，情况则完全不同。

二 ANZUS 条约的形成

ANZUS（Australia, New Zealand and the United States Pacific Security Treaty）条约，即《澳新美安全条约》，是澳大利亚、新西兰和美国于1951年签订的一个军事联盟条约，也称为《太平洋安全条约》。

二战后，澳大利亚和新西兰对太平洋地区的安全保障一直比较热心，特别是通过第二次世界大战和其后对日本的占领，他们期望进一步增强在国际政治上的发言权，而二战时期日本对南太平洋的侵略和虐待俘虏等行为，又使其对日本的军事力量抱有很深的疑虑。因此，杜勒斯在对澳新等国交涉时不再执念于签订太平洋条约。

在1951年2月15日堪培拉的记者会上，针对有记者提问美国是否要建立一个类似北约的太平洋条约机构，杜勒斯的回答是：美国尚未就此提出提案，并认为这是一个困难和复杂的问题。的确，与欧洲不同，太平洋地区各国存在很多利害上的对立，日本基于防卫立场需要日美同盟，菲律宾因受到日本侵略不想与日本建立同盟，也不想与澳大利亚和新西兰建立同盟，英国因为香港和马来西亚殖民地的关系也反对建立太平洋条约机构。但是，澳大利亚和新西兰已与美国合谋，为防止日本的再军备，保护澳大利亚和新西兰的安全，唯一的可能是与美国签订三国间的条约。

1951年2月15日，澳大利亚和新西兰外长就安全保障问题举行

---

① Memorandum of Conversation, by the Deputy to the Consultant (Allison) at the Malacanan Palace, FRUS, 1951, Vol. VI, p. 881.

了会谈，两国外长在认可共产主义"威胁"的同时，也商讨了对抗日本军国主义再起的安全措施，并表达了对美国再次武装日本的担忧。在这一背景下，就冷战下太平洋地区日本的作用，杜勒斯认为：需要致力于日本再军备的正当化，其主要目的是防止在冷战中失去日本，要阻止中国、日本、俄罗斯形成共产主义联合的可能性。不附限制的对日讲和条约就是为了阻止这一点，该条约对阻止担心落入共产主义阵营国家的日本是非常有吸引力的。杜勒斯一方面给澳大利亚和新西兰做工作，以求得其对日本再军备的认可，但同时也只能放弃签订太平洋条约的想法，最终结果就是签订美澳新协定。

杜勒斯回国后将与澳大利亚和新西兰就安全保障问题达成的合作意向写信给麦克阿瑟报告说：作为条约当事国的澳大利亚和新西兰考虑到国内民众对与日本建立同盟的反应，以及考虑到英国对条约涉及作为其殖民地的亚洲国家持反对态度，两国对此非常消极。

总之，虽然杜勒斯以防止共产主义威胁和日本军事再起相威胁，在建立美澳新三国安全保障方面获得了成功，但是澳大利亚议会围绕《旧金山和约》没有对日本再军备进行限制、没有对战时日本虐待俘虏规定补偿等仍在进行争论。时任澳大利亚外长的凯西并不满足于杜勒斯对和约没有对限制日本军备进行规定的说明，他在议会答辩中说："日本为了本国的防卫确立一些规定这是没有问题的，对此澳大利亚可以接受。现实的问题是其程度如何？允许日本保有军队的规模和形式等具体的限制应该在讲和条约中明确规定，澳大利亚政府认为，至少应该对军舰数量、续航距离长的陆海航空部队等做出限制性规定。"对于美军驻留日本维护日本国家安全保障问题，他认为："日本政府同意与美国签订协定，根据该协定，在太平洋地区至少已经稳定并建立了安全的环境以前，美军会一直驻留在日本。不仅是驻扎在日军曾经占领的南太平洋各岛，还要驻扎在冲绳和日本本土，在美军驻留期间，驻留美军可以明确保证能够对抗日本军队的复活。"①

这样,澳大利亚和新西兰为了对抗日本的再军备和保护本国安全,拒绝了杜勒斯要求的提案,转而为构筑 ANZUS 条约做准备。

三 ANZUS 条约、美菲条约与美日安保条约的关联构造

由上述可见,美国政府设想的太平洋条约最后分割成了《美澳新三国条约》(即 ANZUS 条约)、美国与菲律宾签订的《美菲条约》和《美日安保条约》三组条约。但从美国来看,其问题在于:在澳大利亚和新西兰受到攻击时,菲律宾没有防卫义务,反之亦然。对此,美国国务卿杜勒斯和其副国务卿拉斯克虽然做出了在菲律宾驻留美军受到攻击时,澳大利亚和新西兰有防卫义务的解释,但澳大利亚并不认可这一立场。

可以说,杜勒斯的选择是一种政治的选择,因为美日安全保障条约在冷战之下很快就具有了军事的意义,仅仅靠政治的妥协是不够的。因此,对于以美国国务院为中心推进的三份条约构想,美国参谋长联席会议表达了强烈的反对。最后,虽然三个安全保障条约基于政治上的理由采取了分别独立的形式,但在条约内容上增加了军事关联性的内容。②

如,ANZUS 条约规定:必须留意的是,美国已缔结在菲律宾驻军条约,在琉球群岛保持军事力量并在行政上负有责任,在与日本的讲和条约生效之时,为维护日本各地的和平与安全,在日本国内及周边地区可以驻扎军队。澳大利亚和新西兰作为英联邦成员国,确认在太平洋地区内外保有军事义务,对于任何侵略者,为不使任何缔约国产生在太平洋地区孤立的错觉,希望缔约国之间的团结能公开且正式地宣告。并且,为了太平洋地区的安全保障,在综合性

---

① Commonwealth of Australia, Parliament Debates, 12 June to 14 July, 1951, Vol. 213, p. 279.
② [日] 古関彰一:《"平和国家"日本の再検討》,岩波书店 2013 年版,第 106 页。

制度建立之前，对于维护和平与安全的集体防卫，希望缔约国之间努力调整，并同意做如下宣告，即：各缔约国对于出现的对太平洋各国任何国家的武力攻击，都应当视为对本国和平与安全的威胁，并宣告根据本国的宪法程序采取行动以应对该威胁（以下略）。①

类似的话语在《美菲条约》中也有规定。但当时的《美日安保条约》没有提及，因为要实行这些规定，日本需要修改宪法，但日本政府当时对修改宪法持回避态度。由此导致美国对日政策开始转变。

---

① ［日］古関彰一：《"平和国家"日本の再検討》，岩波書店2013年版，第107页。

第三章　安保体制与"和平主义"原则的背离

日美安保体制的建立在日本产生了再军备和修宪讨论的两大问题，日本国内的讨论多从本国的利害视角入手，关于战争责任、《日美安保条约》及其他相关安保条约、宪法和平主义给日本留下的问题没有成为讨论的对象。但是，以宪法第 9 条为核心的所谓"和平宪法"，通过修宪讨论，以一种不同于制宪者意图的、尊重和平、否定战争的理念意义逐渐为日本人所接受。此后，虽然执政的政党执拗地不断试图修改第 9 条，但始终没有成功。安保体制虽然在美国的要求下被日本国民接受，却是以不同于政策制定者意图的方式被接受。宪法之下的和平不需要军备，而安保法之下的"和平"必须加强军备，这正是修宪与护宪的不同出发点。

第一节　日本国内对安保体制的认识

一　日本国会内部对讲和条约讨论的特点

关于战后日本签订讲和条约的问题，在日本国会内部分为主张全面讲和与主张单独讲和两大阵营，虽然出现了较为激烈的争论，但因为讨论的时间有限，并没有充分展开。

对日讲和条约草案全文是在 1951 年 8 月 15 日由 GHQ 交给日本政府的，一般国民是通过 8 月 17 日报纸登载了解的，此后到 9 月 8 日《旧金山和约》签字只有 22 天的时间。日本临时国会自 10 月 10

日开始审议，由于临时国会的闭会时间是 11 月 30 日，因此，整个审议时间仅有一个半月左右。

关于该条约，时任日本首相吉田茂曾自夸说：和解与信任是条约整体的基础，且条约具有"过去的和平条约无法比拟的公正与宽大"①。

首先，当时日本国会讨论的基调受到了冷战的影响，由于当时的朝鲜战争仍在进行之中，因此，讨论充满了"冷战的思考"。时任首相吉田茂在国会的施政方针中针对朝鲜战争，大谈日本面临的"威胁"，强调全面讲和与永远中立的观点"即便是从真正的爱国心出发，也是完全脱离现实的言论"，从而为日本与以美国为首的西方进行"片面讲和"制造理由和舆论。

与此相对，日本社会党则是主张"全面讲和"的中心政党，其委员长铃木茂三郎认为：日本民族的自主和自立应该建立在"国家独立与和平"的基础上，不仅是经济自立，更进一步而言，依据宪法的"放弃战争"条款，讲和后日本将成为独立国家，如果向一方的特定国家提供军事基地或允许军队通过甚至制造武器参与战争、介入国际纠纷等，很显然是违反宪法的，进一步而言也违背国民"反对战争的感情"。② 铃木的观点实际上代表了当时甚至战后长时间内日本国内反对对美国"一边倒"的对抗。

与此同时，作为反对日本与美国等单独讲和的日本共产党，虽然也主张全面讲和，但认为：和平与独立需要建立在社会主义和人民民主主义一方，世界已经分为两大阵营，真正的中立是不可能的，问题在于选择战争还是和平，是选择与苏联以及中国等国家的友好

---

① ［日］古関彰一：《"平和国家"日本の再検討》，岩波書店 2013 年版，第 113 页。

② ［日］古関彰一：《"平和国家"日本の再検討》，岩波書店 2013 年版，第 114 页。

和全面讲和，还是选择导致战争的与美国等的单独讲和。① 在这里，日本共产党认为只有社会主义国家才能承担和平的重任。这显然有与吉田茂对抗的意味。

很显然，日本国会内关于讲和条约的讨论基础与其说是条约本身，毋宁说是"占领结束后日本的国家体制在美苏对立中应该如何定位的问题"，具体而言则是，在美苏两大阵营的对立中，如何确保日本的"和平"，而其中心课题则是再军备问题。对此将在之后进行讨论。

二 全面讲和论

关于主张与包括中国、苏联在内的联合国签署讲和条约以谋求日本"中立化"的所谓"全面讲和"思考，在日本国会进行讨论之前，已经在众多的日本知识分子中得到支持，其理论支柱是"和平问题谈话会"。该谈话会于同年12月，由50多名学术界和文化界人士署名发表"关于战争与和平的日本科学界声明"而建立。其中心成员包括学习院院长安倍能成（哲学家）、立命馆大学校长末川博（民法学家）等长老级学者，还有久野收（哲学研究者）、丸山真男（当时为东京大学助教授、政治学者）、恒藤恭（大阪市立大学校长，法哲学家）等。而事实上起到组织作用的是岩波书店出版杂志《世界》的主编吉野源三郎，从思想观点上而言，成员中既包括自由主义者，也包括马克思主义者。该声明的主要诉求是：在当时的冷战背景下，为实现日本的和平，强调实现社会正义、实现人种的平等，创造社会主义和资本主义并存世界中的和平条件以及强调和平教育的重要性等。

之后，关于讲和问题开始成为日本政治上的重大问题，1950年1月，和平问题研究会发表了"关于讲和问题的和平问题谈话会声

---

① ［日］古関彰一：《"平和国家"日本の再検討》，岩波书店2013年版，第115页。

明",该声明开宗明义指出:"我们在深刻反省,在(侵略)战争开始之初,我们让决定自己命运的机会从自己手中溜走了,今天,我们想用自己的手决定自己的命运。"在表明没能阻止侵略战争的反思之后,提出:"日本是接受波茨坦宣言向所有同盟国家投降的,因此,我们想与全部同盟国成员之间恢复和平关系,应该看作是非常自然的事情。"因此,主张全面讲和。① 与此相关,声明还揭示了围绕宪法的和平主义义务和经济自立的达成等。声明虽然不长,但作为最后的"结语"提到了四个方面:第一,关于讲和问题,我们日本人需要的是全面讲和,别无其他;第二,日本的经济自主仅靠单独讲和不可能实现;第三,关于讲和以后的保障,除了保持中立和不受侵犯之外,希望加入联合国;第四,绝对反对以任何理由、给予任何国家提供军事基地。

上述声明虽然提出了该谈话会的基本方向,但之后随着朝鲜战争的爆发,单独讲和的方向逐渐明确,在这一背景之下,1950年9月,研究会发表了题为"再谈和平"的声明,与前两个声明相比,第三次声明内容非常多,类似于"研究报告"。整个声明由四章构成:第一章为"我们对和平问题的基本思考";第二章为"两个世界的对立及其调整问题";第三章是"宪法的永久和平主义与日本的安全保障及再武装问题";第四章为"和平与国内体制的问题"。其中,第一章和第二章的执笔者是丸山真男,第三章的执笔者是鹈饲信成(东京大学教授,宪法学家),第四章的执笔者是都留重人(一桥大学教授,经济学家)。虽然最终稿经过讨论修改,但基本内容没有变化。内容是对前面声明的理论化和具体化。该声明之后成为日本战后和平论的源流,对战后的日本和平论产生了很大影响。

对于该声明,《世界》杂志于1951年10月出版了关于"讲和问题"特刊,作为谈话会主要成员的都留重人回顾说:我认为,关于讲和问题并非因讲和问题本身体现其重要性,而是因为其与作为最

---

① [日]《世界》,1985年临时增刊,第18页。

根本问题的和平问题直接关联，至少就我的理解而言，甚至我所了解的众多讲和论者所主张的含义而言，所谓全面讲和论，其最初不过是表明一种和平的立场。因为该声明没有提及日本的侵略战争责任问题，只是表明了一种确保和平的愿望，因此被认为更多是一种观念上的东西。①

当然，这并不意味谈话会成员对侵略战争的责任问题完全没有自觉，作为历史学家的一桥大学教授上原专禄在该专刊发表的"不要忽视讲和问题的本质"一文中，曾就讲和问题的本质归纳为三点：第一，恢复与所有与日本处于战争状态国家的和好；第二，日本主权的恢复；第三，远东及世界和平的恢复。在这里，就第一点而言，上原特别提到了与中国关系的恢复，但如何恢复并没有提及。②

尽管如此，该谈话会声明就社会面而言仍然具有重大的意义。它不仅仅是知识分子的一纸单方声明，它对于主张全面讲和的社会党领导层以及作为全面讲和运动主力军的工会也有很大的影响。它体现了日本社会的良知。之后出现的各种团体的全面讲和声明、主张基础，可以说都受到了"和平问题谈话会"声明的强烈影响。

三 护宪思想的结构

日本的护宪思想是在安保条约签订后近半个世纪中逐渐形成的。

作为日本社会党及劳农派理论指导者的山川均，在日本《世界》杂志关于"讲和问题特集"中发表的"拥护非武装宪法"的论文中指出，独立国家不保持军队的积极意义在于："国家是作为拥有独自武力保卫其存在的独立战斗单位发展起来的，拥有军队或许是国家的重要属性，但是，这一国家概念今天已落后于时代，或者说至少正在落后于时代。……由此，像联合国这样的国际和平机构才有了产生的理由。今后，如果像联合国这样的机构不断成长发展，国家

---

① ［日］《世界》，1985年临时增刊，第99页。
② ［日］《世界》，1985年临时增刊，第180页。

的性质就会改变。……需要注意的是，在今天，国际和平并不是因为各国拥有独自保卫自己的军队不足受到威胁，恰恰是因为存在少数拥有例外武力的国家存在受到的威胁。"在此，山川叙述了非武装国家的普遍性，将日本的安全保障托付给联合国。虽然在加入联合国时需要分摊必要的费用，但山川认为："拥有放弃战争和非武装主义宪法的日本，应该以该种身份申请加入联合国"，因为，"日本国民是以异常的决心采纳了这一宪法"①。

山川的非武装国家认识具有一定的说服力，因此，成为此后护宪思想的基本认识。但新宪法很难说是日本国民"异常决断"的产物，尽管"异常决断"对规定放弃战争和非武装的宪法延续非常必要，但愿望和现实之间存在一定的鸿沟，这一点在此后再军备的过程中明显体现出来。

作为法学家的恒藤恭虽然在非武装、中立的立场上与山川观点一致，但认为在日本加入联合国的方式上需要讨论。当时流行的观点认为：如果日本当时加入联合国，意味着加入了制裁战争，如果不加入或不保有这一手段，则"通过设定永世中立体制保障安全的方法落后于时代"。

恒藤恭进行了反驳，指出：如果永世中立体制落后于时代，则证明日本国宪法本身落后于时代。他还进一步探讨了永世中立体制与日本国宪法的关系，认为：永世中立国家不仅负有自己不主动与他国开始战争的义务，还负有不设定因与他国缔结条约不被动卷入战争的法律关系的义务，但是，在遭受他国攻击时允许进行自卫战争。并且，假定永世中立体制适用于日本，如前所述，因为进行自卫战争为宪法第9条所禁止，存在着与作为永世中立国家宗旨相异的情况。此外，作为永世中立国家在其他各国发生战争之时，对战时国际法所课义务负有履行责任问题，这自然同于一般国家。虽然日本不保持战力，因为存在警察力量，尽管未达到充分的程度，但

---

① 载［日］《世界》，1951年10月。

实现作为中立国的义务应该没有问题。①

这样，恒藤恭不仅将日本的安全保障托付于联合国，还提出了以警察力量代替联合国会员制裁义务的提案。除恒藤恭的警察力提法外，这两篇文章基本体现了当时护宪思想的基本观点。可见，护宪思想在其成立之初，构建的逻辑思路是：军备对国家来说不是不可缺少的，通过联合国的安全保障保护日本安全是可行的。

第二节　日本国民对第 9 条的接受与再军备遗留问题

一　护宪运动与舆论

20 世纪 50 年代初，在日本重获"独立"以后，日本国内的保守势力掀起了要求修改宪法回归传统的潮流，此即"复古修宪"思潮。针对"复古修宪"势力的修宪构想，1954 年 1 月，日本国内以左翼的社会党为中心，成立了"拥护宪法国民联合会"（简称"护宪联合"），虽然该联合会排除了日本共产党系统的团体，但吸收了产业工会、农民工会、妇女团体等众多的团体和个人参加。护宪联合在成立的"纲要"中将运动目标仅仅定位于"唤起和集聚广泛的国民舆论守护和平宪法"，但是，随着日本"独立"和安保体制的确立，其目标不断扩大，包括反对限制罢工法令、反对政治干预教育、反对美军基地等。

随着"冷战"的深入，美苏争霸的范围不断扩大，从核军备竞赛到越南战争到处都体现了"冷战"的影子。在这一背景下，加入美国阵营的日本，其国内也形成了两大阵营。坂本义和称之为"国内冷战"。该修宪和护宪恰恰是作为这一构造的象征而存在的。

观察一下 20 世纪 50 年代前期关于宪法第 9 条修改问题的舆论调查，可以看出一个象征的动向。即。在讲和、安保条约正式生效

---

① ［日］《世界》，1950 年 4 月。

之前，日本全国三大报纸进行的舆论调查，其结果如下：

调查年月	报纸	赞成修宪比例	反对修宪比例
1952.2	朝日新闻	31%	32%
1952.3	每日新闻	43%	27%
1952.4	读卖新闻	48%	39%

从上表可见，总体而言，赞成修宪的比例略高于反对修宪比例。但是，在之后的调查中，反对修宪的比例呈现了逐渐增加的倾向。如下表所示：

调查年月	报纸	赞成修宪比例	反对修宪比例
1953.1	朝日新闻	31%	42%
1953.3	读卖新闻	41%	38%
1954.7	读卖新闻	38%	40%
1955.12	朝日新闻	37%	42%

之后的调查还在不断进行，直到20世纪70年代，反对修宪的比例大幅超过了赞成修宪的比例，达到顶点。无论如何，由于美军基地的设立和扩张，众多日本人对战争有身临其境之感，这促使日本国民中反对修改宪法第9条意识的增长。

二 从选举看日本国民对宪法第9条的接受

随着日本民主党的成立，1954年12月，民主党的鸠山内阁诞生。1955年1月底，鸠山发表施政方针演说："我认为，为了达成日本的自主独立，对于占领之下制定的各项法令和制度需要分别进行再次检讨，并根据我国国情进行必要的修改。特别是作为国家基本法的宪法，考虑到制定当时特殊的背景以及实施状况，有必要根据国情予以修改。"① 该演说明确表达了修改宪法的方针，但由于左右两派社会党等所谓"护宪政党"的反对，在之后举行的众议院议员选举中，日本民主党始终回避将宪法问题作为讨论的焦点。针对上述事态，《每日新闻》在其社论中提出了质疑："民主党对修宪问题不采取积极态度，是因为面对国内外情况没有着急的必要？还是因为过分强调该问题会对自己的选举不利？缺乏明确性"，"可能是想在国会成立超党派宪法审议会，但为什么不能堂堂正正地表达？"②

民主党在选战中回避宪法问题也证明该选举事实上是对修宪赞成与否的晴雨表，在该次选举中，民主党获得185议席（占得票率的36.6%），自由党获得112议席（占得票率的26.6%），左派社会党获得89议席（占得票率的15.3%），右派社会党获得67议席（占得票率的14%）。护宪派确保了阻止修宪提议的三分之一席位。而民主党虽然获得大胜，但由于自由党大败，两党席位合在一起没有达到修宪提议需要的三分之二以上席位。在此后的国会答辩中，鸠山首相曾说：《自卫队法》已经制定，国会的意见也认为为了自卫可以保持军队，此时，（宪法第9条的）修改已不是急务，我对第9条的热度已经降低了。③

之后的日本政局又出现了变化，1955年10月，左右社会党在以"强力反对再军备斗争"为中心的"大会宣言"中实现了统一，民主党和自由党也通过联动的形式结成了自由民主党（即"自民党"）。在结党之时，自民党虽然也通过了"决议""宣言""纲领""政纲"等，但除"政纲"外，其他文件都没有涉及宪法修改问题，而"政纲"也仅是在结尾部分提到"在坚持和平主义、民主主义和

---

① ［日］古関彰一：《"平和国家"日本の再検討》，岩波书店2013年版，第150页。
② ［日］《每日新闻》1955年2月8日"社论"。
③ ［日］古関彰一：《"平和国家"日本の再検討》，岩波书店2013年版，第151页。

尊重基本人权原则的同时，谋求对现行宪法的自主修改，对各项占领时期的法令进行再检讨，并根据国情进行改废"。对自民党来说，修宪问题仅是一个口号而非主要的党内课题。

尽管如此，在同年 12 月的施政方针演讲中，鸠山首相提到"三项目标"，其中第一项就是修改宪法，"第一即是修改宪法，为了使我国重返真正的独立国家，最重要的是规定国家根本的宪法是根据国民总意制定的，这自不待言"①。之后的 1956 年 7 月，自民党迎来了立党之初的第一次参议院议员选举，在该次选举中，自民党的选举"公约"中并没有出现"修宪"，但社会党等护宪政党抓住鸠山之前在内阁中发表的施政方针演讲等，直指自民党存在修宪意图，从而使该次选举实际成为争论修宪是非的选举。在选举的前一天，《每日新闻》在第一版打出了"明天的投票日关乎修宪的成否"大标题。结果，作为护宪政党的社会、劳农、共产三党不仅确保了超出参议院三分之一以上的席位，得票数还大增 500 万票。对于选举结果，《每日新闻》《朝日新闻》等在第一版都进行了报道，前者的标题是"阻止修宪"，后者的标题是"至少到下次参议院选举的三年之间修宪提议无望"。而获得胜利的社会党书记长浅沼则在讲话中说：这如实体现了反对修宪的民间气氛非常浓厚。②

总之，1956 年的参议院选举，虽然自民党极力回避修宪这一敏感话题，但它实际成为日本国内针对修宪是非的一次选举，而选举结果也再次说明当时日本大多数国民并不赞成修宪。换句话说，日本多数国民是基本认可宪法第 9 条的。

三 "再军备"的遗留问题

关于修宪，特别是修改宪法第 9 条的舆论调查结果如上所述，

---

① ［日］古関彰一：《"平和国家"日本の再検討》，岩波书店 2013 年版，第 152 页。

② ［日］古関彰一：《"平和国家"日本の再検討》，岩波书店 2013 年版，第 153 页。

但是，对于"再军备"而言，舆论的表现却很复杂。在战后初期，虽然支持和平宪法的呼声很高，但支持"再军备"的呼声同样存在，更多的人希望二者兼得。

作为宪法学家的小林直树通过观察日本再军备的舆论变化指出：从1950年到1956年，虽然反对政府强行再军备的舆论和批判仍然很强，但大体上，赞成声音超过了反对声音。① "应该建立军队""应该保持军队"的舆论获得了强烈支持。以下是当时的舆论调查结果：

调查时间	调查媒体	问题	赞成	反对
1950.11	朝日新闻	拥有军队问题	53.8%	37.6%
1950.12	读卖新闻	拥有军队问题	38.9%	32.7%
1951.3	读卖新闻	国防军的再建	47.3%	23.6%
1953.10	每日新闻	增强防卫力量	53.4%	25.9%
1954.1	读卖新闻	建立自卫队	51%	31%

该舆论一方面有"讨厌战争"的意识和"任何国家都保有军队"这一"常识"的支持，也与当时的冷战开始及朝鲜战争等国际形势相关联。如作为分裂国家的西德因为朝鲜战争的爆发修改了宪法，踏上了再军备之路。在日本，因为美军基地采取了战争态势，如扩张基地、九州北部临时灯火管制等，许多日本人感到了军事的威胁。这些都对日本的再军备产生了影响。

第三节 关于"放弃战争"的解释变化：自卫权问题出现

一 "放弃战争"的解释变化

《日本国宪法》所表现的彻底和平主义一方面表明了日本国民对

---

① ［日］小林直澍：《日本宪法についての分析》，岩波书店1963年版，第245页。

和平的决心，同时也是美国初期占领政策对日本非军事化和民主化强大推进的表现，但是，随着东西方冷战的激化以及中华人民共和国的成立，美国的对日占领政策开始发生变化，即从过去压制日本军国主义东山再起转化为利用日本作为阻止共产主义的"堡垒"，因此，以规定不保持一切军备为出发点的宪法第9条体制，随着1950年朝鲜战争的爆发、1951年《日美安全保障条约》的缔结和1954年自卫队的建立出现了重大变化。

在宪法制定之初，日本政府对"放弃战争"的解释是连自卫战争也包括在内，但在1950年，随着朝鲜战争的爆发，驻日美军大量调往朝鲜，从而使日美关系逐渐缓和。麦克阿瑟在给当时日本首相吉田茂的信中，承认日本有防卫本国的权利，他要求日本建立75000人的"警察预备队"，并把海上保安厅人员增加8000人。在美国的允许和指导下，同年8月，日本建立警察预备队，从而为日本的再军备迈出了第一步。① 关于警察预备队设立的目的，在《警察预备队法》第1条曾说："为维护我国的和平和秩序，保障公共利益，在必要的限度内，补充国家地方警察和自治体警察的警察力量"，"警察预备队的活动应该限制在警察的任务范围之内"。但实际上，无论从其装备还是训练上来看，是一支地地道道的军队。

1952年4月，《旧金山和约》和《日美安全保障条约》生效，从此，美军结束了对日本公开的军事占领和全面控制，日本获得了政治和外交的自主权。同年7月，日本政府改警察预备队为保安队和警备队，并扩大了规模。与此同时，日本政府关于宪法第9条的解释也发生了变化。在1952年11月日本政府公布的"有关战争力量的统一见解"中规定：宪法第9条所禁止的是保持"战争力量"，而"战争力量"是指具备能够完成现代战争程度的装备和编制而言，其标准必须以该国所处的时间和空间环境作具体判断；宪法第9条

---

① ［日］浦部法穗：《（新版）宪法学教室》，日本評論社1996年版，第145页。

第 2 款所说的"保持"是指我国是保持的主体,美国驻军是在保卫我国,这是美国为此而保持的军队,所以与宪法第 9 条不发生关系,保安队与警备队不相当于"战争力量"。① 在这里日本政府的目的不言自明。

1954 年 7 月,日本政府公布了"防卫二法",即《防卫厅设置法》和《自卫队法》,以此为基础建立了自卫队,即改保安队为陆上自卫队,警备队为海上自卫队,并新设航空自卫队,从而确立了真正的陆、海、空三军体制。对自卫队的任务,该法第 3 条规定:"以在遭受直接或间接侵略时进行防卫为主要任务,必要时,担当起维护公共秩序的责任",这就从正面表明了,自卫队不是维持国内治安的"警察",而是"抵抗外敌"的"军队",日本政府对宪法的解释也改为"为了自卫,保持必要的、最低限度的自卫力不违反宪法"。此后,以 1958 年的第一次防卫整顿计划为开端,日本自卫队走向了不断加强的道路。

二 初期关于"自卫权"的诉讼

(一)"警察预备队违宪诉讼"判决及其意义

对确立日本违宪审查制性质最有影响的判例,是 1952 年日本最高法院关于"警察预备队违宪诉讼"判决。②

该事件的经过是:日本社会党代表铃木茂三郎,对 1951 年作为今日本自卫队前身的警察预备队之设立与维持,以国家为被告,直接向最高法院提起违宪诉讼。作为本诉讼程序问题,原告认为:根据宪法 81 条,最高法院既是拥有司法权的终审法院,也具有宪法法院的性质。关于审理宪法事件的程序细则,最高法院可以根据宪法

---

① [日] 宫泽俊义:《日本国宪法精解》,董璠舆译,中国民主法制出版社 1990 年版,第 145—146 页。
② [日] 長谷部恭男:《違憲立法審査権の性格》,载 [日] 樋口陽一等编《憲法の基本判例》,有斐閣 1996 年版,第 194 页。

77条制定，① 不能以该细则没有制定这些小节问题否认最高法院作为宪法法院的权限。并且，作为议会少数在野党代表的原告，可以直接以违宪的法令处分为起诉对象，要求法院宣告取消该法令或处分。即使法院认为不能脱离具体的事件直接就法令本身的效力或解释起诉，原告也可以就国家税款的违法支出侵害了本人作为纳税者的财产权，以及设立警察预备队的政府行为败坏风纪、抬高了物价、造成国际不信任等有形和无形的权利侵害，因此，作为全国民的代表者，有要求取消政府处分的资格。

日本最高法院在1952年10月8日大法庭判决中驳回了该诉讼。针对最高法院的抽象审查权问题，最高法院明确予以否认。判决认为：

第一，现行制度赋予最高法院的是行使司法权之权限。

"司法权的发动必须以提起具体的诉讼事件为前提，对没有提起具体的诉讼，预想将来会出现的关于宪法及法律命令等的解释存在疑义，法院没有进行抽象判断的权力。因此，最高法院的法律审查权必须在司法权的范围内行使，这一点最高法院和下级法院之间并无区别。虽然原告以宪法81条为根据，但并不能由该条得出如下结论，即：同条规定了最高法院关于宪法事件终审性质的权力，最高法院有抽象的违宪审查制之固有权限，并且对该类事件拥有排它的，即第一审且为终审的审判权。"

第二，基于三权分立原则，最高法院不拥有抽象审查权。

"如果最高法院像原告主张的那样，拥有抽象的宣告法律命令等无效的权限，任何人都可以向最高法院提起宪法诉讼，关于法律命令等效力的争论会频繁发生，最高法院将成为超越其他国家机关的上位机关，这明显违背了三权分立、各机关保持平衡、互不侵犯的

---

① 宪法第77条规定：最高法院有权就关于诉讼程序、律师、法院内部纪律以及司法事务处理的事项制定规则。检察官必须遵守最高法院制订的规则。最高法院得将制订关于下级法院规则的权限委托给下级法院。

民主政治根本原理。"

第三，基于以上理由，本件诉讼不适法。

"总之，在现行制度下，只有在特定人的具体法律关系存在纠纷的情况下，才能要求法院进行宪法判断，那种认为法院可以离开具体事件，对法律命令等合宪性进行判断的看法，没有任何宪法和法律上的根据。并且，从辩论的宗旨来看，原告的请求明显不符合要求，因此，本诉讼不适法。对该诉讼，不仅最高法院，任何下级法院都没有审判权。因此，该诉讼也不应移送下级法院。基于以上理由，本件诉讼不适法，应予驳回。"

该判决进一步明确了日本的宪法诉讼方式是美国式的"附带违宪审查"，① 但对于日本政府借行使自卫权重新武装却没有进行宪法和法律上的判断，客观上纵容了日本政府重新武装的决心。② 此后，日本军事力量不断发展，从而构成了对宪法第 9 条的挑战。而关于第 9 条的诉讼也不断出现，通过不同时期各级法院的判决，大体上可以从一个侧面反映日本国内对第 9 条的复杂认识及其变化。

关于第 9 条的第一个主要判决是前述 1959 年最高法院关于涉及美国驻军的"砂川事件"判决。③ 该案件涉及《日美安全保障条约》和"自卫权""战力"问题。

该件案情是：根据 1951 年缔结的《日美安全保障条约》，美军在日本恢复独立后继续驻留在日本，日本负有提供基地的义务。位于东京都北多摩郡砂川町的立川飞机场即是其基地之一。1957 年 7 月 8 日，东京都有关部门为扩建飞机场开始进行测量，对此，反对扩建基地的大约 1000 名日本人举行示威游行，部分游行人员破坏了

---

① ［日］芦部信喜编：《講座：憲法訴訟》（第 1 卷），有斐閣 1987 年版，第 185 页。

② 有日本学者认为：自卫队是否合宪是宪法议论的核心问题，在警察预备队违宪诉讼判决中，最高法院没有就此做出宪法判断，使人产生一种违宪审查形式化的印象。

③ ［日］最判昭和 34 年（1959）12 月 16 日，《刑事審判集》13 卷 13 号，第 3225 页。

禁止进入基地的栅栏，并进入飞机场内，该行为因违反了《刑事特别法》第 2 条的规定（侵入合众国军队使用的设施或区域罪），检察机关对其中的 7 人进行了起诉。在一审东京地方法院判决中，没有就作为驻留美军根据的《日美安保条约》是否属于违宪审查的对象问题发表任何见解，而是基于驻留美军与宪法第 9 条的关系，认为驻留美军属于宪法 9 条所禁止保持的"陆海空军及其他战力"，因而美军的驻留违反宪法，因此，为保护美军驻留而加重处刑的刑事特别法的规定违反宪法第 31 条无效，并判决被告人无罪。

对一审法院的判决，检察机关例外的直接上诉到最高法院。① 其上告理由是：①宪法 81 条没有任何地方涉及对条约的审查，因此，法院没有对条约的违宪审查权。②对一般条约是否有审查权姑且不论，鉴于《日美安保条约》的特殊性，司法法院不能对其进行审查等。②

最高法院推翻了原判决。对于条约问题，判决认为：

"本件安全保障条约，对作为主权国家的我国存立的基础来说是具有重大关系的高度政治性问题，对其内容是否违宪的法的判断，应委之于缔结条约的内阁和承认该条约的国会之高度政治的乃至自由的裁量判断"，"上述是否违宪的法的判断，对以纯司法功能为使命的司法法院的审查来说，原则上是不适当的。因此，除非一见非常明白的违宪无效情况，对条约的审查应属于法院司法审查的范围之外，对其判断的权力首先是缔结条约的内阁及承认条约的国会，而最终的判断应该是拥有主权的国民之政治评价。""原判决认为美利坚合众国军队的驻留违反了宪法第 9 条 2 款的规定，该判断脱离了法院司法审查权的范围，对该款及宪法前言的解释有误。"③

---

① 根据日本刑事诉讼规则第 254 条的规定，对地方法院、家庭法院、简易法院所作的一审判决，如认为判决中对法令等违反宪法的判断不当，可以直接上诉到最高法院，此谓"跳跃上告"。

② [日] 古川純：《条約の違憲審査》，载《別冊ジュリスト》1994 年 1 月。

③ [日] 最大判昭和三十四年（1959）12 月 16 日，刑集 13 卷 13 号，第 3225 页。

从最高法院的判决可以看出，首先，最高法院承认了条约的可审查性；其次，因条约具有"高度的政治性"，除非是"一见极其明白的违宪"，法院应尽量避免宪法判断；最后，对条约的判断权应归之于政治部门，最终应由作为主权者的日本国民进行判断。

在该判决中，关于"自卫权"和"战力"问题，最高法院认为："宪法第9条关于放弃战争、不保持战力的规定，没有否认我国作为主权国家所固有的自卫权。宪法的和平主义规定并非指不防御、不抵抗，因此，为了维护本国的和平与安全，保持国家领土的完整，国家采取必要的自卫措施是行使其固有权能的当然结果。""宪法所禁止的战力主要指我国作为主体所行使指挥权和管理权的战力，实际上也就是我国自己的战斗力量，外国军队即使驻扎在我国，也不属于宪法所禁止的战力。"以此为基础，最高法院以《日美安全保障条约》属于"具有高度政治性的问题"为由，驳回了被告的违宪主张。

第四章 20世纪60年代安保法的修改与自卫权解释变化

第一节 《日美安保条约》的修改

一 《日美安保条约》的修改过程

对《日美安保条约》的修改首先由日本方面提出，1955年8月，日本外相重光葵访问美国，在与美国国务卿杜勒斯会谈时，提出了修改安保条约的意见。重光葵认为：取代现行的安保条约缔结新的防卫条约，对日美两国都有利。因为，在1951年《日美安保条约》签字之时，在集体安全保障体制中，非武装的日本不能作为对等的伙伴存在，并且，不仅是财政和经济状况不允许，根据当时的宪法解释，日本政府也不具备缔结两国协定所需要相互基础的军事性质。但现在情况不同了，日本的军事力量已经超越了部分北约或《东南亚条约组织》成员国，经济也已大大增强，缔结代替一方安全保障、建立在相互基础上的两国新防卫条约时机已经成熟。该条约与美国和澳大利亚等国缔结的条约相类似，且，条约可以包括以下规定：关于相互防卫，在西太平洋地区，各缔约国对缔约另一方受到的领土或控制区的攻击，视作对本国和平与安全的威胁，可以根据本国的宪法程序采取行动。①

---

① [日]古関彰一：《"平和国家"日本の再検討》，岩波書店2013年版，第236页。

第四章　20世纪60年代安保法的修改与自卫权解释变化

但由于当时的日本与韩国、澳大利亚等还存在很多未解决的问题，该提议遭到了杜勒斯的反对。关于《日美安保条约》的修改，正式提上日程是在岸信介内阁上台以后。

岸信介（1896.11.13—1987.8.7），日本右翼政治家，侵华战争甲级战犯之一。第二次世界大战日本投降后曾作为甲级战犯嫌疑被关押，但因其亲美反共立场颇得美国青睐而于1948年获释。其后，岸信介成为战后日本政界右翼的鼻祖，被称为"昭和妖怪"。1954年参与创建日本民主党任干事长，次年自由民主党成立后，仍任干事长。1956年任石桥湛山内阁外相，1957年2月出任自民党总裁并组阁。

1957年年初上台的日本首相岸信介，自执政伊始就实行亲美、反苏反华的政策，他提出的日本对外政策三原则是：以联合国为中心，与自由国家阵营协调，亚洲一员。甚至在1957年4月确定了美军在日本基地可以拥有核武器的态度。

1957年6月，岸信介访美，并向美国提出希望修改安保条约的想法，美国的态度是尽量拖延，最后双方确定成立日美安全保障委员会。该委员会于8月16日召开第一次会议，主要讨论了驻日美军撤出和日本自卫队接继等问题。在9月召开的第二次会议上，美国政府接受了日本政府的提议，同意把日美安全条约中没有把条约与联合国宪章联系起来的条款进一步明确。

进入1958年以后，日本国内要求修改日美安保条约的呼声不断高涨，这使美国政府开始认真研究条约的修改问题。3月22日，美国负责远东事物的助理国务卿罗伯逊正式向国务卿杜勒斯递交了一份修订条约的备忘录，指出目前的形势已不允许美国政府在这一问题上再拖延下去。

在备忘录的附录中，罗伯逊列举了美国在日本的长期安全目标，共6条：第一，一个军事上强大的日本既可以防卫本国国土，又可以派兵海外，用于防卫自由国家的目的；第二，日本作为该地区安全条约的成员国或双边局部安全条约的成员国，能够为远东地区自由世界集体安全做出贡献；第三，继续保持美国在日本的军事存在，保持美军为自由世界的防卫所尽义务而使用日本军事基地的权利；第四，日本同意核武器引进日本；第五，日本要继续保持强大的经济实力，保有高就业率和提高生活水平，并能为必需的军事工业提供基础；第六，日本经济要与自由亚洲和其他自由世界国家的经济保持密切联系，包括日本向经济增长和经济不发达国家提供技术、技能、资金和商品援助。①

而杜勒斯的评论是："依我看，最基本的是日本要做出承诺，即日本将来要继续与美国保持密切的合作关系以造成一种实力平衡，用以对抗苏联和共产党中国。"② 此后，到9月份，美国政府在协调了驻日大使和军方的意见后，正式开始了与日本的修约谈判。10月4日，美日双方的第一轮修约谈判正式在东京举行。在会谈中，美国代表同意了日方的建议，即，不是修改现行条约而是制定新条约。在此后的几次会谈中，双方争执的焦点主要是：（1）条约适用区域问题。美方认为条约应该适用于整个太平洋区域，但日本主张应仅限于日本拥有主权的区域。（2）行政协定问题。美国反对修改行政协定，但日本方面认为，如果1951年的安保条约作废，行政协定也随之失去效力。最后，美国方面鉴于日本国内的形势做出了让步。③ 1959年4月，双方举行了第二轮谈判，在此轮谈判中，日本以美国在第一轮谈判中提出的草案为基本框架，提出了自己的草案，在内容上也进行了一些重要的改动，主要反映了日本政府要增加条约的双向性，把日本要承担的义务与联合国宪章和本国宪法相联系，以及表露了不愿意在条约中对泛太平洋地区其他国家的经济发展和安全承担义务的意图。对于日本的修改草案，美国认为基本达到了美国的目的，因此，在进行了少量修改后，确定了文本。此后，双方

---

① 于群：《美国对日占领政策研究》，东北师范大学出版社1996年版，第278页。
② 于群：《美国对日占领政策研究》，东北师范大学出版社1996年版，第279页。
③ 金子胜：《憲法の論理と安保の論理》，勁草書房2013年版，第125页。

又就行政协定的修改进行了会谈,到1960年1月初步达成协议,并送交双方政府批准。

1960年1月15日,日本首相岸信介访美,1月19日,在与艾森豪威尔总统举行会谈后,新条约(正式名称为《日美共同合作与安全保障条约》)正式签字。除条约外,双方还签署了代替《日美行政协定》的《有关驻日美军地位的协定》等9个文件。

二 新《日美安保条约》的主要内容

1960年缔结的《日美安保条约》,当初是以修改条约名义开始的,但从内容来看,完全可以称作新的条约。

旧条约与新条约(现行条约)相比,其共同点是:(1)美国军队可以驻扎在日本,可以使用日本国内的设施和地区。(2)美军不仅为了日本的安全,为了远东的安全也可以使用日本的设施和地区。(3)承认日本有依据《联合国宪章》的精神,进行单独或集体自卫的权利。

两个条约的不同点是:(1)旧条约无论在形式还是实质上都是不平等的,新条约则具备了两国对等、双方承担义务的条约形式。这一点从名称上也可以看出,旧条约全名为《日本国与美利坚合众国之间的安全保障条约》,新条约全名为《日本国与美利坚合众国之间相互协助及安全保障条约》。(2)新条约特别明确了与《联合国宪章》第51条的关系,强调缔约国的行动应该与《联合国宪章》第51条相符的原则。(3)新条约明确了美国具有防卫日本的义务,同时也规定了日本有在其行政权管辖之下的范围内保卫美国的义务,即在美国受到武力攻击时,日本基于集体自卫权有采取共同行动的义务。(4)在日本宪法所规定的范围内,日本具有逐渐增加自卫能力的义务。(5)全面实行事先协商的体制,在有关解释"非直接侵略"及驻日美军的调动、装备等问题上,都要与日本方面事先协商。(6)新条约增加了日美两国在政治、经济和国际事务方面的合作。(7)新条约规定了条约的有效期以及废止条款。(8)新条约删除了不经美国事先同意，日本不得将基地、军队驻扎权和过境权给予第三国的条款。（9）新条约删除了有损害日本民族尊严的美军有镇压日本国内内乱责任的条款。①

取代《日美行政协定》的有关驻日美军地位的协定及其附属文件则是依据《北大西洋缔约国关于其军队地位的协定》以及《美国与联邦德国之间关于驻德美军地位的补充协定》制定的，但是，与前者没有关于"提供基地"不同，新的日美安保条约仍然保留了"提供基地"的规定，因此，新安保条约的核心仍然是美军的驻扎。从这一意义上来说，新的《日美安保条约》是旧条约的延伸。

第二节 关于日本的战争责任问题

由于媾和与安保体制是在对日本战争责任采取忽略的情况下开始的，因此，日本人的战争责任意识此后几乎没有任何变化。即使反对日美安保条约的阵营也没有意识到，这种战后意识会使安保条约变质。

一 战争赔款问题

在战后对日媾和的《旧金山和约》中，关于日本的战争赔款问题，美国最初的草案试图竭力变相取消日本的战争赔偿，由于遭到远东委员会多数成员的反对，最后经和英国协商确定："日本应对其在战争中所引起的损害及痛苦给盟国以赔偿，但同时承认，如欲维持可以生存的经济，则日本的资源目前不足以全部赔偿此种损害及痛苦，并同时履行其他义务。"因此，"日本愿尽速与那些愿意谈判而其现有领土曾被日军占领并遭受日本损害的盟国进行谈判，以求将日本人民在制造上、打捞上及其他工作上的服务，供各该盟国利用，作为协助赔偿各该国修复其所受损害的费用。此项办法应避免

---

① 于群：《美国对日政策研究》，东北师范大学出版社1996年版，第295页。

第四章 20世纪60年代安保法的修改与自卫权解释变化

以增加的负担加诸其他盟国。当需要制造原料时，应由各该盟国供给，借免以任何外汇上的负担加诸日本"。

对日和约最后文本上的这段表面极为平常的文字，暗藏以下陷阱：首先，合约赔偿条款用领土是否被日本占领作为限制条件，把苏联、英国、法国、加拿大、澳大利亚、荷兰、新西兰等众多对日作战的国家排除在应受赔偿的国家之列；其次，合约没有规定赔偿数量和起止期限，从而为日本后来在谈判中增加了便利，使赔偿按照日本人自己制定的时间表进行；再次，合约把赔偿支付形式限定于劳务赔偿，意在减少索赔国的索赔动力。因为，众多亚洲国家劳动力过剩，所以并不欢迎接受日本该种劳务赔偿，且该赔偿还要经过长期艰苦谈判。此后日本正是利用这些条款，仅用十几亿美元就应付了在侵略战争中给亚太各国造成的数千亿美元的损失。[1]

正是因为上述原因，旧金山和约的多数签字国放弃了战争赔偿要求，一些国家则开始了与日本旷日持久的索赔谈判。菲律宾与日本达成谈判是在1956年，印度尼西亚、老挝在1958年，南越和柬埔寨在1959年。没有与日本签订媾和条约的缅甸在1954年，韩国在1964年完成谈判。尽管如此，日本与这些国家签订的并不是"赔偿协定"，而是"经济合作协定"，以所谓"经济援助"形式实现的。

以菲律宾为例，经过5年的马拉松式谈判，日本政府最后的战争赔偿数额仅为菲律宾政府要求额十分之一的8亿美元，并且主要是以日本劳务和产品为主，对日本的商品输出极为有利。尽管如此，在当时的自由党内仍出现了不承认8亿美元赔偿的声音。[2] 即便是左翼的社会党也发表声明说："我党并不反对与友邦国家菲律宾的邦交正常化本身，但是赔偿额超过了日本的支付能力，日本的纳税人在今后20年间必须担负起这一负担。并且，条约本身没有关于保证日

---

[1] 于群：《美国对日政策研究》，东北师范大学出版社1996年版，第178—179页。
[2] ［日］吉川洋子：《日米赔偿外交交涉研究》，劲草书房1991年版，第277页。

本扩大与该国贸易的条款，非常不满。"① 由此可见，任何政党都不存在赔偿与战争责任相关联的意识。在这一将战争责任意识丢在一边的情况下，日本从1950年代中期到1960年代中期，签订了一系列对自己有利的赔偿协定和经济合作协定。这些协定旨在进一步减轻当时亚洲各国反共政权的"反日感情"，增进彼此的"友好关系"。期间，在1957年2月，岸信介作为日本首相第一次访问了亚洲六国。但是，但实际上，日本的"示好"并没有减轻各国的"反日感情"。

日本不断增加与亚洲各国的关系符合美国的亚洲防卫政策。美国一直并没有放弃构建"亚洲太平洋的整体安全保障措施"的企图，美国安全保障会议在1955年4月通过的"合众国对日政策"中指出："为了推进日本与大韩民国、中华民国（指中国台湾政权）、菲律宾之间利益共同体的建设，美国必须发挥重要作用，推进四国一体的合作关系，换句话说，必须迅速建成包含四国在内的西太平洋集体防卫措施。包括整顿参加条件，其与北大西洋公约、东南亚合作条约合作的条件等。"②

赔偿问题在1950年代中期以后，对日本的进出口贸易做出贡献的同时，也符合美国的亚洲安全保障政策。

二 甲级战犯的赦免

岸信介计划于1958年访美，着手修改《旧金山和约》之前的1957年向美国驻日大使提出的提案，其中同时提出了赦免被判处终身监禁的10名日本甲级战犯的问题。

依据《旧金山和约》第11条的规定："日本国承认远东国际军事法庭及在日本国内及国外其他联合国战争犯罪法庭的判决，并且，

---

① ［日］《朝日新闻》1956年5月17日。
② ［日］细谷千博：《日米関係資料集1945—1997》，東京大学出版会1999年版，第325页。

对于在日本国内关押的日本国民,执行上述法庭的科刑。对该关押者的赦免、减刑及假释权限,除依据分别针对不同事件科刑的一个或两个以上政府的决定及日本国的劝告为基础时,不得行使。"①

依据美国的资料,岸信介依据该条款在与作为"科刑的一个或两个以上政府"的美国政府的驻日大使进行会谈时,提出了赦免甲级战犯的要求。在此后美国驻日大使给国务卿的报告中报告了该情况。指出:"在5月1日会谈的议题之中,很明显,对岸信介来说,战犯问题是重大的个人关心问题。通过该次会谈,我注意到,许多现在还在监狱中关押的人是岸信介的'狱友',一方面,岸信介对他们有强烈的责任感,另一方面,他们也对岸信介寄予很大的信任。岸信介认为,自己现在已经是首相,因此,希望能够释放他们。并且,岸信介还提到,现在只是要求对他们予以假释,仍然会处于警察的监视之下,外出也必须获得警察的许可。"同时,驻日大使向国务卿提出,虽然这在盟国内是一个非常敏感的政治问题,但是"如果双方能够找出满意的战犯问题解决方案,对相关者来说都会有巨大的利益"②。

此后,美国在通报联合国后,于岸信介访美前夕的1958年4月7日,通告日本外务省,对判处终身监禁且仍在服刑的10名甲级战犯决定做出减刑的赦免处理。对此,时任日本外务大臣的藤山爱一郎写信给美国政府,对其"人道主义决定","衷心地表示感谢"③。

在上述美日双方的往来交涉中,根本没有出现关于"战争犯罪"或"战争责任"的话语,这与当时美国要求日本增强防卫力量,对岸信介充满期待有关。这样,修改《日美安保条约》成为岸信介政府的主要政治议题,而在冷战这一政治大背景下,关于"战争责任"

---

① [日]粟屋憲太郎:《東京裁判論》,大月書店1989年版,第183页。
② Telegram from MacArthur Jr. To Secretary of State, May 1, 1957, Records of the U. S. Department of State Relating to Political of Japan, 1955 – 1959.
③ Letter from Fujiyama to Ambassador, April 4, 1958, Records of the U. S. Department of State Relating to Political of Japan, 1955 – 1959.

问题则已经被双方抛到九霄云外。

此后，在东京审判中被判处终身监禁的荒木贞夫（前陆军大将、陆相、文相）、木户幸一（内大臣）、畑俊六（元帅、陆军大将、陆相）、星野直树（内阁书记官长）、贺屋兴宣（藏相）等10人被赦免。至此，所有甲级战犯全部被释放。其中的贺屋兴宣在赦免后被选为自民党所属的众议院议员，后曾任自民党政务调查会长，在1963年出任池田勇人内阁法务大臣。

上述对战争责任的无意识并不仅限于政界，在当年4月8日的报纸中虽然都对"甲级战犯赦免"进行了报道，如《朝日新闻》和《读卖新闻》都在头版进行了整版报道，《每日新闻》虽不是头版，但也进行了整版报道，但所有的报道都只是原样传达了外务省发表的信息，一句评论都没有，更不要说社论。连知识分子也没有对此当作问题讨论。甚至在当年的年表中也没有记载这一事实。①

因此，在1960年代的《日美安保条约》修改中，以"可能使日本卷入美国发动的战争"为理由进行反对的势力，可以说对发动侵略战争的本国战争罪犯同样是不关心的。

第三节　个别自卫权内涵的解释扩展

一　从"9条争论"的角度看日本集体自卫权的解释变迁

在战后日本围绕修宪进行的争论中，《日本国宪法》第9条始终是核心之一。在关于"9条的争论"中，集体自卫权的解释也经历着不断地变迁。

（一）第9条与集体自卫权瓜葛的开始

在二战后《日本国宪法》的制定中，集体自卫权等概念没有进入人们的视野。当时争论的中心是在9条之下是否存在"自卫权"，

---

①　[日]古関彰一：《"平和国家"日本の再検討》，岩波書店2013年版，第250页。

如果存在会是何种形式。

作为日本著名国际法学家的横田喜三郎①在1951年9月出版的著作《自卫权》②中认为:"(宪法规定、第9条)放弃了战争和武力的行使,废除了军备,甚至否定了交战权,但是,自卫权本身即没有放弃也没有否认。因此,不能说日本没有自卫权",但是,"作为宪法规定的含义,无论如何不能不承认,虽然拥有自卫权,但不能保持军备,即,是一种'没有武力的自卫权'"。

当然,另一方面,横田又认为:作为"没有武力的自卫权"方法之一,"日本存在外国军队或军事基地,应该不违反日本宪法的规定"。因为,"如果日本加入联合国,在需要联合的强制措施时,日本是有必要提供基地和其他便利以及经济援助的"。并预测"关于日本,因为宪法放弃了军队和军备,应该不会要求提供兵力,而是提供基地和援助"。"这样,就不是行使交战权,也不是进行战争。"在这里,横田设想的是,在日本恢复独立后,作为第9条面向国际社会的具体化措施是:"对联合国的集体安全保障"提供基地和便利。③

但是,就在横田喜三郎《自卫权》出版的1951年9月,日美签订了《旧金山和约》,同日缔结的还有《日美安全保障条约》,结果,不是面向联合国而是面向美国"提供基地和便利"。不久,日本开始建立"警察预备队",继而改为"保安队",1954年改为"自卫队"这一实际上的常备军队。由此开始出现"第9条和集体自卫权的瓜葛"问题。在这一含义上来说,横田喜三郎关于第9条的解释后来竟成为"美军基地合宪"的依据。

(二)关于为何不能建立"太平洋条约机构"

1951年签订的《日美安保条约》承认了美军驻扎和提供基地,

---

① 横田喜三郎:日本著名国际法学家,1960—1966年任日本最高法院院长。
② 当时日本尚未结束占领状态。
③ [日]浦田一郎:《集体自衛権》,岩波書店2013年版,第18页。

因此，该条约在某种程度上可以说是一个"驻军协定"，条约中当然不存在与自卫队的"共同防卫"条款，因此，此时的"集体自卫权"问题不是议论的对象。在1954年6月3日的众议院外务委员会上，作为外务省条约局长的下田武三曾答辩说："我认为：即使和平条约承认了日本国的集体的、个别的固有自卫权，……但依据宪法承认的范围，除非是对日本本身进行的直接攻击或有急迫的攻击危险，不得以自卫之名启动。"当时的日本内阁法制局也持同样的立场，即："在9条之下，自卫队不得行使集体自卫权。"①

但是，当时的美方则持有不同的观点。曾任美国国务长官的艾奇逊在其回忆录中指出：美国政府当时想在西太平洋建立"集体防卫机构"已很明确，"通过三项条约，一是与新西兰和澳大利亚，二是与菲律宾，三是与日本，建立整个统合太平洋的安全保障机构"。这是很典型的地区集体防卫，即，"集体自卫权的框架"。

此时，美国试图建立一个类似于欧洲北约的"太平洋条约机构"，日本也是其中一员，当然这需要日本行使"集体自卫权"。上述设想最终未能实现。失败的理由正是上述横田喜三郎的著作和下田武三答辩中提到的"9条的存在"。这一点从同年缔结的《美新澳防卫条约》可以看出，该条约的第4条是针对武力攻击的措施，即："各当事国宣告：在太平洋发生的针对任何当事国的武力攻击，视为对本国和平及安全的威胁，应依据本国宪法程序采取对抗该危险的行动。"同时的美菲、美韩条约也有同样的规定。

可见，"行使集体自卫权"是条约的支柱。而此后在越南战争等一系列地区战争中，各国都追随美国自动派兵。

（三）公权解释与对美机密合意

在这一背景之下，1960年修改《日美安保条约》时，争论的焦点是第5条"共同防卫"和第6条"（远东范围内）基地的许可"。在新《日美安保条约》中，美国（对日本）的集体自卫权行使与日

---

① ［日］浦田一郎：《集体自衛権》，岩波書店2013年版，第19页。

第四章 20世纪60年代安保法的修改与自卫权解释变化

本（对美国）的不行使发生了碰撞，对美国来说，作为不行使的代价，要求日本"提供基地"，并承认"自卫队的强化"。这样，在"共同防卫"条款下就产生了"个别自卫权的行使"以及与美军合作程度和限度的问题，在"基地许可"条款下产生了核武器进入和从日本的自由出击问题。日本国会和媒体开始出现了卷入战争的担心。

当时的岸信介内阁采取"表面"＝在国会的说明（公权解释）和"背后"＝对美机密合意（允许核武器进入日本）的两面派手法，因此，围绕"远东的范围""与自卫队的共同作战""事前会议"等，在运用这一"背后的领域"构建了一个"安保密约"的世界。以此为出发点，随着此后国际形势的变化和日美安保合作的进展，逐渐走向"承认作为既成事实的集体自卫权"——提供"人员"或"物资"——的方向。

在此回顾一下1960年代日本安保国会关于相关问题的讨论。

关于"自卫队的海外派兵"，在1954年6月通过"自卫队法案"时，日本参议院同时通过了"不允许自卫队向海外出动决议"的附带决议。决议指出："本院在自卫队创设之时再次确认：依据现行宪法的条款并对照国民强烈的和平精神，决不允许向海外派出自卫队。"依据日本政府的解释，"海外派出"的含义是"将以行使武力为目的的军队派往其他国家的领土、领空和领海"。自卫队的任务限制在"个别自卫权""日本列岛守备队""专守防卫"。

但是，在国会审议安保条约的承认案件中，当被问到第5条"共同防卫"的内涵时，岸信介坚持了"表面"立场，强调："不管远东的和平与安全与日本的和平与安全有多么紧密的关系，因为日本自卫队走出日本领土之外的行动是决不允许的……因此，认为存在卷入战争的危险观点是错误的。"[①]

当时的内阁法制局长林修三在同年的参议院预算委员会上也认

---

① 1960年3月11日，众议院安保特别委员会上的答辩。

为："对照宪法来看，关键的问题是，他国，特别是与本国有着历史的或民族的或地域的密切联系的他国，在受到武力攻击时，为了保卫该他国，到外国去进行防卫，这一状况很容易理解为集体自卫权问题，是日本国宪法所不能容忍的。"

（四）向承认集体自卫权迈进

这样，表面上集体自卫权违宪的解释非常明确，长时期内，日本政府不承认集体自卫权。但另一方面，在1960年代后，随着朝鲜半岛局势的紧张，美国对越南战争规模的扩大以及日本自卫队装备、人员的增强，横亘在美军与日本自卫队之间的藩篱逐渐降低，区分《日美安保条约》第5条的"条约区域"（日本国施政下的领域）和第6条"美军驻扎目的区域"（远东的国际和平与安全）的界限，即，"个别自卫权与集体自卫权的边界"，开始逐渐模糊。首先是美军基地的使用条件，其次是专守防卫的自卫队（＝个别的自卫权）与瞄准亚洲的在日美军基地（＝集体自卫权）这一原则上的区分逐渐消失，即"密约的表面化"。

最初出现的是基地使用中"事实上的集体自卫权承认"。在越南战争中，就日本协助美国、特别是扩大"远东范围"的议员质询中，当时的外相椎名悦三郎的回答是："即使在远东范围之外发生的事件，在其与远东的和平与安全存在密切关系时，应该适用该条约的条款。在该种情况下，虽然在远东之外，现在正在发生与远东的和平与安全存在密切关系的事件。"①

在这里，"远东"的范围实际上扩大到东南亚。不久，承认了从冲绳基地起飞的军机对北越的轰炸，佐世保、横须贺的兵站基地化也逐渐公开化。而冷战后，在日美军基地更成了"中近东战争"的作战基地。

与此同时，在1969年11月举行的日美首脑会谈后发表的"佐藤·尼克松会谈共同声明"就美国的韩国、台湾防卫义务，各自指

---

① 1966年6月1日，众议院外务委员会的质询。

出："总理大臣对为维护朝鲜半岛和平而进行的国际联合努力给予高度评价，认为韩国的安全对日本本身的安全非常关键。""总理大臣认为，维护台湾地区的和平与安全对日本的安全是非常重要的因素。"在这里，"关键"和"重要"字眼体现了日本对朝鲜半岛和台湾海峡现状的"认识"比此前更进一步，从"国际和平与安全"这一思路形成了对集体自卫权的"承认"态度。

美军与日本自卫队的协助关系也开始发生变化。1970年发表的最初的《防卫白皮书》在提出以"专守防卫"为国防宗旨的同时，指出："从平时开始，日美两国之间需加强相互之间的紧密联系，保持意见的畅通，努力维持紧密的关系。"这一白皮书从《日美安保条约》第5条的"共同防卫"出发，在1978年《防卫协作指针》制定前，指明了"承认集体自卫权"的方向。

（五）《日美防卫指针》的变化

1978年11月日本福田赳夫内阁时期出台的《日美防卫指针》是日本迈向"承认集体自卫权"的关键一步。

"防卫指针"主要涉及三个协作领域，第一是防止侵略于未然的态势，第二是对日本武力攻击时采取的行动等，如果说这两部分还是在《日美安保条约》第5条"共同防卫"的范围之内，那么，第三，因日本之外远东的事态对日本安全产生重要影响时日美之间的合作。这就为将来"解禁集体自卫权"打下了基础。不久，从上述第三方面导出了"西南防卫""海上防卫"等自卫队的领域外活动。

第四节　关于自卫队与自卫权的相关诉讼

一　"惠庭事件"与"长沼事件"判决

继"砂川事件"判决后，在1967年的"惠庭事件"判决中，札幌地方法院对被告提出的《自卫队法》及自卫队的存在本身违反宪法第9条及"前言"的问题，没有进行宪法判断，只是就被告破坏的电线等不属于《自卫队法》所说的军事物资为由，宣告了被告的无罪。因此，虽然就自卫队的合宪、违宪问题，检察机关和辩护方在长达三年多的多次庭审中进行了激烈的争论，学术界也给予很大的期待，但法院却适用回避宪法判断的方法结束了审判。①

正是在上述背景下，1973年札幌地方法院就"长沼事件"做出的违宪判决②才格外引人注目。

该事件起因于1968年5月，日本防卫厅计划在北海道长沼町的马追山设立航空自卫队的导弹基地，因当地有国家设立的"水源培养保护林"，为此，农林省决定解除该保护林。当1969年7月正式决定做出后，当地居民迅速向札幌地方法院提起诉讼，要求取消解除决定并停止执行该处分。对该诉讼申请，札幌地方法院经充分审理，于1973年9月7日做出判决（因审判长为福岛重雄法官，故该判决又被称作"福岛判决"），判决在承认了居民请求的同时，就涉及的自卫队问题，指出了自卫队正是相当于宪法第9条2款所禁止的战争力量，因而是违宪的。

在该案件中，原被告双方就各自的观点展开了激烈的争论。原告认为：（1）宪法第9条2款明确规定了放弃作为国权发动的战争和放弃以武力作为解决国际纷争的手段，并不承认国家的交战权，这实际上是宣布放弃一切战争。（2）自卫队无论从其规模、装备还是能力等方面看，都属于该条所禁止的战争力量，设立导弹基地也是违反宪法规定的，因此解除保安林的行为是无效的。与此相对，被告方则主张：（1）虽然取消了保护林的指定，但因为设立了其他代替设施，当地居民的利益不会因此而受到侵害，其提起诉讼的要件并不存在。（2）宪法第9条所禁止的只是侵略战争，并不包括自卫权在内。（3）自卫力量的内容是由国会、内阁来决定的，属于具有"高度政治性"的问题，因此，不属于司法审查的范围。

---

① ［日］芦部信喜：《法律解释中の回避宪法判断》，载《宪法判例百选》（第三版），jurist专刊，第130号，1994年版，第354页。

② ［日］札幌地判昭和四十八年（1973）9月7日，《判例时报》712号，第24页。

针对双方的意见，法院以自卫队是否符合宪法为中心，在充分调查证人并进行法理分析的基础上，基本承认了原告方的主张。

判决主要从五个方面进行了分析：（1）关于当地居民的利益。该居民的利益是通过森林法予以保护的利益，原告属于行政事件诉讼法所说的"具有法律上的利益者"。保护林的目的是保护当地居民的和平生存权，但导弹基地的建立，在有事时很容易成为攻击的第一目标，原告为预防和平生存权受到侵害，要求取消本件处分符合法益的要求。（2）关于司法审查。对法治主义国家来说，不服从司法审查的国家行为只能是例外。关于是否保持军事力量，宪法前言和第9条有明确的法律规定，其解释也应该在客观上确立。本件仅仅进行单纯的法律判断是不够的，应该积极地进行宪法判断。（3）关于和平的生存权。和平的生存权产生于和平主义的基本思想，表现为公民个人在和平中生存，并具有追求幸福的权利。因此，在宪法第三章各条款，对个别的基本人权进行了具体规定。（4）关于第9条。判决明确指出自卫队是违反宪法的，宪法的和平、民主、人权三原则是一体的，宪法第9条1款规定了放弃战争，第2款禁止陆海空军和其他战斗力量、完全否认交战权，从而使一切战争都不可能。（5）关于自卫队的实际状况。判决在考察了自卫队的发展历程，对其组织、编制及行动的相关法令及自卫队的实际装备、行动进行分析后认为，自卫队相当于"陆海空军"这一战斗力量。因此，判决最后认为：《防卫厅设置法》《自卫队法》都违反宪法第9条2款，是无效的。本件解除保护林的处分缺乏森林法所说的"公益上的理由"，是违法的，应予取消。

由于本判决是日本历史上第一次，也是唯一的一次做出自卫队违宪的判决，因此，在日本评价很高。在该判决做出几天后，被告农林省向札幌高等法院提起控诉。二审札幌高等法院没有就自卫队是否符合宪法问题进行事实审理，就在1976年8月做出判决，取消了一审判决，驳回了原告的诉讼。① 二审法院在承认原告适格的同时，不承认以和平生存权为理由所主张的法益，并认为具体代替设施的存在使原告的诉讼利益丧失。对自卫队是否符合宪法问题，只是在旁论中进行了分析，认为：自卫队的存在是否符合宪法，属于"具有高度政治性的问题"，除非明显的违宪、违法，都不属于司法审查的范围。对判决不服的原告又上诉到最高法院，最高法院没有触及宪法问题，在1982年做出了支持二审的判决结论。②

"长沼诉讼"在《日本国宪法》史上具有比较特殊的意义。对于自卫队的存在是否符合宪法这一问题，日本朝野上下长期处于激烈的争论状态，而法院长期以来也一直回避对这一问题的宪法判断。"福岛判决"可以说是日本反对再军备的进步力量的一次公开表达。正如有学者所说，"它给了日本政府对再军备、加强军事力量政策一次反省的机会"③。但是，由于日本右翼势力的不断增强，在"福岛判决"后，日本国会成立了"法官追诉委员会"，以福岛法官加入"日本青年法律家协会"、该协会为政治团体，从而违反了限制法官加入政治团体的规定等为理由，试图对福岛法官进行追诉，只是迫于反对呼声，又改为缓期追诉，后不了了之。这反映了日本司法反动化倾向的加强。而在案件上诉到札幌高等法院后，握有司法行政权的最高法院又迅速更换了该高等法院负责案件的法官，结果使二审做出了与一审完全不同的判决。

在"长沼判决"后，虽然日本学界仍存在自卫队违宪的论点，但日本朝野大多数实际已经默认了第9条内容的实质变化。④ 此后争论的焦点也转向了自卫队的核武装、海外派兵、输出武器、引入征兵制等具体的"自卫战力"问题。

---

① ［日］札幌高判昭和五十一年（1976）8月5日，《判例时报》821号，第21页。
② ［日］最判昭和五十七年（1982）9月9日，民集36卷9号，第1679页。
③ ［日］浦田贤治：《平和の生存権と自衛隊》，载《宪法基本判例》（第二版），有斐阁1996年版，第182页。
④ ［日］高野真澄：《現代日本の憲法問題》，有信堂1988年版，第66—67页。

二 "百里基地诉讼"及其变化

与上述事件不同,"百里基地诉讼"① 主要涉及宪法第9条与私法的问题。该事件起因于自卫队百里基地买用耕地的民事诉讼。双方争论的宪法焦点是：本件买卖合同是否相当于宪法98条1款的"关于国务的其他行为",并违反宪法第9条无效；如把本合同视作私人间私法上的行为,是否可以直接认为违反宪法无效。

对此,最高法院判决认为：

"关于国务的其他行为",是与同条列举的法律、命令、诏敕具有同一性质的国家行为,换句话说,意味着行使公权力确立法律规范的国家行为,……在与私人对等情况下行使的国家行为,没有伴随上述法规范的确立,因此,不属于"关于国务的其他行为"。

宪法第9条作为宪法规范的性质,其目的不是对私法的行为效力进行直接限制,与关于人权的规定一样,不能直接适用于私法行为。当国家不是作为行政主体,而是站在与私人对等的立场上,与私人之间签订私法上的合同,从该合同订立的经过及内容上看,不存在公权利的发动问题,则不能直接适用宪法第9条。

该判决涉及自卫队的合宪性问题,但与"惠庭事件""长沼事件"不同,该事件主要针对买卖合同这一国家的私法行为。对于98条1款的规定,最高法院认为只限于国家的公权行为,国家的私法行为应该除外。对此,虽有支持的观点,但更多的是批评意见。批评者认为：宪法的拘束力应及于国家的私法行为,考虑到具体情况,可以对拘束力设定一个差别。而对宪法第9条的直接适用一般予以否认。②

---

① [日]最判平成元年（1989）6月20日,《民事审判集》43卷6号,第385页。
② [日]浦田一郎：《宪法9条と国家の私法行为》,载《宪法判例百选》（第三版）,jurist专刊,第130号,1994年版,第361页。

第五章　21世纪后日本解禁集体自卫权与修改安保法

第一节　"9·11"事件与自卫权解释的变化

一　"9·11"事件前后的变化

进入1990年代以后，日本的修宪活动再次迎来了新的高潮，这一点仅从宪法草案的数量也可以一窥端倪。自1991年至2001年的10年间，仅公开发表的有影响的宪法草案就达到19个，这些宪法草案既包括团体草案（如：读卖新闻宪法草案、日经新闻宪法草案、自由党和自民党桥本派宪法草案、民主党宪法调查会草案），也包括个人草案（如小泽一郎草案、中曾根康弘草案、鸠山由纪夫草案等），所以，此次修宪动向完全不同于以前，实际是试图改变战后日本社会改革的一环，这一改革正是时任首相小泉纯一郎强制推行的"结构改革"，与此相关，也是日本追求军事大国化目标的改革，而宪法修改正是作为这一改革的一环出现的。

此时日本修宪活动活跃的原因很多，大体上可以分为三个方面，即军事大国化的要求、创建新的社会构想的要求、社会的总体保守化，三者合流产生了修宪的高潮。

（一）冷战结束与军事大国化要求

20世纪90年代以后日本修宪的活跃与军事大国化密切相关，因为：首先，冷战结束后美国世界政策的需要出现了变化。冷战结束以后，随着世界经济的全球化，美国作为超级大国地位进一步巩固，其世界警察角色更加明显，但无论人力还是物力，单靠美国自己已经很难完成这一任务，为维护冷战后的世界秩序，美国需要在欧洲依靠北约，在亚洲和太平洋地区当然希望日本来承担这一角色。其次，日本国内结构产生了变化，特别是日本企业的全球化不断扩展。当然，长期以来，日本企业的竞争力主要源于企业控制体制、转包以及自民党政治等日本国内的体制，当欧美企业为谋求扩大资本积累开始逐渐走向全球化的同时，日本企业则长期固守着国内生产、海外输出体制，但日元升值和经济摩擦的增加，使日本企业在1980年代后期开始积极向海外扩展。为保护日本企业的海外利益，经济界开始出现要求日本向军事大国化发展的强烈愿望。

美国和日本经济界几乎同时出现的要求强烈地摆在日本政府面前。但是，日本的军事大国化面临着非常大的障碍。首先是《日本国宪法》的存在，宪法9条禁止日本保持军备，虽然保守党政权不顾该条存在不断地扩大军事力量，但该条的存在毕竟使其不能随心所欲地再军备。其次是存在支持宪法、反对日本军事大国化的和平运动和日本国民的和平意识，如果没有这些力量，日本政府可以很简单地通过修宪消除9条。再次是战前受日本侵略的中韩等亚洲各国的反对与警惕。日本要想实现军事大国化必须排除以上障碍，特别是作为第一个障碍的《日本国宪法》第9条，因此，随着军事大国化冲动的加强，修宪问题再次摆上政治舞台也就顺理成章了。但在1990年代初期，这一军事大国化愿望并没有直接与修宪联系在一起，相反，当时日本政府试图在不触动宪法本身的情况下推进军事大国化。当然，要想实现向海外派兵，修改宪法是最好的选择，但如果采取修宪这一正面突围方式，不仅需要做大量的工作，还有可能点燃其他两个障碍物之火，因此，对日本保守政客来说，修宪不是最好的方式，只能采取其他策略。

在上述背景下出场的是"日美安保共同宣言"和新防卫线的方式，即，针对美军在亚洲太平洋地区的作战行动，不仅日本自卫队，各级地方政府、民间都要做好补给和运送等保障工作，而自卫队的海外派兵也以做美军后方支援的方式来实现。这样，日本自卫队既能对美军的作战行动提供必要的后方支援，又不至于触动日本宪法和日美安保条约。这当然也是美国政府所希望的。当时，美国主导新防卫指针的官员曾说："对美国来说，没必要修改安保条约和日本宪法，因为，一旦触动宪法问题，就会打开潘多拉盒子"，"现在，重新构筑日美安保关系的两国工作正在进行，但始终是在安保条约和日本宪法的范围内进行的。"① 正是在这一指导思想下，1996年，两国共同出台了"日美安保共同宣言"，实际上是对《日美安保条约》进行了修改。1997年出台"日美防卫协作指南"，1999年通过《周边事态法》，从而实现了军事大国化的阶段任务。

但是，以《周边事态法》的通过为开端，情况有了进一步的变化，主要体现在，同期日本国会通过了《修改国会法》，决定成立"宪法调查会"，这表明1990年代初推行的回避修宪的军事大国化路线的修正和转换。② 其实，早在1997年就出现了要求在国会设立宪法调查会的提议，但当时的日本政府和执政党没有重视。1999年后，日本政府的军事大国化政策开始迈入新的阶段，即从对美军的后方支援改为全面支援，这样，日本宪法的修改不可避免。

日本政府和自民党此时对宪法政策的转换有内外两方面的原因。

从外部世界来看，在《周边事态法》通过之后，美国的要求进一步提高。此前，美军虽然也希望自卫队对美军的作战行动能够提供全方位的支援，但考虑到需要日本政府变更宪法解释，担心会引起日本政治的混乱，所以，只要能满足最基本的后方支援就可以了，但一旦这一要求通过《周边事态法》的制定得以实现，要求提高是很自然的。这一要求提高的典型表现是以美国共和党为中心的超党派研究者在2000年10月联名向美国总统提出的"美国与日本——

---

① ［日］渡边治：《修宪の论点》，旬报社2002年版，第26页。
② ［日］奥平康弘：《日本国宪法の轨迹およびその综合评价》，载 jurist，2001年1月。

面向成熟的伙伴关系"的研究报告。该报告要求进一步强化日美军事同盟关系，主张日本应该进一步发挥其能动性，摆脱宪法第9条对行使集体自卫权的限制，并通过构建自卫队紧密参加美军作战行动的态势，将日美同盟关系由"分担负担向分担权利"进行转化，日美同盟应该与英美同盟一样强化。

从日本内部来看，《周边事态法》的通过并没有得到国内民众预想的抵抗，以前恐惧修宪、试图采取迂回方式向大国化迈进的思路开始转为直接走下去的欲求。而与此同时，在这一法律成立之前，很多日本财界的报告都指出，在一个全球化的世界中，日本要想作出更大的贡献，必须修改宪法，解禁集体自卫权。如，经济同友会提出"紧急提言：应尽早着手的我国安全保障的四项任务"，在要求尽早成立《周边事态法》的同时，作为后续政策，应该修改关于集体自卫权的政府解释，制定有事法制等。受财界的影响，日本政府开始采取行动，当时的小渊惠三首相主持的"21世纪日本构想恳谈会"报告，作为日本参加"国际安全保障军事活动"的方针，就呼吁"就宪法、集体自卫权等安全保障问题进行国民讨论"，虽然此后因小渊惠三的突然去世，这份报告被束之高阁，但以首相恳谈会的方式提出修宪问题不能不说是日本政府的一大转变。而美国的报告正是看到了日本政府的这一动向，采取了促使其加速前进的含义。

正是存在上述基础，在美国的报告出炉后，日本国内立刻出现了利用该报告进一步展开修改集体自卫权的论调，其典型是2001年3月，自民党国防分会提出的"日本安全保障政策的确立与日美同盟"报告书，该报告书在指出修改政府关于行使集体自卫权解释的必要性后，提出了变更政府解释和制定新法律的方式，从而避开了耗费时间的明文修宪方式。与此同时，经济同友会在"面向和平与繁荣的21世纪"报告中，明确提出了修宪的观点。可见，这一时期日本修宪动向的特点是：一是通过立法早期修改关于集体自卫权的解释，使日本迈向军事大国化的新阶段；二是从根本上实现宪法的修改。最早提出这一构想的正是中曾根康弘，他在2000年4月的

《诸君》杂志，刊登了"我的修宪观"一文，系统地阐述了上述构想。此后，日本国内的修宪论开始活跃起来，各种宪法草案层出不穷。各种草案虽花样百出，但在一点上是明确的，即，不仅要实现对美军作战的支援和保障联合国的集体安全，还要尽可能实现向海外派兵。

在日本迈向军事大国化和修宪活动的高潮中，2001年4月，小泉纯一郎继任日本首相，小泉内阁一方面试图进一步推进1998年桥本龙太郎内阁之后停滞的"结构改革"，另外，在推进日本的军事大国化和修宪方面也带有强烈的欲望。这一点在他就任首相后不久的发言中就有体现。他表示：在面临外敌入侵时舍命作战的是自卫队，因此，让"自卫队违反宪法"的讨论持续下去是对自卫队的失礼。在表达了强烈的修改宪法第9条的意愿后，对日美军事合作，他认为："日美友好对日本来说是最大的国家利益，如果在日本近海共同行动的美军受到攻击，日本不能无动于衷。"[①] 因此，对小泉纯一郎内阁来说，不仅要修改不能行使集体自卫权的宪法解释，更要在修宪方面获得突破。但与结构改革不同，如果触及修宪问题不仅很多日本国民难以接受，弄不好会严重影响自己的支持率。特别是在2001年8月15日小泉参拜靖国神社遭到中、韩等亚洲国家的激烈反对后，小泉的野心不得不暂时收敛。但此后发生的"9·11"事件为日本带来了转机。

"9·11"事件发生后，小泉内阁认为这是日本迈向军事大国化的绝佳机会，日本必须利用这一机会实现海外派兵的目的。但由于这一机会来得太早太突然，小泉内阁原来设想的修改关于集体自卫权的政府解释或修改宪法都来不及，因此，他决定先通过一个法案，即，"恐怖对策特别措施法"，这是一个在以美军为中心的对恐怖分子报复性的军事攻击时、为日本自卫队向海外派兵实施全面后方支援提供正当理由的法律，这一法案克服了《周边事态法》对"日本

---

① ［日］渡辺治：《修憲の論点》，旬报社2002年版，第30页。

周边"范围的限制和自卫队使用武器的严格限制,在不触动宪法第9条和不修改日本政府相关政府解释的情况下,实现向海外派兵的目的。因此,在"恐怖对策特别措施法"制定后,小泉政府又先后推动国会修改了《自卫队法》《海上保安厅法》《PKO协作法》等法律,同时,小泉内阁还着手准备自卫队在任何时候都可以参加战斗、行使武力的"有事法制"的制定。

(二) 海外派兵及其诉讼

1. 海外派兵及其法案的制定

1960年代初,在右翼代表岸信介执政时曾扬言,即使日本持有核武器也没关系,但此后的佐藤内阁则发表了日本不拥有、不生产、不引进核武器的所谓"非核三原则"。1971年,众议院通过了"非核三原则"。与此同时,日本国内围绕宪法修改进行了激烈的斗争,特别是关于第9条的修改与自卫队设立更是斗争的焦点。尽管由于广大进步势力的斗争,修宪势力未能得逞,但通过政府的解释和一系列判决,[①] 造成了对自卫队既成事实的承认,从而使宪法第9条的含义发生了变化。

进入90年代以后,随着苏联东欧社会主义国家的巨变以及海湾战争的爆发,此前围绕宪法第9条的争论虽然还在继续,但争论的内容已发生很大变化,即不再围绕自卫队的存在是否违宪,而是自卫队能否被派往海外,在国际上发挥其应有的作用。1992年,日本议会通过了"联合国维持和平活动合作法案"(即"PKO法案"),规定:日本自卫队可以以自卫队员的身份携带武器装备,以军队的形式参加联合国的维和行动,当自卫队员的人身安全受到威胁时,可以用武器自卫。对于自卫队参加联合国的维和行动是否属于宪法第9条1款禁止的"武力行使",日本政府提出了"武力行使"与"武器使用"区别的论调,并认为,自卫队的活动只要不是和外国军

[①] 何勤华等:《日本法律发达史》,上海人民出版社1999年版,第66页。

队的武力行使"一体化"就没有问题,① 这一论点也为此后一系列法案所继承。

20世纪90年代中期以后,关于日本自卫队海外派兵的法律不断增加,1997年日美确定了"新防卫指针",此后,日本于1999年制定《周边事态法》,2001年制定《恐怖对策特别措施法》,2003年制定《伊拉克特别措施法》《武力攻击事态法》,2004年6月制定《国民保护法》《美军支援法》《特定公共设施等利用法》《外国军用品等海上运输管理法》《自卫队法修改法》《关于俘虏等管理法》《国际人道法违反行为处罚法》7项法律,即所谓的"有事法制",从而为在武力攻击事态发生以前构筑日本全国的军事态势提供了法律依据。此后,2006年12月通过《自卫队海外活动化法》,2007年5月通过《驻日美军再编特别措施法》,2008年1月通过《新供油特别措施法》,2009年6月通过《海盗行为对处法》。2012年12月安倍第二次上台后,加快了解禁集体自卫权的步伐。2013年12月通过《国家安全保障政策》和新"防卫计划大纲",2014年4月将《武器输出三原则》修改为《防卫装备转移三原则》,同年7月1日,安倍内阁决定承认"集体自卫权的行使",此后又制定和修改了相关法案。②

这样,通过以上法令和措施,《日本国宪法》的部分内容已发生了变化,虽然第9条仍然存在,但已逐渐变得空洞化,尽管如此,它的存在对日本扩大军事力量仍有一定的限制作用,因此,在今天日本政府的修宪草案中,第9条仍是修宪派和护宪派争论的焦点之一。

2. 关于向海外派兵的宪法诉讼

进入21世纪后,围绕日本海外派兵的名古屋高等法院判决具有

---

① [日] 小沢隆一:《クローズアップ憲法》,法律文化社2008年版,第38页。
② [日] 本秀記:《軍事法制の展開と憲法9条2款の現代意義》,载[日]《法学论坛》2015年1月。

一定的代表性。

2003年3月，美国以伊拉克开发大量破坏性核武器为借口发动了伊拉克战争，为了支援美国的作战，日本政府在同年7月制定了《关于在伊拉克实施人道复兴支援活动及确保支援安全的特别措施法》（简称《伊拉克特别措施法》），以该法为基础，从同年12月开始向伊拉克及相关地区派遣了自卫队。对此，在日本国内多地就基于《伊拉克特别措施法》派遣自卫队到海外违反宪法第9条提起了诉讼，全国加入原告的人数达到5800余人，合计形成了800人的律师团。此后，从2004年2月开始，在"名古屋诉讼"中，原日本驻黎巴嫩大使等原告向名古屋地方法院提出了：确认海外派遣自卫队违宪、停止派遣和对侵害原告和平生存权给予各1万日元损害赔偿的诉讼请求。一审名古屋地方法院以确认违宪和停止派遣之诉不合法为由驳回了该诉讼。作为上诉审的名古屋高等法院于2008年4月17日做出了上诉人（一审原告）败诉的判决。但是，二审名古屋高等法院在判决中认为：航空自卫队在伊拉克的航空运输活动违反了《伊拉克特别措施法》2条2款禁止武力行使和该条3款活动地区限制在非战斗区域的规定，同时，含有违反宪法9条1款的活动。虽然该判决最后没有承认因本次派遣侵害了作为上诉人具体权利的和平生存权、最终导出了驳回诉讼的结论，但因为承认了自卫队向伊拉克派遣活动的违宪性以及承认了作为和平生存权的具体权利性，在日本国内被看做"划时代的判决"。而日本政府因为胜诉也没有再上诉，从而使该判决成为确定判决。①

（三）小泉纯一郎政权的脱离

随着1991年苏联解体和冷战的结束，《日美安保条约》失去了其反共、反苏的共同目标。但条约仍被保留下来，并被赋予了新的使命，即，成为1996年《日美共同宣言》所言的"面向21世纪的同盟"。此后，"日美安保合作"的范围不断扩大并被"日美同盟"

---

① ［日］辻村みよ子：《比較のなかの的改憲論》，岩波新書2014年版，第154页。

所取代。

随着 1997 年"新防卫合作指针"的制定，在装备和运用方面使"专守防卫"仅剩一块空牌子。旧"防卫指针"第三部分的内容在新的"防卫指针"中被作为第五部分，即，"在日本周边海域出现的、严重影响日本和平与安全的事态"，关于具体的合作领域包括：①日美的基地共同使用；②后方的地区支援；③运用方面的日美合作。而在行动范围方面，因为"周边事态的概念不是地理上的，主要着眼于事态的性质"，从而使"周边事态"可以自由定义。

对美军的"后方地区支援"列举了补给、运输、整备、警备等 26 项。依据"防卫指针"，"后方地区支援虽然主要在日本的领域范围之内进行，但也考虑对与战斗行动发生地区可以划出一条线的日本周边公海及其上空进行"。在这里，"画一条线""考虑"等用语虽然表明了对公开"承认集体自卫权"的犹豫，但实际上不过是只剩一块遮羞布。

现实方面如果再往前走，此后就只是等待时机了。此后 2001 年的"9·11 事件"和小泉内阁（2001—2006 年）在使公开承认集体自卫权行使的道路上起到了合力的关键作用。

在"9·11 事件"后，随着阿富汗战争的展开，小泉内阁迅速制定了《恐怖事件特别措施法》（2001 年）并派出海上自卫队的补给舰对游弋在印度洋的美军舰艇实施燃料补给。在 2003 年开始的伊拉克战争中，日本又制定了《伊拉克特别措施法》（2003），在该法之下，日本陆上自卫队和航空自卫队开始实施"人道复兴支援"和"运输活动"任务。这一切虽然都与集体自卫权问题直接关联，但当时的小泉纯一郎首相以"9·11 事件"和国会中自民党占压倒多数为背景，仍然进行狡辩，即："自卫队是否是到危险的地方去暂且不谈，即使伴随着危险，自卫队也应当做出贡献。这不是集体自卫权的问题。"[①]"（武器使用标准）依据常识行动即可，某种程度上来说

[①] 2001 年 9 月 24 日在记者会见中的回答。

应该由现场指挥官来判断，随机应变吧。"① 等言论。至于"宪法前言与第9条之间存在缝隙""从常识上看自卫队存在战力"等发言很好地体现了被称作"小泉剧场"的该人物的宪法认识。

对这一时期的状况，一贯认为集体自卫权违宪的内阁法制局是怎样对应的呢？

从1947年到1953年曾任内阁法制局长的佐藤达夫在1974年出版的《内阁法制局史》中收录的"回忆录"这样写道：

"内阁会议做出与法制局意见不同的解释在观念上也可以。但法制局的意见只要站立在超越政治论的纯理论之上，作为法制局应全力说服内阁，同时内阁也应该尊重法制局的意见。但不幸的是事实并非如此。……此时，没有办法，法制局的职员要么辞职，要么做内阁意见的传声筒。""但是，无论如何，如果内阁对法制局专家的公正判断不屑一顾的话，法制局体制就等于走向了坟墓，大一点说，这也与法治主义通向坟墓的道路相连啊。"②

二 日本政府关于自卫权解释的变化

《日本国宪法》"前言"在第2段规定"日本国民期盼持久的和平，深知统治人类相互关系的崇高理想，信赖爱好和平的各国人民的公正和信义，决心保持我们的安全和生存"之基础上，进一步阐明"全世界人民均有摆脱恐怖和贫困、在和平中生存的权利"。同时，设立了第二章"放弃战争"，并在第9条1款规定了"永远放弃以国权发动的战争、以武力威胁或武力行使作为解决国际争端的手段"，第2款规定"为达到前款之目的，不保持陆海空军及其他战争力量，不承认国家的交战权"。因此，《日本国宪法》规定的不仅是不保持军事力量，而是基于信任关系构建和平的彻底的"非军事和

---

① 2001年10月12日的国会答辩。
② ［日］佐藤达夫：《佐藤达夫回忆录》，载《内阁府法制局史》，有斐阁1974年刊，第52页。

平主义"。但是，自民党"2012年修宪草案"明确规定了设立"国防军"，国防军与自卫队相比，从组织性质上说是180度的大转弯，对国防军这一巨大的武装力量如何控制，"修宪草案"并没有说明，因此，"修宪草案"的思路作为军队的设计图是不确定的，从而使现行宪法第9条讴歌的"和平主义"丧失了基础。

（一）战后日本的政府解释与安保政策

如果按自民党"2012年修宪草案"的构想对日本的军事安全保障政策（安保政策）进行变更，的确是一场大的变革。因为，国防军与自卫队关于体制本质的逻辑完全不同。

宪法是确定国家权力界限的法律，因此，日本现行安保政策是在《日本国宪法》第9条的界限范围之内的，换句话说，是假定以自卫队为首的一系列安保政策总体上合宪。在尝试确保相关解释统一性和合宪性方面，日本的内阁法制局起到了关键作用。

长期以来维持的日本政府解释是：

日本是独立国家，拥有作为国家固有权利的自卫权。为行使自卫权保持必要最小限度的武力，不属于宪法禁止的"战力"。

依据日本政府的解释，关于现行宪法第9条1款所说的"战争"，从国际法角度来说，并不意味着对自卫战争和制裁战争的放弃。但，依据第2款"不保持陆海空军，不承认国家的交战权"，作为对一切战力的保持和交战权的否认结果，意味着放弃所有的战争。即，该解释最大的要点是第2款，但自民党"2012年修宪草案"完全消除了第2款，从而使该条完全改变了面貌。

鉴于日本在"明治宪法"之下对陆海空军控制失败的经历，可以认为，现行宪法第9条起到了对自卫队一定的控制作用。其背景是政府解释与学说广泛的一致起到的影响。关于"不保持战力"，日本学术界的主流观点与自卫队合宪的政府解释，就对自卫队是否合宪这一点来看确实存在对立，但在第9条否定军队这一点上理解是相同的。换句话说，日本政府关于第9条的解释与学术界的主流学说是相同的。以下就安保政策来看一下上述解释。

在战后的实践中,"不能保持战力但可以保持必要最小限度的实力"这一解释,可以说成为日本政府的"体制逻辑"并由此构建起了日本的各项安保体制。这一安保体制又形成了日本对外实力装置的控制机制。这就像金字塔一样,宪法第9条及其解释处于最上层,自上而下是一个规范具体化的结构,下面具体化的法规不能超越上层法的内涵。

处于金字塔上层的是《国防基本方针》(1957年5月20日阁议决定),该方针的宗旨是:"依据国力国情,在自卫的必要限度之内,逐渐整顿有效率的防卫力量",并且,"在将来联合国能够起到有效阻止战争的功能之前,以与美国的安全保障为基础应对来自外部的侵略"。在此之下,是迄今《白皮书》列举的其他基本政策,主要有"专守防卫""不做军事大国""非核三原则""确保文人统制",当然,如果再追加,还有作为和平国家原则的"武器输出三原则"这一禁止武器输出的政策以及占据外交基础的"控制军备外交"。以上是超出了时代情况应该维持的基本政策。

需要说明的是,在日本安保政策中居于中心地位的是自卫队,自卫队是日本为了所谓"自卫"的防卫组织,不属于"战斗力量",与军队保持了一定距离。通过将自卫队定义于不属于宪法禁止的"战力保持"这一消极的自我定义,使日本自卫队达到了不同于军队的结果。因此,"2012年修宪草案"提倡的向"国防军"转化,不单纯是名称的变化。

从紧急时刻自卫队可以通过军队行动杀伤敌方战斗人员这一点看,自卫队完全不同于维持国内秩序的警察。并且,从拥有强大的实力和武器装备这一点来看,日本自卫队是的的确确的军队。但是,作为该体制逻辑的界限,因为否定了"军队的存在",从而妨碍了军事合理性的贯彻。因此,无论是导致"明治宪法"崩溃起因的兵力增强问题,还是向其他国家派兵问题等,设计了必须通过"政府解释"这一渊源于《日本国宪法》的逻辑停止机制。①

作为确定自卫队具体体制和主要装备的整备目标等，位于金字塔下方的是依据时代变化制定的作为"具体防卫政策"的《防卫大纲》、《中期防卫力量整备计划》等。

以下就"集体自卫权"问题做一分析，"修宪草案问答"就该"草案"第9条2款的自卫权，明确说明包含《联合国宪章》承认的"个别自卫权"和"集体自卫权"。消除现行宪法第2款，新规定第2款的目的正是"使自卫权的行使不存在任何制约"。在通过修宪打开行使集体自卫权道路的同时，日本政府开始了在现行宪法之下通过宪法解释行使集体自卫权的动向。当然，这也会涉及很多实际的法律问题。日本历代内阁法制局努力不改变宪法解释，正是不想破坏根本的基础。

如果安保政策最根本的逻辑动摇的话，在宪法之下展开的安全保障政策整体就会动摇。"修宪草案"要改变作为逻辑基础的宪法条文本身，可以想见，将来贯穿新安保政策体系的一定是"国防军"逻辑，这意味着全面的变革。

迄今日本政府不承认自卫队是军队的例证之一是，日本不存在军法乃至军法会议。关于这一点，试图创建国防军的"修宪草案"在第9条之二的第5款规定："为了对属于国防军的军人及其他公务人员在实施职务时的犯罪或犯有关于国防军机密的犯罪进行审判，依据法律规定，设立军事法院。此时，被告人向法院上诉的权利必须予以保障。"这是创建国防军的必然变化。对于军队来说，军法会议是其本质的东西，这与军队的特殊性密切相关。作为军队"维持军纪"非常重要，作为其手段一般理解为军法，军法不同于一般的市民法，因其以军纪的维持为目的，即使一般的犯罪也有可能受到处罚。问题是军法与个人自由和权利的冲突如何化解。典型的事例是军队的机密情报问题，政府经常隐藏不好的情报，而正确的判断

---

① 金子勝：《憲法の論理と安保の論理》，勁草書房2013年版，第121页。

(二) 军事力量的未来变化不明确

首先从现状来看，现行的《日本国宪法》没有设想军队的存在，因此，在现行宪法之下，自卫队是依据法律（《自卫队法》）的规定确立了其任务、军队组织及编制、关于自卫队的指挥监督权等。

作为自卫队的任务包括："自卫队是为了保卫国家的和平与独立，维护国家安全，对于直接或间接的侵略，保护国家为主要任务。必要时参与公共秩序的维护。"（《自卫队法》第3条1款）关于编制，在"明治宪法"之下，这属于天皇大权，但自卫队的编制以《自卫队法》为依据，国会对预算编制具有一定的控制权。自卫队的指挥监督权，相当于以前天皇统治陆海空军的权力，现在《自卫队法》第7条规定"内阁总理大臣代表内阁拥有对自卫队的最高指挥监督权"。

但是，试图创建国防军的"修宪草案"对于政治的责任却非常含糊。多数地方都以"有法律规定"应付，"草案问答"也没有给予具体的说明，回顾战前日本的侵略历史，这的确令人担心。[①]

总之，因为国防军完全不同于自卫队，军队的创设在军事理论上意味着各项安保体制的改变。如何更好地控制军队这一强大的实力组织，对一般民众的安全与自由来说是非常重要的。这一控制既有政治上的，也需要法律上的。但是，"修宪草案"和"草案问答"对于具体控制没有充分的体制设计。军队的统治涉及政治体制整体的问题，与内阁总理大臣和天皇的位置相关，与安保政策的本质相关，需要有明确的规划。缺乏具体规划的"修宪草案"关于国防军的构想，只能带给民众更多的不安。

---

① [日]金子胜：《憲法の論理と安保の論理》，勁草書房2013年版，第123页。

第二节　日本政府对安全认知的变化与解禁集体自卫权

一　日本的鹰派路线与安全认知变化

（一）"周边怠慢"的鹰派路线

在2012年12月日本众议院选举之初，作为时任日本自民党总裁的安倍晋三就主张重新认识历史，并高喊通过修宪建立"国防军"和承认行使集体自卫权，因此，其属于典型的鹰派首相。如果以其本人的言论为基础描绘日本的未来图画，其目标实际是实现对战后日本和平体制的否定，回到他所谓的"美丽国家"，即，回到战前的日本。

安倍上台后，对承认过去殖民侵略并进行深切反省的"村山谈话"重新讨论，对承认战前日本军队强征慰安妇的"和野谈话"进行否定，从而使日本与中韩的关系更加恶化。

对于妄图修改历史和改变"国家形式"的安倍首相，来自美国的批评声音不断出现。如美国的《纽约时报》在2013年1月3日刊文，题目是《否定历史的新尝试》，文章对安倍的上述行为进行了强烈的批判，称安倍为"右翼的国粹主义者"。作为代表美国的著名刊物如此激烈地批评"同盟国"的首相是非常罕见的。

对安倍加剧地域紧张的言论，奥巴马政府也表达了不满。在2013年2月的日美首脑会谈中，作为日本首相首次传达了开始进行行使集体自卫权的讨论，但奥巴马总统在记者团面前虽然说了"日美同盟是亚洲太平洋的基础"，却没有深入，而是代替以"对两国来说最重要的课题是经济成长"。

在中日钓鱼岛争端中，安倍因主张"不存在领土问题"，使中日关系长期处于低谷。这不仅对美国，也对日本带来了困难。上述

《纽约时报》的文章正是表达了这样的不满。①

现在日本仍在按第一次安倍内阁时期（2006年9月—2007年9月）鹰派的"周边怠慢"路线行走。但彼时与此时情况已不同。如果还试图实行过去残存的鹰派政策，只能招致美国和其他亚洲国家的反感。

（二）第一次安倍内阁时期的活动

在民主党执政的三年多时间中，自民党政权时期制定的作为日本国防指针的《防卫计划大纲》逐渐向实战方向转变。自民党未能实现的武器输出三原则得到了缓和。此后，重返政权的安倍晋三积极将乃祖岸信介强烈推进而未成的"修宪"作为重要执政目标。

早在第一次安倍内阁时期，在安倍的强烈推动下，日本修改了与宪法构成一体的特别法《教育基本法》。自明治时代开始到第二次世界大战结束，日本正是因为存在《教育敕语》，②才通过学校的"彻底教育"，培育出"尽忠"于天皇并为天皇丧失生命的人。在日本投降后，在规定放弃战争的《日本国宪法》制定不久，日本制定实施了《教育基本法》，该《教育基本法》的"前言"在触及《日本国宪法》的意义时提到："该理想的实现，从根本上说有赖于教育的力量。"因此，可以说《教育基本法》是使战后日本和平宪法扎下根基的法律。而安倍修改《教育基本法》的理由正在于此。因为，

---

① 赵立新：《21世纪日本修宪运动研究》，知识产权出版社2015年版，第106页。
② 1890年10月30日，日本天皇颁布《教育敕语》。"教育敕语"的颁布是近代日本教育史上的大事，从其颁布实施到第二次世界大战结束，他起了规定日本教育方向的教育基本法的作用。《敕语》的第一段首先叙述了"国体之精华"在于天皇之德化与臣民之忠诚。第二段则把儒家家族主义伦理观与普鲁士的"国家学"结合在一起，同时用日本的开国神话加以修饰，最后把三者统合到"一旦危急，则义勇奉公，以扶翼天壤无穷之皇运"这一军事目的上来。第三段则强调了对德目的遵守，实际是美化天皇的统治。这与1889年颁布的《大日本帝国宪法》规定主权属于天皇一脉相承，使天皇无论在道德上还是在政治上都具有绝对的权威。在《教育敕语》颁布后不久，文部省把"敕语"的誊写本发给各学校，并要求各学校举行任何仪式都必须"奉读敕语"。从而加强了对学术、思想的控制。

以实现现行宪法之理想为目的的《教育基本法》对修宪者来说是一个障碍。对《教育基本法》的修改是将来日本修宪的前奏。修改后的《教育基本法》增加了"对乡土的热爱"。在修改后的记者会见中，安倍以满足的表情说道："这是脱离战后政治，创建新国家的基础。"这一爱国教育与1999年制定的《国旗国歌法》相结合，进一步强化了全国中小学生"国歌的演奏和齐唱"。①

在修改《教育基本法》不久，安倍就将日本的防卫厅升格为防卫省，从而进一步提高了自卫队在日本国家组织中的重要性，使自卫队的作用由内向的"国防"向外向的"海外武力行使"转变。此后又制定了《修宪国民投票法》。

（三）日本对东亚安全认知的变化

进入21世纪后，日本对东亚安全的认知逐渐发生变化。特别是鸠山内阁之后，日本政府转向加强日美关系。日本认为"日美两国是共有基本价值观和政策利益的同盟，该同盟是日本外交和安保的基础，不仅对亚太地区也对世界稳定和繁荣发挥着巨大作用"，"在东亚安全保障环境日益严峻、国际社会面临威胁多样化之时，对地区、国际社会和平、稳定与繁荣而言，日美同盟愈发重要"，"日本欢迎美国的'亚太再平衡'，认为其有助于地区稳定与繁荣，两国将紧密合作，为建立地区秩序发挥应有的主体作用"。2011年6月21日，在华盛顿举行的"日美安全保障协商委员会（"2+2"磋商）"中，日美双方"首先讨论了亚太地区形势，在亚太地区的安全保障环境变得更不确定这一点上达成共识"。时值美国"亚太再平衡"政策调整期，与中国存在争端的日本显然有利用美国政策调整的目的。

日本2013年《防卫计划大纲》认为，"虽然爆发冷战那样大国间大规模战争的可能性很低，但各种安全问题和不稳定因素正日趋明显和严重"。因此，与前一版《防卫计划大纲》相比，新防卫大

---

① 赵立新：《21世纪日本修宪运动研究》，知识产权出版社2015年版，第107页。

纲出现了以下变化：（1）删除了"主要国家间发生大规模战争的可能性下降"这一表述；（2）把"本地区仍然存在许多不明朗和不确定因素，如领土和领海问题、朝鲜半岛问题和台海问题等"表述改为"在领土、主权和海洋经济权益等方面存在的'灰色地带'事态将长期化，且这一'灰色地带'事态转为更加重大事态的可能性同样存在，情况令人担忧"；（3）增加了"朝鲜核武器与导弹开发及其对我国进行导弹攻击的挑衅言行，都是对我国安全重大且急迫的威胁"等表述；（4）增加了"中国在东海和南海等海空域活动更趋活跃，特别是围绕海洋利益对立问题，中国试图以武力为后盾改变现状，并采取了高压态势。中国在我周边海空域时断时续的做出'入侵'我国领海和领空的行动，并根据自己的主张划定了东海防空识别区。妨碍公海上空的飞行自由。该种危险行为可能会招致不测事态的发生"等表述。①

2015 年版日本《外交蓝皮书》认为，当前东亚安全威胁出现多样化态势，安全环境更为严峻。在"全球化和技术革新快速发展的背景下，大规模杀伤性武器、弹道导弹、国际恐怖组织和网络攻击威胁不断增大，风险日益多样化"。而 2015 年的《日本防卫白皮书》把朝鲜的核武器和导弹开发升级定位为"重大且迫近的威胁"。2015 年 11 月，时任日本防卫大臣中谷元公开表示：朝鲜"对我国安全构成迫切威胁"。其实，近年来，日本把中国视为最大"假想敌"，认为"中国在国际社会的影响力日益提高"，对"国际政治力学构成很大影响"。日本不断渲染中国的海洋活动，认为"中国在周边海域扩大并频繁活动，该动向与中国军事和安全保障的透明性不足，成为地区和国际社会的担忧事项"。2015 年日本《外交蓝皮书》称："中国在东海和南海等海空域，基于与现有国际法不相容的主张，继续尝试单方面改变现状。"2015 年的《防卫白皮书》针对中

---

① 孟晓旭：《东亚安全形势与日本安保政策调整》，载《国际安全研究》2016 年第 2 期，第 54 页。

国，新加入"中国表现出不妥协地实现自己单方面主张的姿态"表述。

二 进入 21 世纪后日本对安保政策的调整

以东亚安全形势的不稳定和严峻化为出发点，日本对安保政策进行了一系列调整。主要包括：重构国家安保顶层设计，打造"一点两翼"体制；调整防卫理念，重点加强防卫力建设，改革防卫省，重整日本防卫体制；修改"武器出口三原则"，逐步解禁集体自卫权，颠覆战后"专守防卫"政策；调整对外安保关系，进一步强化日美安保同盟，构筑地区新安保体系等。

（一）重构国家安保顶层设计，打造"一点两翼"体制

第二次安倍内阁成立后，日本安保政策调整的重要举措之一是成立国家安全保障会议（NSC），并以《特定机密保护法》和《国家安全保障政策》（NSS）为辅助，打造"一点两翼"国家顶层安保架构。此前日本相关国家安全保障机构分别经历了国防会议与安全保障会议，但安全保障会议"横跨部门众多，缺乏强力核心统筹的组织架构，面对棘手突发问题效率低下，导致决策延迟，因而备受诟病"。

1. 重构国家安全决策机构

国家安全保障会议是日本新设置的顶层安保决策机构，旨在全面推动外交和安保一体化政策，并以首相为中心迅速处理各种可能的事态。2013 年 11 月 7 日和 27 日，日本众参两院先后通过关于设置"国家安全保障会议"相关法案。12 月 4 日，安倍在首相官邸召开首次国家安全保障会议。作为国家安全障会议的重要运作机制是"大臣会议"，即："四大臣会议""九大臣会议""紧急事态大臣会议"等。所谓"四大臣会议"是常设和核心机构，由首相、内阁官房长官、外务大臣和防卫大臣四人组成，每两周召开一次，负责日本中长期外交和安全保障政策问题协调。根据需要，"四大臣会议"可以扩大增加财务大臣、总务大臣、国土交通大臣、通商产业大臣、

国家公安委员长，此即"九大臣会议"。"紧急事态大臣会议"是在发生紧急事态召开的会议，其成员组成根据情况确定。根据相关法案，国家安全保障会议除统领日本安保、外交、防卫政策外，权限还覆盖首相认为必要的外交和防卫重要事项；首相认为必要的重大紧急事态对应事项；其他首相认为必要的国家安保事项。为支持国家安全保障会议，日本政府又在内阁官房新成立"国家安全保障局"，主要职责是辅助国家安全保障会议、协调政府各部门关系、搜集和分析情报等。其首任局长是安倍的重要智囊、任职内阁官房参与（外交顾问）、前外务省事务次官的谷内正太郎。该机构下设六科，即：宏观、政策、情报、同盟及友好国家、中国和朝鲜、中东等其他。其中"中国和朝鲜"是六个部门中唯一以特定国家为目标和名称设立的。此外，日本在国家安全保障局内还配备一名首相助理，负责具体的国家安全保障会议事务。国家安全保障会议除强调首相对情报的纵向"一元化"掌控之外，还注重情报部门间的横向沟通。通过整合信息和快速分析，提高首相的情报掌控能力，加快决策过程。与此同时，为增强从中央其他机构获取情报的能力，国家安全保障会议在各省厅设置了具有联络功能的局长级"干事"，并定期举行"干事会议"。这些"干事"向国家安全保障局长汇报相关信息，由局长汇总后定期向首相汇报，以便首相能够及时全面地掌控和决策。同时，日本的国家安全保障局还负责与其他国家对应机构的情报共享，包括与美英两国安保机构的专线联系热线，与美英举行由两国秘书处负责人参加的定期会议。①

2. 制定《特别机密保护法》和《国家安全保障政策》

为严惩泄露外交、国防等机密，加强与英美等国的情报交流共享，2013年12月，安倍内阁强行通过《特定机密保护法》，并于2015年12月1日正式实施。该法规定，对泄露国防、外交等"特

---

① 孟晓旭：《东亚安全形势与日本安保政策调整》，载《国际安全研究》2016年第2期，第57页。

定机密"的公职人员，最高可判处十年刑罚。且日本所有政府机构都可以指定可能会对国家安全造成严重影响的"特定机密"。而此前只有日本防卫省才拥有界定机密的权力。《特定机密保护法》则扩展到包括国防、外交、特定有害活动、反恐 4 个领域 55 项。日本内阁通过《特定机密保护法》的主要借口是所谓外部安全环境的变化，即，"随着国际形势日益复杂，确保国家及国民安全情报的重要性逐渐凸显"，为此，"通过特定机密指定、处理者限制及其他必要事项，防止情报泄露，确保国家和国民安全"。在 2013 年 12 月举行的地方听证会上，与"盟国情报共享"的军事安全成为执政联盟的重点讨论事项。《特定机密保护法》通过后，日本政府各部门指定"特定机密"的数量大增。与《特定机密保护法》同为国家安全保障会议"两翼"之一的还有日本《国家安全保障政策》（NSS），该政策于 2013 年 12 月 17 日在日本国家安全保障会议上获得通过，由此取代了 1957 年日本国防及内阁会议确定的《国防基本方针》。新政策声称："当今日本面临的安全保障环境日益严峻，为使富足与和平之社会得以持续发展，需要用长远目光审视国家利益，确定日本在国际社会应走之路，故须举政府全力推进国家安全保障政策。"基于此，日本新政策提出的国家安全保障基本理念是："从国际合作的积极和平主义立场出发，努力实现日本安全与亚太地区和平与稳定，并积极致力于国际社会的和平、稳定及繁荣。"

此前，日本对国家安全保障基本理念的阐释是放在《防卫计划大纲》中，与 2010 版《防卫计划大纲》相比，日本 2013 年的《国家安全保障政策》增加了"日本奉行的和平国家路线已受到国际社会的高度评价和尊敬，今后还需要进一步巩固该成果"、"国际社会也期待日本为国际和平与安全进一步发挥符合国力的积极作用"等表述。该政策注重安保政策对日本国益的服务效用，提出了三项具体的日本国益维护路径，即：（1）维护国家独立与主权，保卫领土完整，确保国民生命和财产安全，继承优秀文化传统，维护以自由民主为基础的国家和平与安全；（2）通过经济发展，实现日本国家和国民的进一步繁荣，稳固日本和平与安全的基础。为此，作为海洋国家的日本，要在亚太地区通过自由贸易竞争来促进经济发展，强化自贸体制，创建一个稳定、开放、拥有光明未来的国际环境；（3）维护以尊重自由、民主和基本人权及法制等价值观为基础的国际秩序。为此，《国家安全保障政策》提出三大目标，即：维护日本和平与安全"；强化日美同盟，加强与地区内外伙伴间的信赖和合作；强化和巩固基于价值观和规则的国际秩序。

从安保角度看，日本国家安全保障会议因其人员构成和机构运作的特殊被看作是外交和安全保障政策的"司令部"，是日本安保机构的主体。《特定机密保护法》则服务于国家安全保障会议的情报管理，《国家安全保障政策》则是日本第一个国家安全保障政策，也是日本国家安全保障会议后通过的第一部重要文件。通过打造顶层国家安保机构，战后日本安保首次具有了政策性设计与安排，因此，《国家安全保障政策》的制定是日本历史上的重大转折点。[①]

（二）调整防卫理念与体制

在重构顶层安保机构的同时，日本对自身防卫体制也进行了有针对性的调整，主要是提出动态应对能力的新防卫理念，强调加强西南诸岛的防卫力量，提高警戒监视和情报搜集能力。此外，日本政府还调整了自卫队统筹指挥体制，通过修改相关法案，提高了职业军人在国防体制中的地位与作用。

1. 提出构建"综合机动防卫能力"的新理念

《防卫计划大纲》是日本制定的长期防卫政策基本方针，首次制定于1976年，1995年、2004年和2010年都进行了修订。2010版"大纲"提出了"动态防卫能力"概念，删除了1995年以来"大纲"中的"建设节制性防卫能力"表述。2013年版《防卫计划大纲》删除了"动态防卫能力"概念，强调构建"综合机动防卫能

---

① 孟晓旭：《东亚安全形势与日本安保政策调整》，载《国际安全研究》2016年第2期，第58页。

力"的新表述,提出"在安全保障环境进一步严峻之时,需要应对的不仅有"日常事态,还有'灰色地带'事态",因此,除"在日常继续进行情报搜集、警戒监视、侦察活动之外",还应该"根据安保环境,迅速构建包括军队部署和机动展开在内的应对态势",通过"提高装备运用水平,增加活动量,适当联合使用,机动和持续行动,使防卫力量更为强大",应该"根据安全保障环境变化,加强重要的机能能力,并通过联合多样化行动,随机开展顺畅应对,达到行动效果。为此,需要建立更广泛的后方支援,使之具备高度的技术能力和情报指挥通讯能力以及综合硬软件的快速反应能力、连续行动能力、强韧性和联合作战能力,以达到构筑综合机动防卫能力的目的"。

2. 明确防卫能力建设方向

2013年版日本《防卫计划大纲》在阐明"综合机动防卫力"概念的基础上,在整体强化2010年版"大纲"的同时,重点强调要加强以下防卫能力建设。(1)加强警戒监视能力和情报搜集能力。认为:高效的情报能预先阻断并应对各种事态,确保日本周边海空域的安全,因此日本将有效利用无人设备,对周边海空域飞机和舰艇等目标实施常态化监视,并根据情况变化,灵活增强警戒监视力量,强化情报搜集、分析、处理、共享体制,同时,通过对太空监视,提高卫星的抗干扰能力,确保在任何情况下都能持续工作。为防止干扰日本自卫队有效行动的情况发生,除强化综合常态化监视及应对能力,还要持续强化和确保拥有网络空间专门知识技术的人才及最新型设备。(2)加强岛屿遇到攻击时的应对能力。在岛屿遭遇攻击时,可以迅速机动部署军队反击,确保海空优势,以阻止和抵抗入侵。在岛屿被占领时,还应夺回岛屿。此时,需有效应对弹道导弹和巡航导弹的进攻。同时,为加强西南各岛屿防御,2013年版"大纲"主张首先强化西南地区的防卫态势,尽可能建立起将对岛屿攻击限制在海面的综合能力同时,更要建立起水陆两栖作战能力,以便在岛屿遭受攻击时迅速实施登陆、夺回作战。与此同时,2013

版"大纲"强调建立专门应对岛屿遭受攻击的军队，调整自卫队体制和装备。具体而言，为确保迅速且大规模的运输、部署能力，需对军队进行机动性部署和移动，既要从平时就尝试与民间运力合作，又要强化包括海运及空运在内的综合运送能力。

基于新"大纲"，2013年12月17日，日本同时推出了相对长期的防卫力量整备方针——新《日本中期防卫力量整顿计划》（简称新"中期防整"），该"中期防整"提出日本自卫队自2014年度起五年内的防卫整顿方案。其内容与新《防卫计划大纲》相呼应，主要包括：（1）针对中国划设防空识别区，日本将把部署在那霸基地的F15战机飞行队从一个增加到两个，追加部署20架F15战机，以强化日本防空态势；（2）引进美新型早期预警机和"全球鹰"无人侦察机，提高警戒监视能力；（3）调整陆上自卫队的组织设置，建立具有一元化管理体系的"陆上总队"；（4）新设"机动师旅团"及水陆两栖军队，提高日本在西南诸岛的机动及岛屿防卫能力；（5）装备能够适应岛屿起降的战机；（6）新增两艘"宙斯盾"战舰，以应对所谓的朝鲜"导弹威胁"。之后2016财年的《日本防卫项目及预算》充分体现了"中期防整"的要求，将关注海洋和岛屿、注重机动能力建设作为重点。[①]

3. 提升统筹指挥体制，废除"文官统领"规定

为迅速提高军队部署能力，日本国内一直存在加强自卫队统筹指挥体制的呼声。此前，虽然日本海空自卫队有统一司令部，但陆上自卫队缺乏相关机构。冷战期间，日本为防止苏联进攻曾在五个地区部署军队，但由于缺乏类似"统一司令部"的机构，军队不能在日本全国均匀部署。在2011年的大地震中，陆上自卫队不能适时指挥的缺陷进一步暴露，这使日本意识到建立陆海空统合体制的重要性。特别是针对中国海洋力量的不断壮大，为防止冲绳、钓鱼岛

---

① 孟晓旭：《东亚安全形势与日本安保政策调整》，载《国际安全研究》2016年第2期，第62页。

等"西南诸岛"受到"攻击",在"强化诸岛防卫"方针下,日本政府认为统一司令部的存在"非常必要"。因此,2013年版《防卫计划大纲》就提出:"在每个自卫队主要司令部均配备其所需陆海空自卫官,在灵活发挥其各自知识及经验的同时,还可以通过新设统辖陆上自卫队各部队的统一司令部,提高其指挥、管理功能的有效性与合理性,确保陆上自卫队各基本部队(师、旅团)能够迅速灵活地实现全国调动。"之后的2017年,日本创设了用于统合日本北部、东北、东部、中部、西部五地陆上自卫队的统一司令部"陆上总队",陆上总队与海空自卫队一同接受统合幕僚长的命令,由此形成了"一元化"的指挥统领。此外,日本还调整了防卫省体制,提升了职业军人的地位。日本防卫省官员主要由两大类人员组成,一是以统合幕僚长(类似于参谋总长)以及陆、海、空自卫队幕僚长(参谋长)为首的武职官员;二是以防卫省官房长官及省内各部局局长为首的文职官员。根据原《防卫省设置法》规定,当防卫大臣对作为武官之首的统合幕僚长和陆海空自卫队各幕僚长发布指示、批准其方针及实施日常监督时,作为文官的官房长官、局长负有辅佐大臣的职责,以此实施"文官统领"体制。2015年通过的《防卫省设置法》则改为把官房长官、局长与各幕僚长处于同等地位,二者共同对防卫大臣进行辅佐。同时,该法还将自卫队的调动改为以武官为主体,实现所谓"调动的一体化,以削弱文官参与自卫队行动决策的职能";同时还废除了掌管自卫队作战行动的防卫省文职部门"运用规划局",将其职能合并到统合幕僚监。这一修改明显强化了职业军人出身的武官作用,这是日本防卫省内在体制上发生的重大变化。

(三)修改"武器出口三原则",颠覆战后长期坚持的"专守防卫"政策

第二次世界大战结束后,日本政府长期坚持限制性防卫政策,其主要内容包括"武器出口三原则"和坚持个别自卫权。所谓"专守防卫",即不对他国产生威胁,这也是日本和平主义宪法原则的体

现。根据《日本防卫白皮书》：所谓专守防卫是指，在受到对手武力攻击后才使用防卫力量，且仅限于自卫所需必要和最低限度之内，保持的防卫力量也仅限于必要和最低限度之内。根据"武器出口三原则"，日本几乎全面禁止武器出口。在与其他国家进行武器联合开发或技术转移时，一般通过官房长官发表"特例谈话"加以处理，二战后迄今共有20多次"特例"。对于集体自卫权，战后日本则在宪法基础上通过"政府解释"来限制。但在安倍政权的推动下，目前"武器出口三原则"已改为"防卫装备转移三原则"，集体自卫权也被强行解禁，这是日本战后防卫政策发生的重大转变。

1. 从"武器出口三原则"到"防卫装备转移三原则"

2010年1月，时任日本防卫大臣北泽俊美呼吁修改"武器出口三原则"，之后的民主党政权确立了放宽"武器出口三原则"方针。2013年底，第二次安倍内阁出台的《国家安全保障政策》和2013年版《防卫计划大纲》继承了民主党政权的方针，提出修改武器出口原则。2014年3月11日，日本国家安全保障会议审议通过的"防卫装备转移三原则"并在之后的日本内阁会议上获得通过，从而取代了长期坚持的"武器出口三原则"。"防卫装备转移三原则"主要内容包括：不许向争端当事国或在违反联合国决议的情况下出口、转移武器装备；出口仅限于有利作出和平贡献和有助于日本安全的情况；仅在能确保妥善管理时允许出口武器用于其他目的或转移至第三国。新原则规定了对防卫设备转移进行严格审查，审查工作由日本经济产业省和国家安全会议事务局分别进行。和"武器出口三原则"相比，日本的"防卫设备转移三原则"大幅放宽了日本武器装备和防卫技术出口的限制条件。

2. 逐步解禁集体自卫权，强推新安保法案

《日本国宪法》第9条规定："放弃使用武力解决国际争端，不保持战争力量、不承认国家交战权。"基于此，日本不得拥有武装力量。1954年，日本条约局长下田武二在国会答辩时承认："宪法不允许日本行使集体自卫权。"长期以来，尽管日本国内主张解禁集体

自卫权的呼声不断，日本政府始终坚持日本拥有的是个别自卫权，但安倍政权分步实现了对集体自卫权的解禁。一是在2014年7月1日，日本内阁通过解禁集体自卫权决议案，推翻了历届内阁遵循的"自卫权发动三要件"，提出新的"武力行使三要件"，即：日本遭受武力攻击或与日本关系密切国家遭受武力攻击，威胁到日本存亡，从根本上对日本国民的生命、自由和追求幸福权构成明显的危险；为保护国家和国民，无其他适当手段可以排除以上攻击；武力行使仅限于"必要最小限度"。在同时满足上述三条件之时，日本可以行使作为"自卫"手段的武力。与之前相比，实际主要是修改了第一条，即：把"日本遭受武力攻击"修改为"日本遭受武力攻击，或与日本关系密切国家遭受武力攻击"，另外增加了附加条件——"威胁到日本存亡，从根本上对日本国民的生命、自由和追求幸福权构成明显危险"。其他两个条件没有改变。二是2015年7月16日和9月19日，执政联盟凭借多数议席分别在众议院和参议院强行表决通过"新安保法案"，从法律上完成了集体自卫权的解禁。"新安保法案"包括一个新立法《国际和平支援法》和十个修正法案汇总而成的《和平安全法制整备法》。其中的《和平安全法制整备法》根据"武力行使三要件"，增加了"新事态"条款，即：日本虽然没有受到直接攻击，但在日本"生存"受到威胁、国民自由和追求幸福权有从根本上被颠覆的危险"事态"下，同样可以引发日本自卫队行使武力。该法还允许日本维和部队为保护其他国家维和军队而使用武力，从而改变了之前只在保护自己时才能使用武力的规定。①

（四）加强日美安保同盟，构筑东亚"新安保体系"

在日本安保政策调整过程中，进一步加强了对外安保合作与体系建设，特别是日美同盟及与亚太国家的安保合作。日本《国家安全保障政策》提出：进一步提高日美安全保障机制的实效性，打造

---

① 孟晓旭：《东亚安全形势与日本安保政策调整》，载《国际安全研究》2016年第2期，第67页。

层次更丰富的日美同盟,加强与韩国、澳大利亚、东盟国家、印度等共享共同价值观和政策意义国家的合作关系。新《防卫计划大纲》提出,"应进一步开展多层次防卫合作与交流,就共同关心的安全保障课题加强合作"。具体而言:

1. 加强日美安保同盟

2015年4月26日,日本首相安倍展开了长达八天的访美行程。4月27日,日本外相岸田文雄、防卫相中谷元和美国国务卿克里、国防部长卡特在纽约举行了日美外长及防长"2+2"磋商,之后正式公布新版《日美防卫合作指针》,同时发表联合声明,提出了构建"无缝、强大、灵活、高效"的同盟协调和联合应对机制。新版《日美防卫合作指针》在政策上为日本解禁集体自卫权提出了具体要求,之后日本国会通过的"新安保法案"在法律上解决了这一要求,完善了日本国内的制度支持。根据新版《日美防卫合作指针》,日美两国进一步迈出了"军事一体化"的步伐。(1)日美军事合作的地理范围从日本"周边"扩展到全球。(2)日美军事合作实现了"无缝对接"。新版《指针》强调"不论是平时还是战时状态都要进行联合防御"。(3)日美防卫合作领域和层次都有新拓展。增加了离岛防卫、太空及网络空间的合作以及在情报、演习、反导、防空、搜寻及海上安全等方面的合作。(4)日本自卫队对美军的军事支援不再局限于提供武器、弹药和油料等后方支援,同时可以直接从事军事作战支援。(5)根据新版《指针》,日美两国将建立在内阁层次运行的"联盟协调机制",由日美各自的外交、国防和国务院(内阁)代表在从"和平到应急事态"的各类情况下都能实现"无缝响应"。(6)新版《指针》还要求日美拓展地区内安全合作。

2. 强化地区安保合作,构建东亚新安保体系

日本《国家安全保障政策》提出了"与发挥重要作用的亚太地区伙伴建立信任与合作关系","加强与伙伴之间的外交安全合作"构想。在这一方针的指导之下,2015年2月,安倍会见泰国临时总理巴育,日泰两国就日本援建泰国国内高速铁路网等基础设施达成

一致，与此同时，针对中国海洋活动，强调了所谓南海"航行自由"以及遵循国际法的重要性。同年3月，安倍与到访的印尼总统佐科会谈，双方同意合作推进沿岸警备，完善海洋基础设施建设及举行外交与防务部长磋商（"2+2"），日本将为修建雅加达高铁提供约1400亿日元的经济援助。6月，菲律宾总统阿基诺访日期间，日菲双方达成在安全保障领域加强合作的意向。9月，安倍与到访的越共中央总书记阮富仲举行会谈并发表《联合声明》，该声明对中国在南海岛礁建设表达了"严重担忧"。

与此同时，日本还将"政府开发援助（ODA）大纲"政策性地运用到地区安保合作之中。2013年，安倍在与菲律宾总统阿基诺会谈时表示，日本将利用ODA为菲方提供十艘巡逻船。2014年，日本外务省提出"要把积极、有效、政策地运用ODA作为'国家安全保障政策'和'日本复兴政策'的重要抓手"。同年8月，日本与越南达成协议，同样提出以ODA方式向越南提供六艘可以改装为巡逻艇的船只。2015年2月10日，日本内阁通过新《政府开发合作大纲》，该大纲改变了长期以来日本只援助民生领域的原则，允许对他国军队进行非军事目的援助。日本《读卖新闻》认为，今后"日本可以向占ODA总援助额三成的东南亚国家提供援助，帮助其修建可以军民两用的机场、港口等"。因此，日本新ODA大纲和"武器出口三原则"、解禁集体自卫权也被称为安倍的所谓"安保三支箭"。除东北亚存在美日韩这种以美国为顶点的安保框架外，近年来，日本还频繁利用地区安保合作，试图打造一个以日本为中心的新东亚安保体系，如，日美澳印多层次安保合作框架逐渐清晰，在双边安全合作方面，安倍将澳大利亚看作其倡导的遏制联盟潜在参与者。2014年7月，日澳签署《防卫技术与装备转移协定》，这是日本实行"防卫设备转移三原则"后的首次对外军事合作。2015年11月，日澳召开外长和防长"2+2"联席会议，在会议上，双方同意尽快签署"访问部队地位协定"，试图建立"准同盟"关系。

此外，进入21世纪以来，日本不断提高印度在其亚太安全框架中的地位。因为,在安倍看来,"如果美国实力在亚太地区出现衰退,日印关系将因双方在塑造地区平衡中的共同利益而超越日美关系和日中关系"。2008年,日印签署《安全合作联合宣言》,确立了两国安全合作的基本架构,建立起多层次对话机制。2009年,日印建立了副外长和副防长级"2+2"定期对话机制,提升两国安全合作级别。2014年,日印签署《防务合作协议》,进一步强化双方在防务等领域的安全合作。2015年12月,在日印首脑会谈中,安倍与印度总理莫迪就经济和安保领域的广泛合作达成共识。同时,双方签署了交换防卫机密和有关防卫装备及相关技术转移的协定。[1]

三 日本安保政策调整的重点及目标

一个国家对地区安全形势的认识是其制定和调整安保政策的重要依据,但这种认识不应以渲染假想敌、破坏地区安全稳定为前提。虽然东亚因存在冷战遗留等问题未能建立有效的多边安全合作机制,但大国间的军事对抗程度和可能性已大为降低,亚太地区各国如能顺应这一潮流,本着"求同存异"思维,这种多极化格局及力量平衡是有助于地区稳定与发展的。但日本目前的作为却违背了和平主流,其以地区"威胁"为借口,精心打造与日本安全政策转型相适应的舆论氛围,[2] 实际是军事大国主义遗毒在作祟,是冷战思维的延续,这只能进一步激化东亚本就存在的安全困境,不利于东亚安全。

目前来看,日本调整安保政策从内外两方面着手。一是从内部重塑防卫体制,增强防卫力量。2013年9月,安倍晋三在首相官邸召开的"安全保障与防卫力量恳谈会"首次会议上表示:防卫力量是一国维护和平、独立意志和能力的具体体现。自卫队应竭力提高

---

[1] 孟晓旭:《东亚安全形势与日本安保政策调整》,载《国际安全研究》2016年第2期,第68页。
[2] 孟晓旭、王珊:《新安保法案与日本安全战略困境》,载《现代国际关系》2015年第8期,第16页。

自身能力，以适应新形势下的需要。在2013年版《防卫计划大纲》中也提到，"日本安全保障的根本需依靠自身努力"。曾担任日本"安全保障法基础再构筑"与"安全保障与防卫力"审议会成员的庆应义塾大学法学部教授细谷雄一也认为："日本自己的实力是最重要的。"二是与外部国家和地区进行安保合作。当然，这两者的着力点与安保考量有别。日美安保同盟关系的调整是为增强日本的防卫基础和借助美国的力量，地区新安保体系的构筑注重巩固日本的周边安全环境。在日本看来，日美同盟是日本国家安全保障的基石，但是，日本认为：韩国在地缘政治学上对日本的安全也非常重要，因为，与韩国密切合作对维护以朝核问题为代表的地区和平稳定具有重要意义，同时，作为重要地区伙伴的澳大利亚不仅与日本共享同样的价值观，还共享政策利益和关切，而东盟各国占据了日本海上航线的要道位置，印度在地缘政治学上也非常重要，位于日本海上航线的正中。因此，日本安保政策调整的侧重点是西南诸岛。

对此，日本《国家安全保障政策》强调了提升对岛屿附近的海空监视警戒能力和动态岛屿防卫能力，而战时自卫队的部署与协调能力也主要针对"夺回离岛"。2015年的国防预算优先用于提升情报、监视和侦察能力，应对西南诸岛的防御。2016年防卫费的增加部分主要用于购买作为警戒监视的美国"全球鹰"无人机和增强"夺岛"能力的"鱼鹰"倾转旋翼运输机和具有隐形功能的F35战斗机。此外，从2014年开始，日本在与那国岛成立规模为150多人的沿岸监视分队，并修建雷达站，在宫古岛部署"88式"陆基反舰导弹。2015年1月，日本陆上自卫队引进"12式"新型地对舰导弹，作为西南诸岛防卫的"王牌"武器，部署在九州和冲绳等岛屿。同年5月，日本防卫省加紧了陆基反舰导弹部队的前沿部署，即在冲绳县宫古岛市设立统辖西南诸岛地对空导弹部队的司令部，负责指挥、管理日本陆上自卫队部署在宫古岛及鹿儿岛县奄美大岛的地对空导弹部队。同年11月，时任日本防卫副大臣若宫健嗣在冲绳县石垣市与中山义隆市长举行会谈，决定在石垣岛部署陆上自卫队。

另外，自 2015 年 1 月 日本发布新"军事与国家安全空间政策"后，日本政府开始推进天基空间情报、监视和侦察能力部署，计划十年内将卫星数量增加一倍等。当然，日本安保政策调整主要针对中国。这在日本国家安全保障会议第一次会议的讨论中就已明确。当时在围绕《特定秘密保护法》的国会辩论中，安倍晋三说："为回应中国建立防空识别区，我们需要讨论日本防御能力是否充足，这会涉及大量机密"，"政界人士泄露机密将会受到惩罚"。和此前日本对《日美防卫合作指针》相对消极被动不同，此时的日本开始变得积极主动，其目的即是想通过新条约将美国捆绑在日本与中国的岛屿争端之中，借美军强化日本在领土争端中的军事威慑力量。在与新版《日美防卫合作指针》关联的共同文件中明确规定，安保条约第 5 条的适用范围包括钓鱼岛。新版《指针》还涉及针对中国的海洋监控问题以及"太空合作"，包括日美共享探查并识别可疑卫星和太空垃圾的"太空感知"（SSA）情报。[①]

总之，日本对东亚安全形势的独特认识及其安保政策调整背后存在深层次策略和政策考量。在东亚安全上，日本想达到的近期目标有二：一是在与中国有争议的钓鱼岛问题上占有优势并控制钓鱼岛，二是把美国留在亚洲，在日本尚不具备相当军事力前让美国继续为日本安保服务。长期目标是：牵制中国的崛起与发展，使日本摆脱"战后体制"，实现安保的大国化，并谋求地区安保主导权。因此，在实践中，日本一方面宣扬"中国威胁论"，把美国深深地拖在亚洲，以达到服务日本牵制中国崛起的政策需求；另外，通过制造"外部威胁"影响日本国内舆论和政策方向，为其调整甚至突破长期被视为"禁区"的安保政策，争夺未来地区安保主导权。要实现上述目标，"中国威胁"和"美国介入"都是日本需要利用的"条件"。

[①] 孟晓旭：《东亚安全形势与日本安保政策调整》，载《国际安全研究》2016 年第 2 期，第 71 页。

四 日本"国家安全保障基本法"及解禁集体自卫权的违宪性

（一）国家安全保障法的违宪性问题

2012年安倍晋三第二次上台后，为迅速解禁集体自卫权，首先召开了第一次安倍内阁时期设立的作为私人咨询机关会议的"安全保障法律基础再构建恳谈会"。在会议上就四方面进行了讨论，即：①对公海上美国舰艇的防护；②对针对美国的弹道导弹的迎击；③在国际维和行动（PKO）中为保卫他国军队的"驱护警备"或为执行任务使用武器；④在战斗地区对他国军队的运输、补给等后方支援。讨论的结果是必须变更宪法解释。

如，根据日本"国家安全保障基本法"第10条，"依据联合国宪章规定的自卫权行使"，第11条"联合国宪章保障措施的参加"规定，如果有联合国安全保障理事会的决议，可以承认在海外行使武力。此外，其第3条"国家及地方公共团体的责任"规定了为保护机密的立法措施，这就与制定《特定机密保护法》密切关联。第12条"武器的输出输入"等，放弃了日本长期坚持的禁止武器输出的"武器输出三原则"。

总之，日本"国家安全保障基本法"的内容与现行宪法第9条的解释明显相反。正是在该法通过后，自民党即着手制定"集体自卫事态法""国际和平协作法"，并进一步修改《自卫队法》。这些法律通过后，日本等于解禁了集体自卫权的行使和海外武力行使的法律限制，由于日本不存在德国那样专门审查法律是否违宪的宪法法院，所以，通过法律变更宪法解释，就有可能改变日本的"国体"。

（二）解禁集体自卫权的违宪性问题

与此同时，在修改宪法一时难以获得进展的情况下，2014年7月1日，安倍内阁做出了"承认行使集体自卫权"的内阁决定，从而极大地改变了日本政府长期坚持的关于宪法第9条只承认"个别自卫权"的解释。①

日本解禁行使集体自卫权的成功，使《日本国宪法》第9条进一步有名无实，而诉求护宪的人们更加失望，可以设想，日本修宪的道路会进一步缩短。

总之，安倍晋三试图修改历史认识，使日本重回像战前那样能在海外进行战争的国家，只能招致世界上爱好和平的国家和人民的反对。

此前，针对安倍欲解禁日本的集体自卫权一事，日本的《世界》杂志曾在2007年采访原小泉内阁时期的内阁法制局局长、后任大阪大学法学院教授的坂田雅裕，坂田教授指出：《日本国宪法》独特的地方不是9条1款，而是2款，因此，《日本国宪法》禁止的不单是违法的战争，也包括正义战争。他进一步指出，日本几乎所有的宪法学家都认为："对照9条2款不保持战斗力量的规定，现在的自卫队不相当于战斗力量是很可笑的，自卫队是违宪的。政府的宪法解释如果有难以理解的地方，是因为它以自卫队合宪为出发点。"

"集体自卫权也好，集体安全保障也罢，并不直接给国民的生命和财产带来危险，但是，自卫队到海外，即使不违反国际法，怎样读《日本国宪法》，也找不到行使集体自卫权的依据。"如果日本政府采取违反法治主义精神的解释变更，"将会极大地影响国民的守法精神，如果这样，作为法律规范第9条的意义将会荡然无存"②。诚哉斯言。

第三节　2015年日本"新安保法案"的出台

2015年9月19日，日本国会通过了"和平与安全法案"，也被称作"新安保法案"。日本新安保法共涉及11部法律。2016年3月29日正式实施。其中新设立的是《国际和平支援法》，其他10部都

---

① ［日］森英树：《7.1 内阁决议と前の関联》，载［日］《法学论坛》2015年1月。
② ［日］版本雅裕：《集体自衛権行使にNo》，载［日］《世界》2007年9月号。

是对原有法律的修改。而核心法案是《自卫队法》《武力攻击、存亡危机事态法》《重要影响事态法》《国际和平协作法》的修改和新法《国际和平支援法》的制定。再细分的话,涉及"日本和平"的是《武力攻击、存亡危机事态法》《重要影响事态法》,涉及"国际和平"的是《国际和平协作法》和《国际和平支援法》,《自卫队法》则两种情况兼而有之。①

一 2015年日本"新安保法案"的制定背景和过程

2007年,安倍晋三第一次上台后,提出了建设所谓"美丽日本"的口号,为此,日本政府开始重新审视战后以来形成的系列制度体制,并试图摆脱其带给日本的"束缚",而频繁展开所谓"价值观外交",极力渲染中国"威胁",鼓吹推行"积极和平主义"成为其重要抓手,其目的正是为解除《日本国宪法》戴在日本自卫队头上的紧箍儿。2012年底第二次上台执政的安倍,更是大张旗鼓地推动新的"安保计划"。其主要包括以下三个重要步骤。

(一)制造舆论,以图改变日本政府此前长期坚持的关于宪法和集体自卫权的解释,为重新打造新安保体制提供理论支持

2007年4月,安倍晋三成立"重新构建安全保障法基础恳谈会",以便为之后打造新安保体制披上一层"民主"外衣,为打破宪法禁忌提供理论基础。当时的安倍起用曾任日本外务省条约局局长、外务省事务次官、驻美大使和国际海洋法院院长的柳井俊二担任该恳谈会负责人,其成员也是安倍所信赖的御用学者。恳谈会的性质虽然定位为安倍的私人咨询机构,但其事务却由内阁官房长官负责,可见规格之高。但由于第一次安倍内阁不到一年就结束,之后从2007年9月至2012年7月相继由自民党的福田康夫内阁、麻生太郎内阁和民主党的鸠山由纪夫内阁、菅直人内阁和野田佳彦内阁相继主政日本,这些内阁都是短命内阁,在此期间,恳谈会不再

---

① [日]西原正:《わかる平和安全法制》,朝雲新聞社2015年版,第9—12页。

受到重视。虽然恳谈会以柳井名义于 2008 年 6 月曾向福田内阁提交了一份"报告书",但并没有新的突破。

2012 年 12 月第二次安倍内阁上台,在 2013 年 1 月 28 日召开的第 183 届国会上,安倍发表施政方针演说时明确表示,当前日本的"紧迫任务是从根本上重建外交和安全保障体系"。之后不久的 2 月 7 日,一度处于休眠状态的恳谈会再次启动,作为会长的柳井俊二频繁活动,到处宣扬安倍的主张。在 8 月 4 日 NHK 主办的电视节目"星期日讨论"中,竟然说"迄今为止我国政府的见解过于狭隘,连宪法没有禁止的东西也自我约束","我国宪法是允许行使集体自卫权的,参加联合国集体安全保障是日本应尽的责任和义务"①。

该恳谈会还秉承安倍的旨意,在 2014 年 5 月向安倍内阁提交了一份关于重新构建安全保障法律基础的"报告书"。该报告书明确提出"宪法第 9 条没有禁止日本为自卫而行使武力","参加联合国伴随有军事措施的集体安全保障行动,不属于武力的行使,宪法也没有禁止","应该承认是可以行使集体自卫权的"。很明显,"报告书"是想从根本上彻底推翻此前日本政府关于宪法的解释,达到不修改宪法即可实现日本向海外派兵的目的。② 安倍在接到恳谈会"报告书"当天举行的记者会上,表达了以下方针:第一,宪法是允许行使有限集体自卫权的;第二,在必要时,为改变宪法解释,准备根据内阁法制局意见,经执政党协商作出内阁决议;第三,准备向国会提出必要的法案。

(二) 控制内阁法制局为我所用

由于做出改变宪法解释的内阁决议,需要得到内阁法制局的支持,因此之后安倍采取的第二步即是控制内阁法制局,使其能够为

---

① 熊达云:《日本构建新安保法制的经纬及其内容评析(上)》,载《外交战略》2016 年第 1 期。
② 《〈安全保障の法的基盤の再構築に関する懇談会〉報告書》,2014 年 5 月 15 日,第 17—22 页。内阁官房ホームページ,http://www.kantei.go.jp/jp/singi/anzenhosyou2/dai7/houkoku.pdf。

己所用。实际上，在日本，很长时间以来，内阁法制局在维护法律与宪法精神保持一致方面发挥了独特作用。因为，在实行司法审查的国家，法律是否符合宪法，最终应该由法院来裁定。但由于法院采取的是"不告不理"原则，属于结果审判和事后判断，因此，制定的法律是否符合宪法精神的把关工作更多是由内阁法制局负责的。当政府向国会提交法案请求审议之前，需要内阁法制局从宪法角度进行审查和确认，在国会审议法案时，法制局的答辩和表态也非常重要，往往关涉法案能否顺利通过。之所以如此，与内阁法制局的历史地位和独特管理制度有很大关系。

首先，日本内阁法制局历史悠久，地位特殊。1885年，伊藤博文在日本建立内阁制度，下设内阁法制局，首任长官是曾担任明治政府工部卿的山尾庸三，第二任长官是负责起草"明治宪法"和《教育敕语》的井上毅。二战前，日本的内阁法制局甚至负责审查、解释天皇发布的敕令，可见地位之高。在战后的美军占领时期法制局一度被解散，1951年"旧金山和约"刚签订后得到恢复。在吉田茂首相时期，法制局的地位日益重要，与主管国家发展计划的主计局成为日本政府中的双璧。

其次，法制局的管理方法不同于其他行政机关。法制局虽然只是内阁的一个行政机构，但根据《内阁法制局设置法》第3条，其主管业务包括审查交付内阁审议的法律草案、关于政令以及条约的草案，在对上述文件提出附加意见甚至增删后，将草案提交给内阁；起草法律草案及政令草案，提交给内阁；就法律问题向内阁总理及各省长官阐述意见等五项业务，但由于其在历史上形成的地位以及法制局在保证日本法律稳定和连贯性的重要作用，日本法制局的管理除法律规定者外，还有一些约定俗成的特殊之处，如作为国家公务员出身的法制局长，其工资与官房副长官和宫内厅长官相同，月薪超过了国会议员的标准，被称为比政治家（国会议员）工资还要高的公务员。更特别的是法制局的人事管理制度，其职员一般是从特定省厅的精英中抽调的，其下属的部长级干部原则上来源于法务、

第五章　21世纪后日本解禁集体自卫权与修改安保法

财务、总务、经济产业、农林水产五省，能够晋升为法制局次长、长官的只限于来自农林水产省以外的四省，其晋升路线基本遵循：第一部部长——法制局次长——长官。这一规则被称为"帝王路线"，自1952年从来没有被打破过。法制局长官虽然由首相任命，但首相也要遵循该路线，从符合条件的现存候补者中任命。正是由于法制局的这种特殊地位，加上法制局职员尤其是历任长官的历史责任感和自负，使日本的内阁法制局在制定法律方面几乎拥有一言九鼎的地位。当通过选举上台的总理大臣试图制定或修订特定法律以实现自己政治抱负或取悦于部分选民时，法制局长官总能板起面孔予以抵制，对其与宪法精神相违背或者与其他法律相抵触的提案能说"不"。因为，在法制局职员及长官看来，"如果不能保护长年累月积累的法律解释的完整性，就无法保证法律秩序的稳定"。曾任法制局长官的阪田雅裕曾表示："如果政府依据政治判断不停改变对法令的解释，就很难称其为法治国家。法是超越政权意志而存在的。"某位日本最高法院长官甚至说："正是由于法制局严密地审查法律的合宪性，才使得日本法律很少出现违宪诉讼。"① 正是因为内阁法制局对法律合宪性审查的执着，才使不少政治家在推动自己所坚持的新法案或修订案时往往不能如愿。安倍晋三本人也曾吃过这种苦头。

2004年1月，时任自民党干事长的安倍晋三在众议院预算委员会上提出质询，日本是否可以在必要最小限度内行使集体自卫权。对此，时任法制局长官秋山收毫不妥协地否定了安倍的主张，他认为：集体自卫权"由于不能满足发生了对我国发动武力进攻这一行使自卫权的第一要件"，因此依据宪法规定不允许行使。鉴于此，安倍深知，要想达到改变宪法解释的目的，通过不修改宪法起草、制定包含可以行使集体自卫权内容在内的法案提交国会审议，必须先

---

① [日] 豊下楢彦、古関彰一：《集団的自衛権と安全保障》，岩波书店2014年版，第35页。

搬掉内阁法制局这个"绊脚石"。而最好的办法就是打破法制局的人事传统，起用唯己命是从的人担任法制局长官。2013年8月，安倍将公开表示反对行使集体自卫权的法制局长官山本庸幸调任至最高裁判所，打破惯例起用外务省出身的原驻法大使小松一郎担任法制局长官。之所以选中小松，是因为2007年第一次安倍内阁时，小松曾以外务省国际法局长的身份负责"关于重新构建安全保障法律基础恳谈会"报告书的起草，其关于宪法以及集体自卫权的主张和观点与安倍完全合拍。这样，安倍为推动制定新安保法制的第二步完美收官。

（三）统一执政党的思想，以"阁议"形式为制定新安保法制确定基调和方向

经过一年多的准备，2014年7月1日，在国家安全保障会议和内阁会议上，《关于完善保卫国家生存、保护国民全方位安全保障体制》的内阁决议终于通过。

首先，该决议极力渲染日本所处安全环境发生的变化和存在的问题，认为"从《日本国宪法》施行后的67年间，围绕我国的安全保障环境发生了根本性变化，且将继续发生更大变化，我国正面临复杂严峻的国家安全保障课题"，"特别是近年来妨碍海洋航行自由、宇宙空间和网络空间使用自由的危险正不断扩散并日趋严峻"，"任何一个国家都不可能以一国之力单独保卫和平"。因此，"妥善完善、维持和使用我国自身的防卫力量，加强与同盟国家美国之间的合作，同时加深与地区之外伙伴的信赖及合作关系非常重要，因此，我们需要为了国家安全及亚太地区的和平与稳定，进一步提高日美安全保障体制的实效性，增加日美同盟的抑制能力，防止武力纠纷于未然及防止威胁波及我国采取必要的措施。"

其次，该决议就"迅速完善必要的国内法制"提出了三个重要指导方针。即：一是针对侵害尚未达到武装进攻程度的事态，实行无缝对接方针。决议提出，"相关机构，包括警察机关和自卫队应该紧密合作，以保证对任何非法行为都能做到无缝对接的充分应对"。

具体来说，要求在警察及海上保安厅等有关机关紧密合作开展应对处理的原则下，进一步强化必要行动，如提高应对能力、加强团结、研究并完善应对措施，加快发布命令的程序，充实演习和训练等。当警察机关不能立即应对之时，要具体研究采取何种治安措施及根据海上警备情况实现快速下达命令并使程序便捷化。该决议还提出要完善相关法律，以使自卫队可以使用"有限、必要且最低程度的武器。"二是"为了国际社会的和平与稳定"，采取"后方支援与行使武力一体化"的方针。该决议认为，从"积极和平主义"立场出发，使日本自卫队能够"毫无障碍地"开展比从前更广泛的支援活动，对于确保日本和平与安全极为重要。为此，日本内阁决议就宪法第9条与行使武力的关系做出了说明，认为：《日本国宪法》第9条"不应理解为禁止日本为维护本国和平与安全采取必要的自卫措施"，日本自卫队"不仅可以在日本受到武装进攻时行使武力，当与日本有密切关系的其他国家受到武装进攻，从而威胁到日本的生存，且使国民的生命、自由及追求幸福的权利有从根本上被颠覆的危险之虞时，也可以行使必要最小限度的武力"。三是重新提出了"行使武力三要件"。即：（1）在日本受到武力攻击或与日本有密切关系国家受到武力攻击，导致日本的生存受到威胁，国民生命自由及追求幸福的权利从根本上被颠覆的危险非常明显；（2）为了维护日本的生存、保护日本国民，穷尽其他适当手段仍未排除该危险；（3）武力的行使必须控制在必要最小限度之内。[①]

综上可见，安倍及其内阁一步步行动，最后通过"阁议"形式改变了日本政府和多数国民所坚持的日本不能行使集体自卫权的宪法解释，达到了在不修改宪法第9条的情况下实现日本军队在海外行动的目的，使宪法第9条完全空洞化。

正是在该"阁议"的方针指导下，日本政府加快了起草制定新

---

① 熊达云：《日本构建新安保法制的经纬及其内容评析（上）》，载《外交战略》2016年第1期。

安保法制的步伐。2015年5月14日，日本国家安全保障会议及内阁决议批准了"和平安全相关法制"的两部法案，并在次日提交两院审议。期间，虽然在野党和日本民众对该法案提出了激烈批评并加以抵制，但是自民党和公明党执政联盟凭借其在国会的多数议席强行表决，众参两院先后于7月16日和9月19日通过了法案。该法简称为"和平安全法"，但由于其内容均与准备战争关系密切，被社会上斥之为"战争准备法"。一般称其为"新安保法"。

二 日本"新安保法案"的主要内容

日本"新安保法案"由两大部法律构成，第一部法律全称为《为确保国家及国际社会和平与安全对自卫队法等法律部分修改法》，第二部法律全称为《国际和平共同应对事态中国家对各外国军队实施合作支援活动法》。其内容主要包括：

（一）关于日本的防卫问题

关于日本的防卫，共设想了五种情况及其对应：①

1. 武力攻击事态（个别自卫权对应）。该种情况基本上在该次法律修改中没有变化，基本沿用了过去《武力攻击事态法》和《自卫队法》的相关规定。设想包括三种可能：外国以日本为目标发射弹道导弹、外国军队登陆日本的离岛、日本沿海核设施遭到特殊军队攻击或占领。

2. 灰色地带事态。该种情况虽然没有超出过去《自卫队法》的范围，但通过电话进行内阁讨论，可以迅速采取行动，本次修改主要着眼于"无缝衔接"方面。设想包括四种可能，即：武装力量在离岛登陆、日本民间船只在公海受到武装袭击、外国军舰进入日本领海、对日本海警与海上自卫队以及共同监视美舰的防护。

3. 存亡危机事态（集体自卫权对应）。属于集体自卫权限定行使的条件。设想包括六种可能：海上扫雷活动、在公海上对监视导

---

① ［日］西原正：《わかる平和安全法制》，朝雲新聞社2015年版，第13页。

弹发射的美军舰的防护、迎击可能射向美国的弹道导弹、美国本土受到武力攻击时、发生武力攻击时共同保护民间船只、周边有事时对运送日本人美军舰的防护。

4. 重要影响事态。以对美军的后方支援行动为中心。设想包括两种可能：南海有事时对美国军舰等的后方支援、有事活动中应美军等的要求进行船舶检查。

5. 其他情况。设想主要一种可能：对国外日本人的救援。

（二）关于日本对"国际和平的贡献"

关于日本对"国际和平的贡献"，共设想了三种情况：①

1. 国际和平共同应对事态。新制定了《国际和平支援法》，设想包括三种可能：在战斗行动中对他国军队的给油、给水支援；在战斗行动中对他国军队的运输支援；对他国参加战斗人员的搜救活动。

2. 联合国维和行动和国际合作和平安全活动。主要沿用《联合国维和行动协助法》，设想包括五种可能：人道复兴支援行动、（对遭遇危险的民间组织等）驰援救护活动、保护居民等的治安维持、执行任务时的武器使用、协助建立国防组织等。

3. 其他。设想了两种可能：船舶检查活动、物品和劳务的提供。

以下是两部法律的主要框架和内容：

表1　　　　"和平安全法"所涉及修改主要法律及内容②

序号	修改前法律名称	修改后法律名称	主要内容	条文数
1	自卫队法（1954年法律第165号）	自卫队法	对旅居海外日本人的保护措施；关于美军等军队的武器防护；关于平时扩大供给美军物资及劳务；关于处罚自卫队成员国外犯罪的规定	50（修改）

---

① ［日］西原正：《わかる平和安全法制》，朝雲新聞社2015年版，第47页。
② 资料来源：内阁官房、内阁府、外务省、防卫省编《平和安全法制》http：//www. eas. go. jp/jp/gaiyou/jimu/pdf/gaiyou—heiwaanzenhousei. pdf。

续表

序号	修改前法律名称	修改后法律名称	主要内容	条文数
2	周边有事时确保我国和平与安全采取措施的法律（1999年法律第60号）	重要影响事态之际为确保我国和平与安全采取措施的法律（重要影响事态安全确保法）	对处于给予我国和平与安全以重要影响事态中的美军等实施支援以及修改目的之规定，以明确修改宗旨，增加对参加实现《日美安保条约》之目标美军以外外国军队的支援活动扩大支援项目	24
3	周边事态之际实施船舶检查活动的法律（2000年法律第145号）	重要影响事态之际实施船舶检查活动的法律（船舶检查活动法）	修改周边事态安全确保法所引起的修订与国际和平支援法相对应，当国际社会的和平与安全需要时实施船舶检查活动	10
4	联合国维持和平活动合作法（1992年法律第79号）	联合国维持和平活动合作法（联合国PKO法或联合国和平合作法）	扩大国际维和等活动中可以实施的业务范围（即所谓的安全防护、紧急警卫）、修改遂行业务所需要的武器使用权限，实施非联合国统一组织的人道复兴援助以及实施所谓安全防护等活动	6
关于事态应对法制的修改内容					
5	自卫队法	自卫队法	自卫队在应对处置存亡危机事态中的任务、地位、行动和权限等	28（新增）
6	在武力攻击等事态中伴随美利坚合众国军队的行动我国实施措施的法律（2004年法律第113号）	在武力攻击等事态以及存亡危机事态中伴随美利坚合众国等国军队的行动我国实施措施的法律（美军等行动关联措施法）	除对应对处置武力进攻等事态的美军实施支援外，追加对以下军队的支援行动，①处于武力进攻等事态中的美军以外的外国军队；②处于存亡危机事态中的美军及其他外国军队	12

续表

序号	修改前法律名称	修改后法律名称	主要内容	条文数
7	在武力攻击等事态中利用特定公共设施的法律（2004年法律第114号）	在武力攻击等事态中利用特定公共设施的法律（特定公共设施利用法）	将处于武力进攻等事态中的美军以外的外国军队的行动追加于特定公共设施等利用调整对象之内	3
8	在武力攻击事态中外国军用品等海上运输管制的法律（2004年法律第116号）	在武力攻击事态以及存亡危机事态中外国军用品等海上运输管制的法律（海上运输管制法）	存亡危机事态中实施海上运输管制	6
9	在武力攻击事态中处置俘虏的法律（2004年法律第117号）	在武力攻击事态以及存亡危机事态中处置俘虏的法律（俘虏处置法）	存亡危机事态中俘虏处置法的适用	16
10	国家安全保障会议设置法（1986年法律第71号）	国家安全保障会议设置法	法律修改后之审议事项的整理	3

就具体法规条文而言，第一部法律"和平安全法"构成了"新安保法"的核心部分，通过采取大规模修改现行《自卫队法》等20部法律的形式，重新构建日本安全保障法律体制，其主要内容如上表所示。除上表所示被修改的主要法律之外，还对以下10部法律以"附则"形式进行了修改，分别是①《道路交通法》（1960年法律第105号）、②《关于防卫省派遣至国际机关等地职员待遇法》（1995年法律122号）、③《武力攻击等事态中保护国民措施法》

（2004年法律第112号）、④《武力纷争之际保护文化财产法》（2007年法律第32号）、⑤《原子能管制委员会设置法》（2012年法律第47号）、⑥《因实施行政不服审查法需完善有关法律法》（2014年法律第104号）、⑦《网络安全基本法》（2014年法律第104号）、⑧《防卫省设置法》（1954年法律第164号）、⑨《内阁府设置法》（1999年法律第89号）、⑩《复兴厅设置法》（2011年法律第125号）。

在这20部被修改法律中，修改篇幅较大的是《自卫队法》、《对联合国维持和平活动合作法》以及《周边事态之际旨在确保我国和平与安全采取措施法》。据统计，除因名称修改致使条文变动和字句调整增删的法律外，完全新增内容的法律有：《自卫队法》28项、《联合国维持和平活动合作法》35项、《周边事态之际旨在确保我国和平与安全采取措施法》14项。第二部法律"国际和平支援法"是一部新法，主要规范日本在解决国际争端中如何参与以及如何与参加解决争端的外国军队合作的问题。①

三 2015年日本"新安保法案"的内容评析

"新安保法"完全再现了前述国家安全保障会议和"阁议"作出的《关于完善保卫国家生存、保护国民之无缝对接安全保障体制》的决定精神，使安倍内阁推行废除单独专守自卫、实行集体自卫权的政策法制化，使之成为规范日本外交、国防走向的基本法规。但是，"新安保法"完全违背了《日本国宪法》第9条，全面否定了"旧安保法"确定的基本原则，为日本配合美国重返亚太政策，在行使集体自卫权的幌子下谋求东亚乃至亚洲霸权地位奠定了国内法基础。"新安保法"的重大变化在于：

第一，由专守防卫向主动防卫（或全天候防卫）转变。原《自

---

① 熊达云：《日本构建新安保法制的经纬及其内容评析（上）》，载《外交战略》2016年第1期。

卫队法》第3条关于"自卫队任务"规定："自卫队的主要任务是捍卫国家和平与独立，保卫国家安全，使国家免受直接或间接侵略，并在必要时负责维护公共秩序。"但新法中删除了"免受直接或间接侵略"和"发生在我国周边地区"等，这表明日本安全保障政策的彻底转变，告别了"专守 防卫"政策。与此相关，《周边有事时确保我国和平与安全措施法》也删除了将自卫队行使武力限定于"周边事态"的规定，从而使日本自卫队行使武力不再受"周边事态"的区域限制，可以与美军及其他外国军队在世界任何地区共同作战，成为一支不受宪法第9条束缚、可以驰骋于世界任何地区的全天候军队。

第二，新创设"事态"概念，使日本自卫队的出动理由更加多元化和主观化。日本原《自卫队法》第76条关于"发动防卫"的条件规定："当发生外部对我国实施武力攻击事态，或认为有明显发生武力攻击紧急危险事态，内阁总理大臣认为需要保卫国家时，可以发布命令出动自卫队全部或一部。"即，日本出动自卫队、行使武力的前提条件是遭遇外国武装的进攻。对此，新《自卫队法》修改为："内阁总理大臣面临以下事态，认为需要保卫国家时，可以发布命令出动自卫队全部或一部。……：一、发生外部对我国实施武力攻击的事态，或者认为有明显发生武力攻击的紧急危险事态（"武力攻击事态"）；二、对与我国有密切关系国家的武力攻击已经发生，并危及我国的存亡和国民的生命，以及幸福追求权受到彻底颠覆的明显危险事态"（"存亡事态"）。"新安保法"还将《周边有事时确保我国和平与安全措施法》改为《重要影响事态之际确保我国和平与安全法》，将原法第1条中的"周边事态"改为"重要影响事态"，作为日本自卫队支援美军及其他外国军队的条件。根据旧法，"周边事态"指"如放任不管，可能导致直接对我国实施武力攻击的事态，即在我国周边地区发生、对我国和平与安全产生重要影响的事态"，其中一个主要指标是"事态"须发生在日本周边地区这一地理限制条件，故称之为"周边事态"。但新法删除了原来的

"周边地区"这一限制词，改为"重要影响事态"。①

上述"武力攻击事态""存亡事态"和"重要影响事态"是"新事态"的具体表现，是日本自卫队行使武力和支援美军及其他外国军队的条件。对判断"存亡事态"的标准，日本政府的解释是："具体情况具体分析，主要综合考虑攻击国的意志、能力、事态发生场所及规模、形式、未来发展可能等要素，从战争危及国家的可能性、国民可能遭受牺牲的深刻重大程度等，客观合理判断其是否满足新的三要件。"可见，"存亡事态"概念的创设，使日本不仅可以在遭受他国武力进攻时以出现"武力攻击事态"为名行使武力，在与日本有同盟关系或政治经济利益关系国家之间出现争端时，日本政府也可以根据主观判断，以国家面临"存亡事态"为名，出动自卫队行使武力。这显然违背了《日本国宪法》第9条关于"永远放弃以国权发动的战争、武力威胁或武力行使作为解决国际争端的手段"的承诺。与此同时，以"重要影响事态"概念取代"周边地区"这一区域限制性概念也使日本自卫队对美军及其他外国军队的支援不局限于日本周边区，将来在出现争端的世界各地，特别是美国主导的争端地区，都会出现日本自卫队的影子。②

第三，在《自卫队法》中增加了"保护旅居海外日本人"条款，为日本自卫队干涉他国内政埋下伏线。该条款规定，"当防卫大臣接到外务大臣请求，对因外国发生紧急事态有可能使日本国民的生命或身体受到伤害，需要提供警护、搭救及其他保护措施时，可以与外务大臣协商，在获得内阁总理大臣批准后，由军队等组织采取该项保护措施"。虽然该条款规定了一些实施保护措施的前提，但从第94条第5款规定自卫队可以使用武器来实施保护措施看，保卫旅居海外日本人显然不可能是充满诗情画意的和平行动。特别是在

---

① 熊达云：《日本构建新安保法制的经纬及其内容评析（上）》，载《外交战略》2016年第1期。

② 熊达云：《日本构建新安保法制的经纬及其内容评析（下）》，载《外交战略》2016年第2期。

日本没有对侵略战争责任做出足以让邻国放心的认识和道歉之前，很难不引起受到二战日本侵略国家的担心。

第四，扩大了日本自卫队在武力攻击事态以外事态中可以使用武器的范围。该修改名义上是加强自卫队员自我保护的权利，但实际是为彻底解禁日本放弃行使武力的宪法禁忌铺平道路。在"旧安保法"中，虽也有自卫队在执行联合国维和行动、对驻日美军实施后方支援等活动中有权使用武器的规定，但允许行使该权利的范围有限，"新安保法"则极大地扩充了范围。如，"旧自卫队法"94条6款规定：实施后方支援的自卫队员允许使用武器的范围只有3项，而"新自卫队法"则扩展为6项，增加了"保卫旅居海外日本人"使用武器、"为防护美军等军队武器而使用武器"等条款。原《联合国维持和平活动法》规定了9种可以使用武器的情形，新法又增加了3种。另外，"重要影响事态安全确保法""船舶检查活动法"等法律对于可以使用武器的情形也有增加。

第五，扩大了对美军实施物资及劳务支援的范围，以进一步强化日美同盟关系。根据"旧自卫队法"规定，日本自卫队可以为从事以下活动的美军提供物资与劳务：①与自卫队共同训练；②参与日本救灾活动；③紧急事态时与自卫队同在外国运送日本人；④因训练、联络及其他日常活动乘坐飞机、船舶或机动车抵达位于日本国内自卫队之设施内，作临时停留。但"新自卫队法"做了大范围扩充，即，在以上4种情形之外增加6种情况：①与自卫队共同警卫《日美合作及安全保障条约》第6条规定之设施及区域；②与自卫队共同应对海盗行动；③与自卫队共同行动以破坏弹道导弹等武器；④与自卫队共同扫雷和引爆其他危险品；⑤与自卫队共同开展行动，利用舰船或飞机侦察外军动向和收集情报；⑥与因训练、联络及其他日常活动乘坐飞机、舰船或机动车辆抵达美军设施内，和临时滞留军队同宿，展开训练、联络调整及其他日常活动。在这里，日本提供的物资和劳务包括：补给、运输、维修和维护、医疗、通讯、机场及港口业务、基地业务、宿营、保管、设施利用、训练业务、建设，不包含武器弹药。需要注意的是，"重要影响事态安全确保法"将原来只限于对美军的"后方支援活动"扩大到其他"外国"，只要该"外国"行动有利于《日美安保条约》的效用，日本就可以与其"加强联合与协作"。这实际是日本为将来插手中国南海纷争埋下的伏笔。

第六，日本"新安保法"虽然对自卫队的出动设立了需经国会审查批准等前置条件，以防重现日本军队"暴走"的情况，但仍给内阁保留了能够腾挪的空间。特别是一些法律，如《自卫队法》等，保留了紧急情况下事后获得国会批准的例外；《国际和平支援法》虽然规定了日本开展非联合国统一组织的国际援助活动必须事先得到国会批准的规定，但该法律同时规定众参两院的审议时间分别只有7天，且具体实施细则由内阁以政令形式制定。这都给内阁首相预留了灵活应变的空间。且在日本国会中，只要执政党或执政联盟掌握了过半议席，其提出的法案很容易获得通过。"新安保法"尽管遇到在野党和以宪法学者为核心的知识界精英及半数以上国民的强烈反对，仍被执政党以其议席数过半的优势强行通过就是典型的证明。因此，以国会审议和批准作为自卫队行使集体自卫权不会导致日本成为战争之国担保是不现实的。①

总之，安倍晋三政府极力渲染围绕日本安全保障环境的恶化，推动新安保法制的确立，彻底摒弃维持多年的"专守防卫"政策，改为"积极的集体防卫"政策。其目的有二：一是确保所谓的"日本和平与安全"；二是"为国际和平作出贡献"。该系列法案是安倍内阁大力鼓吹的"积极和平主义"思想的具体体现。其手段是实现三个"无缝对接"，即：决策机构（内阁、议会）与武装力量的"无缝对接"；海岸警备队与自卫队的"无缝对接"；日军与美军作战指挥的"无缝对接"。与此前相比，主要是新增了"存亡危机事

---

① 熊达云：《日本构建新安保法制的经纬及其内容评析（下）》，载《外交战略》2016年第2期。

态"和"重要影响事态"两种情况，充实和完善了"灰色地带事态"的相关内容。但是，根据战后的《日本国宪法》第9条规定，日本不得保有武装力量，自卫队是违宪的。长期以来，虽然通过美国的默许和纵容，日本建立了自卫队这一武装力量，并通过内阁解释实现了个别自卫权，但对行使集体自卫权问题，日本内阁始终予以否认。2014年7月1日，安倍内阁通过修改宪法解释，解禁了集体自卫权，但这一解释毕竟缺乏法理基础，而此次安保法的修改使得日本行使集体自卫权具备了法律基础。联想此前制定的《特定机密保护法》（2013年制定）和废除《防卫省设置法》中文官节制现役军人的机制等一系列动作，其目的和动机是非常明显的。日本"新安保法制"的实施对东亚乃至世界会产生何种影响尚需观察，但未雨绸缪，采取必要的应对措施非常关键。

四 日本新安保法案对我国海上维权的影响及其问题

（一）法案对我国海上维权的影响

日本修改安保法对我国海上维权的主要影响是日本防卫问题中前四种事态的部分内容。具体来说：

1. 武力攻击事态中的事例二，即：外国军队登陆日本的离岛（主要针对钓鱼岛）。对此，日本可以根据个别自卫权做出反击，作为同盟国的美军基于《日美安保条约》和"日美防卫协作指针"，与日本共同作战。但该情况不是新法修改的内容。

2. 灰色地带事态中的事例一、三、四，即：武装力量在离岛登陆、外国军舰进入日本领海、对海上自卫队以及共同监视的美舰的防护（也是针对钓鱼岛）。在第一种情况下，当海上保安厅不能应对时，迅速出动自卫队进行应对，由于情况不明，该出动属于"海上警备行动"和"治安出动"（即，以维持治安为目的出动自卫队）。此时，根据2015年5月14日的内阁决议，为迅速应对，可以电话阁议。此时根据情况可以转入"武力攻击事态"。关键修改是电话阁议应对。第三种情况主要由海上保安厅负责，必要时出动自卫队。第四种情况，对海上自卫队以及共同监视的美舰的防护。根据《日美安保条约》第5条适用范围包括钓鱼岛周边。因此，在巡逻的日美海军受到"威胁"时，直接出动自卫队应对。

3. 存亡危机事态，主要是解禁了日本的集体自卫权，可以在美军在其他地区受到攻击时，协助美军作战。该种情况使日本的作战范围扩及南海甚至印度洋等各地。在此不详细分析。

4. 重要影响事态，其设想的事例首先就是南海有事时对美军舰的后方支援。这为日本介入南海提供了直接的法律依据。根据法律，此时日本主要是派遣海上自卫队的补给舰或空中加油机对美军提供支援，必要时可以派遣到美军在菲律宾的基地。甚至向美军提供弹药。但是，为了避免后方支援活动的实施场所是为了"武力行使的一体化"，法律规定，必须是在"当时的非战斗地域"。（《重要影响事态法》是对原《周边事态法》的修改，不仅删除了自卫队实施后方支援活动的地理概念，还为提供弹药及战前的战斗机空中加油提供了可能）。

（二）日本新安保法实施后的问题

1. "无缝安全保障法制"存在的问题。根据2014年7月1日内阁决议的规定，为构建"无缝安全保障法制"，需要做到以下几点：(1) 在平时较少出现有事事态的今天，当出现没有达到武力攻击侵害的情况下（如武装渔民登上钓鱼岛），自卫队、警察、海保厅等机关更紧密地协作应对侵害；(2) 为此，需要提高各相关部门的应对能力，强化信息共享等协作，发令程序的迅速化；(3) 设想发生对在日美军军队尚未达到武力攻击的侵害时，如果美军提出请求，为保护美军队的武器等，自卫队可以被动且限定在必要最小限度内的"武器使用"。朝这一方向努力对构建日本"无缝"态势非常重要，但是，目前，无论是日本国内各机关之间还是日美军队之间的协作还存在很多问题，特别是在今后的紧密协作中，由于日本官僚机构部门之间的各自为政，存在着很大的障碍，一时难以出现明显的成果。

2. "存亡危机事态"和"重要影响事态"的判断存在困难时的应对。新安保法针对这两种事态，自卫队的任务不同，因此，在难以判断属于何种事态时，会出现应对失当的问题。具体来说，在"存亡危机事态"之下，自卫队为了日本的安全可以"行使武力"，这属于集体自卫权的限定行使问题。但在"重要影响事态"之下，自卫队只能对战斗中的美军提供后方支援，这属于"武器使用"范围内的支援。此时需要首相的决断。如果二者之间出现任务转换，同样需要考验首相及各级指挥官。

3. 是否可以避免"武力行使一体化"。在新安保法之下，"武力行使一体化"问题更加复杂。根据迄今日本政府的解释，（1）宪法第9条承认基于个别自卫权的武力行使，因此，（2）对美国等国家军队行使武力时，自卫队进行支援属于"武力行使的一体化"，是应该禁止的。但2014年7月通过对第9条的解释修改，在新安保法之下，对"重要影响事态""国际和平共同应对事态"等，对"非现行战斗场合"的补给、运输等"后方支援"不认为是"武力行使的一体化"，所以不违反宪法。这样，在非战斗地域如果出现战斗行为，自卫队为避免"武力行使的一体化"的嫌疑，需要撤退。问题是，在有事时期，对手国家认为是"武力行使的一体化"的对应。

4. 日美间的"无缝对接"问题。新安保法虽然扩大了自卫队的作用，但在不同事态下的不同应对，日美是否有共同的认识也很重要。如果认识不一致就会出现问题。同时，虽然日本解禁了集体自卫权，但仍然有三条件限制，美国需要日本做出更灵活的解释积极行使自卫权。①

---

① 熊达云：《日本构建新安保法制的经纬及其内容评析（上）》，载《外交战略》2016年第1期。

表2　　围绕新安保法案日本国内主要媒体的舆论调查①

媒体	实施时间	赞成	反对
日本经济新闻	6.26—28	25%	57%
每日新闻	7.4—5	29%	58%
朝日新闻	7.11—12	26%	56%
NHK	7.10—12	24%	30%
产经新闻	6.27.28	49%	43.8%
读卖新闻	7.3—5	36%	50%

① 《安保法案、国民广泛不支持，各社调查"反对"引人注目》，载《朝日新闻》2015年7月14日。

第六章 对日本解禁集体自卫权与修改安保法的认识

第一节 对日本解禁集体自卫权的认识

一 自卫权与集体自卫权

依据《日本国宪法》的规定及日本政府历来的宪法解释，日本不能行使集体自卫权，如果要行使集体自卫权，日本必须修改宪法或宪法解释。另一方面，反对者认为，集体自卫权的行使会使日本走向战争之路。因此，要正确认识日本的"解禁集体自卫权"问题，首先需要从宪法角度对自卫权和集体自卫权问题做一溯源。

集体自卫权首先是国际法上的问题，在认识集体自卫权之前，需要先了解自卫权问题。自卫权在国际法上成为一大问题是在进入20世纪后。当时，面对第一次世界大战给人类带来的灾难，人们开始思考战争的违法化问题。1928年的《非战公约》首先明确了战争的违法化，以此为前提，自卫权作为违法性阻却事由而成立，即，战争原则上不为法律所承认，但自卫战争可以作为例外。现在，国际法上对自卫权的定义是：面对外国的违法侵害，在防卫本国的紧急必要情况下，为了反击而行使武力的权利。此时的自卫权是一项本国被攻击时行使的权利，如果与集体自卫权相区别的话，可以称为个别自卫权。当然，早期还没有集体自卫权这一用语。

第二次世界大战后期的1944年，在设立一般国际机构的"但巴顿·奥克斯提案"中，提出了"禁止行使武力原则"。另一方面，作为例外，在地域纷争中如果要行使武力解决，必须经过安全保障理事会的允许。1945年3月美洲国家会议在通过的决议中规定：对美洲一国的任何一国发动的攻击，被视为对全美洲各国的侵略，可以行使包括军事力量在内的对抗措施。在这里首次出现了集体自卫权的思考方式。在1945年6月签字的《联合国宪章》第2条4款采纳了"禁止行使武力原则"，对于违反该原则的行为规定了第1条1款的"集体安全保障"（collective security）体制，即：对于违法的武力行使，联合国以集体形式处理，包括41条的非军事措施和42条的军事措施。作为军事措施的设想是组建联盟军队，但时至今日未能实现。作为集体安全保障的例外，51条承认了各国的自卫权，其中，特别规定了"个别自卫权"（right of individual self-defense）和"集体自卫权"（right of collective self-defense）。

集体安全保障与集体自卫权在用语上比较相似，容易混淆。一般来说，集体安全保障是就联合国而言的，是针对联合国成员内部的违反者的，可以说具有内向性；与此相对，集体自卫权是就个别国家而言的，是针对集体自卫权体制的对抗者的，具有外向性。

所谓集体自卫权，是指在他国受到武力攻击而本国没有受到威胁时，行使武力的权利。对集体自卫权的理解可以从三方面分析：①个别自卫权的集体行使；②对受到武力攻击国家的救援；③对受到武力攻击国家中与本国关系密切国家的救援。其中，①属于个别自卫权的问题，②会使集体安全保障无意义，③属于流行学说。这一问题与后面将要论述的日本的集体自卫权理论密切相关。①

另外需要说明的是，无论是个别还是集体，自卫权属于国际法上的权利而非义务，是否行使属于各个国家的自由。

---

① ［日］浦田一郎：《集体自衞権》，岩波書店2013年版，第4页。

二 集体自卫权的行使与宪法第 9 条

（一）集体自卫权的行使问题

首先从历史上看一下集体自卫权的实践，现在的"北约"和过去的"华约"这样的军事同盟体制即以集体自卫权为依据组建，是作为当事者试图依据集体自卫权正当化军事力量行使的实践，主要有越南战争时美国的武力行使（1965 年）、苏联对阿富汗的入侵（1979 年）、尼加拉瓜内战中美国的武力行使（1980 年代前期）、海湾战争时多国军队的武力行使（1991 年），"9·11"事件后北约各国对阿富汗的武力行使等。

自卫权或许有受到武力攻击作为弱小国家的防卫权一面，但在实践中，成为大国对小国行使武力和政治控制正当化理由的情况更多。因此，作为世界上最大的军事大国美国，主张对《联合国宪章》之外的习惯的国际法上的自卫权扩大到广泛的先发制人自卫权乃至预防的自卫权等。对这一集体自卫权的滥用，遭到了国际社会广泛的批评。

（二）《日本国宪法》的和平主义与第 9 条解释

1. 宪法的和平主义

战后，虽然国际舆论要求追究天皇战争责任的呼声很高，但由于作为占领国的美国等认为保留天皇制便于对日本的管理和控制，因此，将主权者天皇制改为象征天皇制，同时，为了保证象征天皇制不再成为战前军国主义的天皇制，在《日本国宪法》中写入了"放弃战争"的和平主义。在这一过程中，对天皇制战争责任的追问中间没有经过本国国民之手，这是很特殊的。

最后完成的《日本国宪法》由三部分组成：第一，第三章"人权"规定以下的部分体现了民主化原则，从而形成作为宪法政治立宪主义的一般形式；第二，第一章的"象征天皇制"保留了像"明治宪法"那样的外见的立宪主义因素；第三，第二章放弃战争的和平主义，超越了对军事力量进行立宪控制的一般立宪主义，带有新立宪主义的可能性。当时的日本国民平静地接受了这一宪法，该宪法奠定了此后日本民主主义与和平主义运动的基础。

2. 日本政府对宪法第9条解释的变迁

关于第9条解释，在制宪会议上，当时的日本吉田茂首相做出了否认自卫权的解释，他说："虽然没有直接否定自卫权，……但抛弃了作为自卫权发动的战争。"① 但此后在占领、安保体制之下，部分受到美国的要求，日本走向了再军备之路。1950年的警察预备队、1952年的陆上保安队和海上警备队、1954年自卫队相继建立。为使这些军事组织合宪化，日本政府的说明开始变化，首先是警察预备队是警察的"警察论"，此后是陆上保安队和海上警备队不具备从事近代战争能力的"从事近代战争能力论"，在此后是自卫队是为了自卫的必要最小限度实力的"自卫力论"。

基本上来说，在"自卫队草案"和"防卫厅设置草案"的审议中，还认为自卫队不是保持近代战争能力的组织，但依据1954年12月22日日本政府的统一见解，"自卫力论"固定下来。依据此后日本政府展开的现在的自卫力理论，"为了自卫的必要最小限度的实力"不属于宪法第9条第2款禁止的"战力"，其保持和行使是合宪的。

三 自卫力论的结构和功能

从自卫力论的结构来看，首先作为前提的是，自卫力论是以宪法的战争放弃规定和"固有的"自卫权论两方面为基础的。所谓"固有的"是指既然作为国家是当然的，即，不依靠宪法的规定而存在。从立宪主义角度来看，这一观点当然有问题。但在此首先从"放弃战争规定"这一基础进行分析。

首先，"为了自卫的必要最小限度的实力"的"实力"几乎可以看作是"武力"，"武力行使"虽然成为第9条限制的对象，但基

---

① 1946年6月26日在日本众议院会议上的发言。

地提供和经济援助等本身不视为"武力行使",因此不是限制的对象。但是,虽然不属于武力行使,如果与他国的武力行使一体化时,则不被认可。该观点被称作"一体化论"。

其次,"为了自卫"可以理解为"个别的自卫权",武力行使在个别自卫权的情况下被认可,但在集体安全保障和集体自卫权的情况下不被认可,这里存在集体自卫权的问题。

再次,即使是个别自卫权之下的武力行使,从"必要最小限度"出发,交战权和海外派兵等不被认可。

上述"自卫力论"是在安保体制和自卫队的军事要求、宪法的和平主义规定、非武装和平主义的学说、使和平与宪法相结合的市民运动等的力量关系中成立和展开的。因此,使安保体制和自卫队军事正当化的法律理论同时也对军事起着制约作用。其中心正是集体自卫权行使的禁止。正当化与制约的两面性在法律理论上非常普遍,但是在自卫力论上得到了最好的体现。因此,在冷战之下,护宪派批评该理论会使和平主义的宗旨走向崩溃,而冷战结束后的修宪派则指责该理论禁止集体自卫权的行使。[①]

另外,宪法学界的多数学说从非武装和平主义的立场认为安保体制和自卫队违宪。司法上也基本采取这一态度,如在迄今的判例中,在"砂川事件"中东京地方法院(1959.3.30)以"旧安保条约"(1952—1960)为基础关于美军驻扎、"长沼事件"中札幌地方法院(1973.9.7)对自卫队,各自做出了违宪判决。包括最高法院及其他法院的判决,对安保条约和自卫队一般不进入合宪或违宪的内容判断,因此,法院就安保条约和自卫队没有一例判断为合宪。

四 日本政府关于集体自卫权论的展开

(一)战后至20世纪末

美国占领结束后的初期,关于集体自卫权问题并没有提上日本

---

① [日]浦田一郎:《集体自衛権》,岩波书店2013年版,第9页。

政府的法律议程，因为，在集体自卫权之前，个别自卫权的宪法正当化是日本政府的中心议题。1960年修改《美日安保条约》之时，日本是否有义务为美国行使集体自卫权问题提上了日本政府的议事议程，集体自卫权论开始形成。但当时日本政府的集体自卫权论并没有像现在这样确立，尚存在与现在不同的政府答辩。如当时的法制局长林修三在议会答辩中认为：如果提供基地和经济援助也可以理解为"集体自卫权"，对这些行为宪法上没有否定。

经过20世纪70年代，到80年代初期，现在日本政府的观点正式确立。作为现在日本政府观点的重要资料是在1972年10月14日的参议院决算委员会上提出的（即《防卫手册》），经过1978年的《日美防卫指针》，在1981年众议院答辩中作为对稻叶诚一议员关于西南防卫问题的答辩书提出，成为此后长期内日本政府的观点。

2000年两院宪法调查会设立后（2000—2005），在明文修宪或解释修宪的讨论中，集体自卫权问题成为焦点。

（二）现在日本政府的见解

当今日本政府关于集体自卫权的说明如下："在国际法上，集体自卫权，即，国家对与本国关系密切的外国受到的武力攻击虽然不认为是直接对本国的攻击，但存在以实力阻止的权利。日本既然是主权国家，当然拥有国际法上的集体自卫权。但是，该种行使，即，在日本没有受到直接攻击而以实力阻止加于他国的武力攻击，超越了宪法第9条允许的实力行使的范围，认为是不允许的。"一句话，如美国受到武力攻击，日本没有受到攻击，此时，日本不能行使武力。

从内容看，虽然从国际法来说日本保有集体自卫权，但依据宪法规定不能行使。换句话说，从国际法角度看，因为集体自卫权不是国际法上的义务而是权利，所以，虽然通过宪法等国内的判断不能行使，但在国际法上是可能的。

关于宪法上不能行使的理由，前述1972年的资料中指出：在宪法第9条"放弃战争"之下，基于"前言"中的和平生存权和第13

条的幸福追求权得到承认的"自卫措施"必须是"必要最小限度"。由此出发，在日本受到武力攻击时的个别自卫权得到承认，但集体自卫权不被认可。2004年日本内阁法制局的答辩表达了同样的意思，即：对照第9条的含义，即使不承认一切武力的行使，但在第9条之下，仍承认个别自卫权，集体自卫权难以被认可。[①] 明确表达了宪法第9条的存在强烈限制着集体自卫权理论。

（三）日本政府观点的分析

在日本政府的观点中，首先是拥有"实力"阻止的权利问题。一方面，在前线参加战斗属于"实力的行驶"，在宪法上不被承认。另一方面，有时在实际中，即使对军事上被视为对外国的军事援助行为也不认为是"实力的行使"，除上述基地的提供和经济援助之外，后方支援等也被认可。其中最大的问题是基于现行《日美安保条约》第6条的基地提供问题。在纳入1997年日本"新防卫指针"的《周边事态法》中，认为后方地域支援等措施不属于武力行使（同法第2条第2款）。此后的《伊拉克特别措施法》和《对抗恐怖主义特别措施法》等关于在海外从事军事活动的法律，同样设置了禁止武力行使的规定，其思路是一致的。另外需要指出，名古屋高等法院在2008年的一项判决中认为：在伊拉克的日本自卫队运送多国军队兵员的运输行为，违反了禁止行使武力的《伊拉克特别措施法》第2条第2款和《日本国宪法》第9条第1款等。

其次是阻止对"外国"武力攻击的权利问题。《日美安保条约》第5条虽然规定了共同防卫，但存在"日本国施政之下的领土"这一地理上的限制。如，对于美军在日本的军事基地进行攻击属于侵犯了日本的领土。当然，领土侵犯是否自动成立自卫权在法理上存在一定的问题，在此不予以讨论。总之，结论即是：因对在日美军基地的军事攻击，日美各自成立个别自卫权，此时属于"个别自卫权的共同行使"，不属于集体自卫权。

---

① 秋山收内阁法制局长在2004年1月26日众议院预算委员会上的答辩。

关于对日本的武力攻击，美国可以行使集体自卫权。但是，对日本领土之外的美国本土进行的武力攻击属于对"外国"的攻击，对日本来说，如果阻止属于行使集体自卫权，在宪法上不被认可。因此，就《日美安保条约》第 5 条来说，美国可以为了日本行使集体自卫权，日本不可以为了美国行使集体自卫权。这里双方存在明显的不平衡。但是，依据该条约第 6 条，日本应该为美国提供军事基地，但美国并不为日本提供军事基地，这里也存在不平衡。因为，第 5 条和第 6 条各自存在不平衡，作为《日美安保条约》整体来说达到了平衡。这是日本政府的说明。

现在日本政府的解释是：可以行使个别自卫权的范围不限于日本领土，虽然禁止向海外派兵，但其含义是限定的，即，禁止向海外派遣的是"以行使武力为目的的武装军队"。因此，在日本领土之外，自卫队与美军可以展开行动，此时如果受到武力攻击，可以各自行使个别自卫权。个别自卫权的共同行使理论在日本领土之外也可以行使，西南防卫等就涉及这一问题。因基于个别自卫权的武力行使，即使美国得到了军事上的救援，这也不过是结果。这就是所谓的"结果理论"。

上述日本政府的集体自卫权理论也许稍显复杂，简单来说即是，单纯的日美共同军事活动不属于集体自卫权的行使。但另一方面，这一理论实际上形成了阻止日本自卫队参加美国进行的战争的完备体系。因此，日本政府对集体自卫权的解释成为日美联合军事活动的障碍。从要求解禁集体自卫权的一方来说，重新对集体自卫权进行解释或明文修宪是必要的。

五 解释变更与明文修宪的宪法含义

变更禁止行使集体自卫权的政府解释动向在 2006 年以后逐渐展开。经过自民党 2012 年 7 月发表《国家安全保障基本法案》、第一次安倍内阁时期的 2007 年设立并于 2013 年 2 月再开的"安全保障法律基础再构建恳谈会"等，2014 年 7 月的内阁会议终于通过了解禁集体自卫权的决定，此后需要修改完善的只是相关法律问题。

要求修改政府解释者认为，既然解禁集体自卫权的政府解释是一个政治问题，由政治进行改变即可。当然，从国际关系角度来看，日本不行使集体自卫权的确是政治选择，但从国内关系看，因为宪法决定了不能行使，所以是宪法的问题。

首先如果日本政府变更解释，则集体自卫权在第9条之下很难被认可，因此，就形成了第9条什么也禁止不了的情况，只不过是国际法原则的确认。这实质上意味着删除了《日本国宪法》第9条。其次，尽管作为解释变更的方法可以由内阁会议决定，但删除现行宪法第9条的修宪需要特别多数的国会提议和国民投票，因此，从这一角度上说，2014年安倍晋三政府解禁行使集体自卫权的解释变更在程序上是一种脱法的行为。

如上所述，通过明文修宪解禁集体自卫权的行使也是自民党"2012年修宪草案"的观点，其目的是使日本从不能行使集体自卫权的"特殊国家"走向可以行使集体自卫权的"普通国家"。但是正如上文所说，《日本国宪法》的三部分结构是战后日本平衡的基础，如通过9条修宪使集体自卫权的行使成为可能，日本将会成为另一含义上的"特殊国家"。如果一个只向美国低头不向亚洲低头的日本继续向前走，日本的未来实在堪忧。

第二节 对日本修改安保法的认识

一 冷战后的修宪论分析

冷战后，"国际贡献"的行使方式和宪法第9条的关系逐渐成为日本政治的焦点，由此出现了"修宪"和"讨论宪法"的高潮。其开端是1990年1月的海湾战争，当时，很多意见要求参加美国主导的多国军队，为此，海部俊树内阁改变了此前日本政府关于海外派兵的解释，对多国军队的"参加"使用了"协作"这一概念，做出了如下新的解释："作为参与所谓'盟军'的理想方式，可以考虑

'参加'和'协作',……所谓'参加',意味着在该'盟军'的指挥之下,作为其一员而行动,所谓'协作',是在该'盟军'的组织之外,行使各种不属于'参加'的各种支援",如果行使的不是像"参加"那样"成为与该盟国军队武力行使一体的行为,应该理解为是宪法所允许的"①。

与此同时,日本国会还在审议"联合国和平合作法",由于与行使武力的多国军队一体化的行动在与宪法的关系上成为问题,一时成为废案。但在1991年末,虽经在野党强烈反对,众议院还是通过了"维护联合国和平活动合作法"(PKO法),并于1992年6月生效。

在讨论"国际贡献"的理想方式时,自民党成立了调查宪法解释和安全保障等的"特别调查会"(会长小泽一郎,因此也被称为"小泽调查会"),该调查会在1992年6月发表了"中间报告",认为:因参加联合国维持和平的活动,"即使在国外行使武力,也不符合日本宪法第9条所禁止的'作为解决国际纠纷手段的战争、武力行使',因此,与宪法第9条不抵触"。并认为此前日本政府的解释"缺乏妥当性"。关于参加盟国军队的问题,使用了"国际安全保障"这一新的用语,指出:"众所周知,联合国为了维护国际和平秩序,保证包含行使武力措施的集体安全保障这一概念(考虑到为了避免与集体自卫权混淆,使用'国家安全保障'这一名称更合适),在国际社会得到广泛承认。在我国,如采用这一概念,关于宪法第9条,通过新的政府解释是可以参加盟国军队的。"② 该中间报告的宪法解释因相当无理,遭到了多方面的批评。此后的1993年6月,因自民党分裂,且小泽一郎本身属于分裂出去的一方,该宪法解释也就销声匿迹了。

此后的讨论逐渐由政党主导转移到媒体主导,在较长的时期内,

---

① [日]《读卖新闻》1990年10月27日。
② [日]《朝日新闻》1992年12月21日。

主张修宪的政党没有出现较为完整的修宪草案。

其中最为热心的是《读卖新闻》，在1994年11月，《读卖新闻》发表了"读卖新闻修宪草案"。自《日本国宪法》实施以来，虽然曾出现过各种各样的修宪草案，但是，像"读卖新闻修宪草案"这样从内容和条文上对《日本国宪法》进行全面修改的还没有。在此，仅就与第9条相关的内容进行分析。该草案设立了"第三章 安全保障"，规定了否认战争与禁止大规模杀伤性武器的条款，大体上相当于现行日本宪法第9条第1款的内容。但是，紧接着又规定："日本国，为保障自身的和平与独立、安全，可以保有自卫组织"，实际上承认了自卫战力，明确否定了现行宪法的第9条第2款。

与此同时，该草案还设立了"第四章：国际合作"，规定："日本国在确定的国际机构活动中，需要积极合作。必要时，可以派遣公务人员，可以在维护及促进和平和人道支援活动中提供部分自卫组织。"在此，使"自卫组织"的海外派兵成为可能。

另外，该草案的前言虽然比现行宪法的前言更简短，但是因为承认了自卫战力，所以消除了作为现行宪法和平主义重要支柱之一的"和平的生存权"。①

此后的2000年5月，《读卖新闻》发表了第二次草案，该草案在将第一次草案中"为了自卫的组织"改为"为了自卫的军队"之外，作为内阁的权限增加了"国家紧急权"的规定，即："内阁总理大臣，在国家独立与安全或者多数国民的生命、身体或财产有受到侵害的可能事态发生之时，在认为该事态属于重大事态有采取紧急对策的必要之时，可以依据法律规定，在全国或部分地区，发布紧急事态宣言。"试图为周边事态法和有事立法提供宪法依据。这样，在有事之际，就可能从根本上否定基本人权。②

---

① ［日］读卖新闻社：《宪法21世纪へ——读卖修宪草案》，读卖新闻社1994年版，第121页。

② ［日］《读卖新闻》2000年5月3日。

与此同时，在 1999 年，小泽一郎和鸠山由纪夫相继在杂志上发表了修宪草案。小泽一郎草案涉及第 9 条、人权、国会（参议院）、司法（宪法法院的设立）等各方面，关于第 9 条，追加了第 3 款，承认了自卫战力，并且将为"国际贡献"提供兵力当作国民的义务。①

与此相对，鸠山由纪夫在批评小泽一郎草案"虽然不存在军队，但保持自卫战力的巧妙回避语言"中，认为，应该明确"保持陆海空军等战斗力量"，并作为第一款。②

同一时期，作为前首相的中曾根康弘在著作中也明确了以政治体制为核心的修宪思路。认为：关于宪法前言，"将本国的安全保障寄希望于他国人民的信义，自己不积极努力的语句应该修改"，关于第 9 条，"第一款可以保留"，第二款还是应该"明确自己的国家自己保卫的意思"③。

上述草案虽然仍属于个人意见，都没有经过政党讨论，但确实反映了日本社会的一种变化。当然，在这一时期并非只存在自卫队合宪的修宪草案，就在"读卖新闻 1994 年草案"发表的次年，朝日新闻也发表了"提言：国际合作与宪法"，该"提言"不是以修宪为中心，而是以"国际贡献"为中心，包括六点内容，即：制定国际合作法、创设和平支援队、保留宪法第 9 条、改造自卫队、退出冷战型安保、联合国改革。④ 对该草案在此暂不讨论。

就上述修宪草案而言，其共同点在于：从"不依靠军备的和平"到"依靠军备的和平"这一根本变化，这一修宪构想的核心不过是欲对冷战时期追求未果的政治目标在政治形势的变化中以符合美国对日安保政策的形式达成而已，而非与冷战后战争形态的变化及其

---

① ［日］《文艺春秋》2000 年 9 月号。
② ［日］《文艺春秋》2000 年 10 月号。
③ ［日］中曾根康弘：《21 世纪：日本の国家政策》，PHP 研究所 2000 年版，第 166 页。
④ ［日］朝日新闻委员会：《国际合作と宪法，朝日新闻说明》，朝日新闻社 1995 年版，第 231 页。

相伴随的安全保障变化的对应。

自《日本国宪法》诞生以来,对日本政府来说,虽然不可能构想"不保持军备的和平",但是,在海湾战争中,基于美国方面的要求,与美国同样去构想"依靠军备的和平"同样也很难。但是,作为战后半个世纪的历史经验,可以看出,作为修宪思路的根本:第一,长期以来,日本政府的愿望是,在国际社会中,可以应美国要求承担符合自己经济实力的军事力量合作。换句话说,想成为"普通国家"。但在战后的半个多世纪中,应该知道这只是一种幻想。而所谓"保卫日本的自卫队",在有事之时需要置于美军的指挥之下,正因为在美军的指挥之下,自卫队才会为国际社会所认知。这是事实。但需要强调的是,即使修改了宪法,建立了"国防军",日本仍然不可能独自享有有事时的指挥权。第二,修宪论的焦点始终是军事力量在宪法上的位置。可以说,冷战后的修宪论不过是增加了"国际贡献"之名,而思考方式与冷战时期没有区别。

二 安保体制的变化

(一)《日美安保共同宣言》

1. "宣言"的内容分析

冷战结束后,由于苏联的解体,结束了战后半个多世纪的东西方对立。与此同时,作为美苏冷战产物的"华约"(WTO)解体,"北约"(NATO)也发生了很大变化。而同样作为美苏冷战产物的《日美安保条约》随着冷战的终结,其方向一时也变得迷茫。因此,美国需要对《日美安保条约》的方向进行根本讨论,并进行"再定义"。

为此,1996年4月,时任日本首相桥本龙太郎和美国总统克林顿举行了首脑会谈,并发表了《安保共同宣言》。该宣言认为:"自冷战结束以来,很难再发生世界规模的武力纠纷","但同时,在东亚地区依然存在不安定及不确定的因素"。宣言虽然没有直接提及中国,但强调了东亚的不稳定性,认为:"朝鲜半岛的紧张形势依然存在,依然集中了包括核武器在内的大量军事力量。未解决的领土问题、潜在的地区纠纷、大量杀伤性武器及其扩散成为各地区不稳定的因素。"

正是基于上述国际形势的判断，引出了日美安保条约的再定义问题。这一点也成为宣言的着眼点："首相和总统再次确认了美国与日本之间保持同盟关系的重要价值，以及，两国在基于日美安全保障条约的两国间安全保障关系达成共同安全保障目标的同时，继续成为维持亚太地区稳定繁荣的力量。"这一宣言极大地改变了日美安保条约的目的并扩大了双方共同应对的区域，实质上等于修改了安保条约。

与此同时，双方还再次确认了以军事为中心的安全保障观念，认为：两国在防卫日本最有效的框架是日美两国间紧密地防卫协作这一点上是一致的。该种协作完全基于自卫队适当的防卫能力以及日美安保体制的机制。美国继续（在日本）保持军事存在对维护亚太地区的和平与稳定不可缺少等。在军事力量方面强调了美军的存在意义。①

从以上的内容可见，尽管冷战已经结束，美军在东亚的军事力量没有削减的意图，相反，"双方确认，在日本大体包括现在的水平，在这一地区，则需要维持由约 10 万人前线作战军事人员组成的现在的兵力结构"。这与驻欧洲美军由冷战前的 40 万人削减到冷战后的 10 万人相比，美日防范中国和朝鲜的心态一览无余。

2. "宣言"的本质

依据上述《日美安保共同宣言》的内容，可以归纳出其本质如下：第一，它是对 1978 年的《日美防卫合作指针》的修改和 1996 年 4 月发表的《日美物品劳务相互提供协定》实行的基础，试图确立美军与日本自卫队的一体化、从而在世界上自由进行战争的体制。第二，面对经济持续增长且在 21 世纪可能超越日本成为经济大国的中国，美日垄断资本为达到使自己的跨国企业控制的目的，试图确

---

① ［日］船桥洋一：《日米安保再定义の全景》，载《世界》1996 年 5 月。

立日美两国控制亚洲的军事体制。第三，为使日本能够成为"战争之国"，谋求日本国家的军事化。为达到这一目的，必须解禁集体自卫权，制定新的"有事法制"（包括国家总动员法、征兵法、征用法、国家机密法、戒严法、靖国神社国家运营法以及赋予内阁总理大臣交战权和国家紧急权等法律），修改自卫队法。

（二）安保政策的提速

1. 1997年《日美防卫合作指针》的制定及实质

1996年发表的《日美安全保障共同宣言》本身并不具备能达成其目的的手段，为此，1997年9月23日，日美两国达成了《日美防卫合作指针》。该指针包括七方面内容，即：（1）目的；（2）基本前提及思考方式；（3）平时的合作；（4）对日本武力攻击时的对应行动等；（5）因日本周边地区事态对日本和平与安全产生影响时的合作；（6）在指针之下为有效进行防卫合作的运作形式；（7）指针的适时及适当修改。详细内容在此不再赘述。

1997年的《日美防卫合作指针》，其本质在于：第一，虽然该指针的核心是确立对"周边事态"的对应措施，但这一"周边事态"在"日美间的调整机制"之下，承认了美国的主导地位，因此，所谓"周边事态"基本上是在亚太地区产生的（必要时也可能是在全世界产生的）、威胁美国利益的且美国自己认定的纠纷。即使没有对美国和日本进行武力攻击，也有可能产生美国认可的"周边事态"。第二，如果"周边事态"被认定存在，虽然是日美两国来决定是否介入这一"周边事态"，但此时，并没有设置单方拒绝介入决定的机制，从日本对美国从属性的角度考虑，肯定是美国决定是否介入，而日本不得不自动、无条件地追随美国展开军事行动。第三，日本对"周边事态"的介入必须动员一切国家力量，因此，必须确立国家总动员的体制。第四，1996年的《日美安保共同宣言》与1997年的《日美防卫合作指针》的制定意味着"新日美安保条约"的成立，美国试图以"北约"及"新日美安保条约"为媒介，形成控制世界的新的"统治世界军事体制网"。第五，使日本的自卫队和行政权从日本国宪法的"非武装、非战和平主义"全面解放出来。①

2.《周边事态措置法案》的制定及其实质

为了贯彻1997年《日美防卫合作指针》，1998年4月28日，当时的桥本龙太郎内阁在内阁会议上通过了《周边事态措置法草案》（全称为《在周边有事之际为确保日本和平及安全措施法草案》）、《自卫队法修改草案》、《日美物品劳务相互提供协定草案》，并提交国会。由于在此后的参议院选举中，自民党失败，桥本龙太郎被迫辞职，由继任的小渊惠三联合内阁时期的1999年5月24日法律化。这对日本来说是一次很大的突破。

因为，1997年《日美防卫合作指针》的核心是确立日本全体动员参加美国在亚太地区（特殊情况下在世界各地）发起的战争体制，但是，因为《日本国宪法》第9条的存在，无论日本政府如何歪曲解释，因为国民的强烈反对，战后长时期内始终不能制定包含自卫队在域外作战的总动员法律。因此，《周边事态措置法案》的制定对日美两国来说，其"意义"重大。首先，日本宪法第9条将被完全架空；其次，成为今后日本制定有事法制的突破口。

《周边事态措置法案》的主要包括以下8部分：目的、对应周边事态的基本原则、对应周边事态措施的实施方法、基本计划的实施、地方政府的协助及请求国外的协助、与国会的关系、武器的使用、政令的委任。

《周边事态措置法案》的实质在于：（1）依据1997年的《日美防卫合作指针》，"周边事态"虽然着眼于亚太地区，但其主动权掌握在美国手中，美国对于有可能威胁自己利益的纠纷可以随意认定，而日本必须服从。（2）该法案不仅将美国认定的"周边事态"及相应的军事行动"神圣化"，连日本首相、防卫厅长官、其他行政机关首长实施的对应军事行动也"神圣化"，没有规定任何对上述行为进

---

① ［日］金子勝：《憲法の論理と安保の論理》，勁草書房2013年版，第150页。

行控制的机制。因此，该法案试图否定对国家战争的立宪控制，确立"安保军事权"的独立。所谓"安保军事权"即是，以1960年的《日美安全保障条约》、1996年的《日美安全保障宣言》、1997年的《日美防卫合作指针》和1999年的《周边事态法案》为基础行使日美两国的军事权。(3) 该法案试图通过否定国会对战争的控制权，达到否定国会作为国权最高机关的性质，从而确立行政权力专制型统治机构的目的。(4) 针对该法案对应"周边事态"的军事行动，需要动员国家机关、地方政府及全体国民、企业等，实际是国家总动员法形成的开端。(5) 该法案试图赋予内阁总理大臣宪法第9条所否定的"交战权"，从而确立"战争国家"。(6) 该法案中的"基本计划"包含自卫队的作战计划和日本总动员计划两方面，从而为新型的有事立法铺平了道路。(7) 该法案超越了1960年的《日美安保条约》，与1996年的《日美安全保障宣言》和1997年的《日美防卫合作指针》共同构成了新的日美安保体系。(8) 由于依据该法案实施的日本的军事行动不一定是对日美武力攻击的纠纷，并且与纠纷当事国或关系国认可与否没有关系，属于单方面的对应措施，因此，其军事行动并非基于国际法上的"自卫权"或"集体自卫权"的军事行动，也不是基于《联合国宪章》"第51条"的军事行动，而只能是非法的军事行动，从而可能使日本重新走上侵略扩张的道路。①

正是因为20世纪90年代日本通过的上述一系列法案与《日本国宪法》"第9条"的背离愈发严重，进入21世纪后，日本政府的修宪活动再次步入快车道。

三 安倍晋三的修宪观与安保观

（一）安倍晋三的从政与继任首相

安倍晋三出生于日本的所谓政治世家，是日本战后出生的第一

---

① ［日］金子勝：《憲法の論理と安保の論理》，勁草書房2013年版，第181—182页。

位首相，作为甲级战犯、1957年继任日本首相并主张修宪的岸信介是他的外祖父。而岸信介曾任东条英机内阁的商工大臣并以副首相身份加入东条内阁，是东条英机的主要支持者之一。作为岸信介的外孙，安倍晋三毫不隐瞒自己对岸信介政治方式和政治经历的强烈憧憬和敬意。① 1993年，安倍晋三当选为众议院议员，时值冷战结束的初期。自年轻时期，安倍晋三就主张修改宪法第9条并声称自己是修宪论者。就任首相之初就举起"脱离战后体制"的大旗，并在海外媒体面前直言，作为不符合时代精神的法律条文最典型的就是宪法第9条。

2006年9月，继小泉纯一郎内阁之后，第一届安倍内阁建立。当时，作为"政权公约"，一开始就提出"制定与开创新时代日本相符合的宪法"，并攻击《日本国宪法》是"战败国道歉的证据"和"占领时代的残渣"，并主张在明文修宪之前，通过宪法解释的变更解禁集体自卫权，最大限度地实现日美军队的联合作战等。② 由于小泉内阁的结束，这一任务交给了继任的安倍晋三。

2007年5月，安倍晋三推动制定了规定修宪程序的《修宪国民投票法》，虽然此后不久辞职，但在2012年自民党重新从民主党手中夺取政权后，再次就任首相，成为战后继吉田茂首相之后第二个两次就任首相者。

在2012年日本众议院选举自民党大胜后的记者会见中，安倍晋三从自民党建党历史说起，这样回答：自民党建党的目的有二，一是彻底改变包括修宪在内的占领时代的结构，二是经济成长。第二项目标已经达成，但第一项目标却后退了。

因此，第二次继任首相的安倍上台伊始就极力推动修宪。那么，安倍晋三的修宪观到底为何？

---

① 纐纈厚：《集団的自衛権容認の深層》，日本評論社2014年版，第10页。
② ［日］全国宪法研究会：《日本国憲法の継承と発展》，三省堂2015年版，第94页。

（二）安倍晋三的修宪观

以下依据 2013 年 4 月 15 日安倍晋三在首相官邸接受采访时的回答进行说明。①

1. 宪法必须由国民亲自制定

安倍晋三认为，自己本身是个修宪论者。理由有三：一是宪法的制定过程存在问题；二是宪法自制定开始已过了 60 年，内容已不适合时代要求；三是日本近代以来的两部宪法都不是国民亲手制定的，明治宪法是君主制定的钦定宪法，战后的昭和宪法是由占领军制定的。而通过自己的手制定一部新宪法这一精神本身就可以开创一个新的时代。

为什么日本宪法制定 60 年没有进行一点修改，安倍晋三认为，就战后而言，美国宪法（以宪法修正案的形式）修改过 6 次，法国修改过 27 次，德国修改过 58 次。上述国家的修宪程序也很严格，都属于刚性宪法，但是，日本的修宪程序更严格，提议要件的占议员总数三分之二以上要求很难达到。许多试图修改宪法的人虽然内心认为该要件规定毫无道理，但没有采取具体行动。因此，安倍认为该要件"三分之二"应该改为"二分之一"，现在舆论调查有超过半数的人认为应该修改宪法。② 但是，因为稍微超过三分之一的议员数阻止修改，这是很可笑的。这是对国民本身不信任的体现。因此，要打开由占领军关闭的枷锁，将修宪权还给国民，必须先修改宪法 96 条。

针对记者提出的如何修改 96 条，安倍指出：对 96 条的修改曾在 2012 年的众议院选举中提出，在 2013 年的参议院选举中还会作

---

① ［日］读卖新闻政治部：《修憲論戦の基礎》，中央公论社 2013 年版，第 60—68 页。

② 安倍晋三这里是引用《读卖新闻》社于 2012 年 2 月就是否赞成修宪在全国进行的舆论调查，在回答者中，54% 的人认为修改比较好；关于集体自卫权，认为应该通过"修宪"或"修改宪法解释"行使的为 55%。该调查以日本全国的成年男女 3000 人为对象展开，回收有效答卷率 55%。

为一个诉求。如果能在参议院选举中获得多数,剩下的就是《国民投票法》的问题。关于18岁选举权的整理,关于公务员的行为限制,关于国民投票的对象是否与修宪搅在一起等问题本来设想(自2012年草案出台)3年内完成,但因为民主党的抵制很难实现了。上述问题解决不了,国民投票就不能实现。等取得一定的成果后,就会修改96条。修改96条向国会提出的时期还会在自民党内充分讨论,另外还有与公明党和维新会的关系问题,还是要充分讨论比较好。

2. 安倍晋三的安保观

安倍认为,宪法"前言"浓缩了现代宪法的各种问题,"前言"中的"信赖爱好和平的各国人民的公正和信义,决心保护我们的安全和生存",导致政府对国民的生命与安全不负责任,"爱好和平的各国人民"到底指谁也不清楚。而政府保卫国民的生命、安全、财产、领土、领海等责任应该在"前言"中明确记载。

与此同时,一些新的权利,如隐私权、知情权、在美好的环境中生存的权利等也应当考虑。关于地方分权,现行宪法着墨太少,因此,自民党的新宪法草案对地方自治的本质和基层自治体、广域自治体都进行了详细规定。

对于第9条,安倍认为应该进行大的转换,自卫队每年的预算接近5兆日元,保持了具有世界水平的军事力量,但是,宪法没有提及自卫队。因此,新的宪法应该体现自卫队的存在以及日本对国际维和活动贡献的内容。

对于民主党批评2012年自民党修宪草案的问题,特别是对"国防军"变更的批判,安倍辩解称:实力组织为了阻止侵略进行战争之时,如果不被作为军队认可,在日内瓦条约上就不作为俘虏对待。(2005年的)自民党第一次修宪草案表述为"自卫军",2012年4月27日的现行草案改为"国防军"。自卫军在英语上表述为Self Defense Force,进行国际维和的人好像被排除在外了,感觉是只保护自己的军队,因此,还是与各国的National Defense Force一样,改为

"国防军"为好。因此,安倍认为,民主党的批评声音,如"日本容易受到导弹的攻击""日本会成为战争之国"等,逻辑上有跳跃,不是真正的议论,属于"煽动的政客"。

3. 对"集体自卫权"也考虑解释修改

对有人提出的亚洲各国对日本修宪的担心声音,安倍的回答是:并不全是。虽然不知道朝鲜的想法,如印度尼西亚总统苏西诺认为日本修宪"是非常符合常理的思维方式"①。

对于记者提出的因为要先修改宪法96条才能修改第9条,这期间需要时间,而针对朝鲜半岛的形势,是否会修改禁止行使集体自卫权的宪法解释,安倍认为:"《联合国宪章》确认了各成员拥有个别的和集体的自卫权。但是,日本的宪法解释是不能行使集体自卫权,而仅靠一个国家不能保护国民的生命,不仅是个别自卫权,只有行使集体自卫权,自卫权才是彻底的。当前,朝鲜拥有发射导弹的能力,如果朝鲜的导弹射向为保卫日本而配备的美国巡洋舰,日本的舰船虽有防备能力但没有防备,美国的军舰会遭到破坏,此后,朝鲜的导弹会射向日本,破坏日本的防御功能,这应该是最能导致的愚蠢结果。"这样说的政治人物是不负责任的表现,因此,会通过国民的讨论,好好思考宪法解释。关于集体自卫权的重新解释时间虽然没有最后确定,但在防卫计划大纲的基础上,日美如何协调是非常重要的问题。

总之,从安倍的观点可以看出,作为其主要任务的修宪,主要想达到两项目标,短期目标是加强日美同盟,应对中国和朝鲜的"威胁";中长期目标是将自卫队升格为真正的"国防军",使日本成为名副其实的"独立国家"。

---

① 2013年1月,安倍晋三在访问印度尼西亚时,同时任印尼总统苏西诺举行会谈,在谈及日本准备从修改宪法96条着手,将"自卫队的名称改为国防军"时,苏西诺认为"这有利于亚洲的安全和稳定",被认为是表达了对日本修宪的支持。

第三节 从国际法与军事法角度的思考

由于日本安倍政权在 2014 年 7 月 1 日的内阁决议中强行通过了承认日本行使集体自卫权的决定，并在 2015 年 9 月 19 日通过了"新安保法案"，使日本行使集体自卫权具备了法理基础，集体自卫权以及与其相关的集体安全问题再次引起了世人的关注。

如前所述，关于自卫权的概念在《联合国宪章》和国际法中均占有非常重要的地位，因此，日本集体自卫权的概念也应在《联合国宪章》规定的明确范围内加以解释和运用。但是，对于日本在特定语境下关于集体自卫权的讨论，目前看来，其所涉及的问题似乎已经超越了传统的自卫概念。用"集体自卫"这个术语来解决广泛的军事问题或者说用集体安全体制来解决突发事件明显有悖于《联合国宪章》的相关规定。以下主要从国际法与军事法角度进行分析。

一 概念辨析

"集体自卫"作为一个概念，其历史比较悠久。一个国家（a）援引集体自卫权，以证明他们对另一个国家（b）入侵第三国（c）采取军事行动的正当性，是很普遍的一件事情。可以说，当与本国关系密切的国家遭受其他国武力攻击时，无论自身是否受到攻击，都有使用武力进行攻击和干预的权利。在多种情况下，当受害国和救援国之间缔结一个军事联盟条约时，行使集体自卫权就已经成为可能。另，作为国家的一项基本权利，自卫权与自保权也相互关联，一般而言，自保权包括自卫权。"自保权是指国家为了保卫自己的生存和安全，维护自己的主权和独立，有权采取国际法所允许的一切措施进行自我保全的权利。"[①] 传统国际法意义上的自保权，涵盖了

---

① 参见王铁崖主编《国际法》，法律出版社 1995 年版，第 121 页。

国家的战争权，即国家可以借助战争的方式维护或取得自己的利益，以达到自保，只要该国家认为其权利和利益有必要。但现代国际法明确废弃战争，所以国家的自保权主要包含防御权和自卫权两项内容。根据国际习惯法，任何国家都没有义务在另一国家采取有损于它的受合法保护的利益时保持消极，如果发生这种情形，受影响的国家有权采取反对措施，如果一个国家受到攻击，它有权在必要情况下使用武力以防卫自己不受攻击，击退进攻者并且将进攻者赶出国境。

事实上，自2013年日本不断扩大其参与区域和全球事务并以行使集体自卫权为借口开始，集体自卫权这一概念已经成为国际法中引用最频繁的词语之一。鉴于自卫权概念本身在国际法中的重要性及其在《联合国宪章》中的重要地位，需要对集体自卫适用的国际法法理与原则进行分析。事实上，一个普遍的倾向是把集体安全和集体自卫相混淆。的确，这两个概念在外观上有很多相似之处。但仔细研究《联合国宪章》建立的基础和所依据的法理学依据就会发现，这两个概念实际上存在很大的区别，两者旨在解决国际社会中的两种不同情况。当然，他们有时会重叠，这两个概念之间的累积效应确实存在。特别是两者都旨在恢复和维护国际和平与安全，但是，在法律原则上，它们是两个不同的概念，不适合交叉利用。很显然，最近日本关于集体自卫的争论正在混淆这两个概念。因此，分析集体自卫权与集体安全的区别，认清混淆二者的危险是非常必要的，在这一基础上，进一步分析最近日本关于集体自卫权的讨论，方能有的放矢。

二 从《联合国宪章》的规定看集体自卫权与集体安全

现实社会存在各种形式的军事威胁或突发事件，一旦军事威胁或突发事件发生，就有可能触发集体自卫权。那么对这些威胁或突发事件应采取何种应对措施始终存在争论。有观点认为，集体自卫权可以（或应该）自由运用，因为它可以帮助维护国际和平与安全。

但这种说法不符合《联合国宪章》的规定。因为，依据《联合国宪章》的规定，安理会是维护国际和平与安全的主要机构，尽管安理会有时不能维护国际和平与安全，但这并不意味着维护国际和平与安全的义务可以由一些愿意以联合国名义进行集体自卫的国家来承担。

（一）《联合国宪章》第51条中的集体自卫权

与其他法律概念一样，集体自卫权的讨论涉及其所适用的法理学原则。集体自卫权不是一个为了满足国际社会需求而进行军事行动的概念，相反，它是一个为了适当运用而需要明确先决条件来满足的概念。依据《联合国宪章》第51条的规定，所有国家都拥有单独或集体的"自卫权"，这两种自卫权被认为是一种"固有的权利"。在安倍私人咨询机关"构筑安全保障法律基础恳谈会""2014年报告书"中，将这一"固有的权利"理解为自然权，并作为国家当然拥有的权利加以强调。的确，对"固有的权利"，英语的表述是inherent rights（可以译为"固有的权利"），法语的表述是droit naturel（可以译为"自然的权利"），但"自卫权"可以称作"固有的权利"，却不能称作"自然权"。尽管如此，从概念之中也很难引出特别的含义。①

作为自卫权的两种类型之一，集体自卫权也受自卫理念的外在因素限制。首先是《联合国宪章》第51条规定的所有条件，即：第一，武力攻击发生的实质要件；第二，安全保障理事会在采取必要措施之前的时间要件；第三，向安全保障理事会报告的程序要件。除此之外，还需要满足国际习惯法上的两项要件，即，"必要性"和"均衡性"。② 换言之，一切正当防卫都应当满足上述正当行使集体自卫权的所有要求和条件。

另外，值得注意的是《联合国宪章》第51条的性质作为使用武

---

① ［日］渡辺治：《集団的自衛権への批判》，日本評論社2014年版，第32页。
② ［日］佐瀬昌盛：《集団的自衛権（新版）》，一艺社2012年版，第32页。

力一般禁止的"例外",在《联合国宪章》第2条第4款作出了规定,这个条款也许是在当前联合国相关法规中最重要的条款。与任何其他例外规则相比,也许有人认为第51条的例外条款应该做狭义的解释和运用,如果可能的话,尽量使其不要被滥用。事实上,《联合国宪章》的基本结构反映了慎重运用这一例外的理念。单独或者集体自卫权的行使应该严格地受到安理会的控制和监督。如依据第51条行使权利,则所有规定的有关程序要求必须遵守《联合国宪章》。事实上,在国际法的习惯语境下行使自卫权并不一定要满足第51条所规定的程序要求。即使如此,必要条件的满足在评价自卫权在国际习惯中行使的正当性时仍将发挥重要的作用。即使一个国家集体自卫权的行使是依据某种国际习惯,它仍然可以被发现在某种程度上违反第51条中的程序性要求。

而正当防卫概念的限制范围也反映在国际法院的咨询意见上。国际法院认为正当防卫的概念不可以用来解决一个国家所面对的各种军事威胁问题。相反,只有经过法庭确认的那些满足特定要求的事件才可能引发一个国家对于自卫权的行使。所有的对于自卫的限制性理解同样适用于对集体自卫权的讨论。从这个角度来看,"集体自卫权"在某种程度上不是一个适用所有类型的联合军事活动的概念,它也没有涵盖一个国家希望得到另一个国家援助的所有情况。因此,所有自卫所需要的条件,即无论是依据宪章第51条还是国际习惯中的条件都应该首先被满足。例如,必须以一个国家对另一个国家的武装进攻作为初始事件。

在这一背景下,这个明确界定的概念仍有值得商榷之处,其中一个国家为了实现政策目标拉拢另一个国家,如分担军事或后勤上的负担;或一个国家"委托"或"授权"其武装力量到另一个国家实施某些军事计划。在这里,"进行支援"是集体自卫权的核心要素,这个要素比"委托"或"授权"的范围更狭窄。但即使"委托"或"授权"是合法和必要的,如果"进行支援"的因素消失或者由"分担"因素取而代之,也需要另一种法律依据。

(二)《联合国宪章》下的集体安全

首先,我们需要了解在联合国之下集体安全系统的运作以及集体自卫系统的运行。联合国集体安全计划有两个重要环节需要考虑:一是确定一个存在或威胁国际和平与安全的、需要集体安全对应的情况,二是对必要的措施进行授权,包括使用军事力量来恢复国际和平与安全。《联合国宪章》第39至第43条明确了第一个阶段的决定和第二个阶段的授权属于安理会的专属管辖权。因此,《联合国宪章》中的任何地方都找不到一个文本基础来证明一个独立国家有权或有权决定出现了威胁国际和平与安全的因素,并可以采取必要的应对措施。

一个国家本身对紧急情况的确定并采取必要措施,只允许在《联合国宪章》第51条允许的范围之内得到许可。当然,《联合国宪章》第7章以两种不同的方式规定了集体安全和集体自卫权。两个概念的重叠及其交叉利用在宪章的文本中没有体现出来。两者都不能适用于相互覆盖的情况。

(三) 区分集体自卫与集体安全

在不涉及安理会集体安全活动以及没有得到安理会授权的情况下扩大集体自卫权,不符合"自卫"本身的含义。"自卫"一词是指国家通过自己进行防卫。因此,它意味着为了抵御外敌入侵而采取单边行动。在这个意义上,集体自卫权不是自卫而是另一种防卫。对这一词的理解也以自卫概念的扩大甚至可能会将目前保留给安理会的功能包括在内为前提。

有时,受害国与施救国之间在许多方面可能存在密切的联系。例如,地理位置上的接近或对受害国进行武装攻击以及对第三国进行的直接军事威胁等可以导致彼此之间的密切联系。然而,这种处境单独出现不足以行使集体自卫权。相反,用抽象的形式处理一般的军事威胁属于《联合国宪章》第七章所规定的集体安全机制的范围。我们可以理解集体自卫权需要两国之间拥有密切的关系,这种密切的关系可以是地理上的接近或者可以以别的方式来定义。无论他们彼此之间是什么关系，它应该不仅仅要拥有帮助另一个国家免遭军事冲突的友好的愿望而且要为成为一个全球正义的执行者而行动。

因此，在解决军事联盟和国家之间的联合军事行动问题时，区分集体自卫权和集体安全是非常重要的，因为这是两个相互独立的概念。其主要区别是，集体自卫权在没有安理会授权的情况下也可以行使，但是集体安全必须要得到安理会的授权。因此，混合这两个概念将使得《联合国宪章》的基本架构无效，并且可能导致国际冲突。另一个关键点是自卫的性质。自卫是一个国家保卫自己直到安理会介入，并决定采取具体的恢复国际和平与安全行动的临时措施。一旦安理会对此事做出决定并采取必要的措施以维持国际和平及安全，该国便不再有权采取单独或集体的自卫。因此，自卫是当侵略发生时以分散决策系统为基础的方式，而集体安全措施是在侵略发生后通过安理会进行集中决策。在某种程度上集体自卫权和集体安全有一定的共性，它们都是用来解决一国对另一个国的军事侵略问题。但由于两者都要满足各自的特定条件，所以他们并不完全相同，比如对决策者的身份要求和应遵循的程序都不同。

（四）两个概念的混淆危险

对一个国家基于国际法授权进行自我防卫而使自己免受武装攻击的权利，没有人会进行质疑。但是，尽管如此，自卫权并不是当然应该行使的权利。"权利"和"行使"必须予以区别。一个国家对本国领土拥有主权，但可能将其部分让渡给其他国家，或者别的国家作为基地使用该部分领土。日本通过《日美安保条约》就让渡了部分主权。因此，是否行使该项权利，需要根据该国的法律或政策来确定。另外，"虽然以国际法为前提承认该项权利，但也很难说它是国家固有的权利，根据与其他国家的合意做出限制，并不与作为国家的国际法主体性相矛盾"[1]。因此，宣告自己不行使自卫权，

---

[1] ［日］田佃茂二郎：《国际法》，有斐阁1973年版，第304页。

课以国际法上不存在的更严格条件，限制行使自卫权，不会产生任何问题。

实际上，在修订后的日本防卫指导方针中设想的大多数情况，更符合集体安全的概念。

没人否认，依据新的《日美防卫指针》，日本希望与美国参加包括朝鲜半岛在内的世界各地的各种军事活动。日本希望参与的行动涉及集体安全和集体自卫两类，其中一些可能属于前者，一些则属于后者。如前所述，两者的概念彼此不同。尽管如此，《2014年的报告书》显然没有区分这两个概念和他们周围环境之间的不同。报告中所提到的行为可在联合国主持并经安理会授权的情况下实施。因此，对于这些集体自卫权能否被适当运用值得怀疑。

考虑到集体自卫权与集体安全的根本区别，日本目前集体自卫权的主要问题似乎在于混淆了这两个截然不同的概念。当然，主权国家可以自由地讨论如何将《联合国宪章》第7章诉诸实施的方案，以及如何在他们之间采取预防措施。鉴于安理会及时履行其义务的固有限制，在一个特定的区域或者国家之间进行调节有时是必要的，正如《联合国宪章》第53条预期的那样，国家也能够找到行使集体自卫权的条件。然而，他们不能事先就如何采取行动达成一致，因为它本质上是属于安理会管辖的范围。这样做本身就违反了《联合国宪章》。其中典型的事例是关于在特定地区对"维护和平与安全"的具体条款和条件达成一致意见。也许，这样的协议可以通过安理会的授权来实现。然而，是否可以通过运用集体自卫的概念来证明这一点值得怀疑。广泛军事活动的讨论与安排是超越集体自卫权的明确界限的。此外，在《联合国宪章》第51条以外行使集体自卫权，将违反该宪章第2条第4款所载的宪章的基本规则。

三　从相关国际条规的规定来看

《开罗宣言》《波茨坦公告》《日本无条件投降书》等国际多边条约都与日本的自卫权相关，这些法律文件之间形成了环环相扣的重要国际法律链条。虽然对于《开罗宣言》《波茨坦公告》属于条约，有学者持反对意见，但如果分析和比较《开罗宣言》《波茨坦公告》与《日本无条件投降书》之间的联系，很容易看出它们本身就具有国际法效力，且可以形成相互联系的链条。尽管一个称作"宣言"，一个称为"公告"。按照《维也纳条约法公约》第2条规定：其法律性质不因未使用标准的"条约"称谓而受到影响，其性质由是否具备条约的两个构成要件所决定。

《开罗宣言》《波茨坦公告》一方面展示了盟国抗敌的坚决态度，另一方面在盟国之间形成一些权利义务关系，尽管没有明确说明其中的权利义务关系，但可以看出，其中表达的内涵是源于"宗旨"提出的。当然，在一项条约中，部分内容主要是对宗旨或原则的表述，属于概括，部分内容因为是对权限、违约以及救济的表述，所以比较详细。因此，只能说《开罗宣言》作为一个条约不是非常完整，但只要把《波茨坦公告》和《开罗宣言》联系起来看，就非常明确了。从《波茨坦公告》第8条明确《开罗宣言》必将付诸实施条款的并入性来说，《开罗宣言》中的宗旨和原则被纳入《波茨坦公告》中，并作为其宗旨和原则。就《波茨坦公告》在具体盟国和日本权利义务上达成的规定与《开罗宣言》合并来看，《波茨坦公告》不但具备引言、宗旨、原则，而且是有具体权利义务约定的完整条约。就此而言，《开罗宣言》和《波茨坦公告》是具有关联性的两项条约，需要合并理解，其对于包括中国在内的盟国及其他认可该文件的国家都具有法律效力，而日本也对《波茨坦公告》予以认可，因此，作为非缔约国的日本应该适用这两项法律文件，对于以上法律文件所施加的国际义务，日本必须履行。

《开罗宣言》对盟国的抗战宗旨进行了具体论述，其中明确指出对于日本的侵略行径，盟国必须通过严惩予以制止，并施以重压。《波茨坦公告》对其作出充分肯定，因此，日本的明确义务即在于"实施《开罗宣言》"，而贯彻《开罗宣言》"惩罚日本之侵略"原则的具体措施就在于"日本军队完全解除武装"。可见，盟国协商一致决定消除日本的战争能力，而《波茨坦公告》中规定的限制主权规定，日本作为无条件投降的侵略国、战败国必须接受。同时联系《联合国宪章》的有关规定可知，这并不影响日本保有"单独自卫"为武装力量，但必须限制日本对外出兵可能性的"集体自卫权"。因此，作为一个独立国家，日本在遇到武力侵犯之时，可以具备被动保护自己的能力，该最基本的"单独自卫权"并没有被剥夺，日本作为普通国家被剥夺的是"集体自卫权"，但日本通过修改宪法解释单方面解禁集体自卫权，就明显违反了《开罗宣言》《波茨坦公告》的规定，这也是大多数缔约国不能接受的行为。

与此相关的是《旧金山和约》，1951年，为孤立和打击中国等社会主义国家，扶植日本并在亚洲快速建立冷战秩序，美国邀请五十多个国家在旧金山举行了对日和会，并一手打造了《旧金山和约》。会后，美国等49国在和约上签字，苏联、波兰和捷克斯洛伐克3国拒绝签字。当然还有拒绝参加会议的印度、缅甸两国；而没有受邀参加会议的中国、朝鲜、蒙古、越南都对和约的合法性提出了怀疑。《旧金山和约》第5条第5款明确指出："联盟国承认，身为主权国家之日本，依据《联合国宪章》第51条之规定，拥有个别或集体自卫权等固有权利，同时日本得自主缔结集体安全协议。"由此可见，该条款的制定完全是为美日之间订立双边安保条约打基础的，且赋予了日本"集体自卫"的权利，即"集体自卫权"。合约除了"缔结集体安全协议"的规定，其余内容基本是对《联合国宪章》相关条款的照搬。因此，要限制日本行使"集体自卫权"，仅仅依据《联合国宪章》是不够的，需要将其与《开罗宣言》《波茨坦公告》联系在一起。其中对侵略国实施的限制集体自卫权的战争责任为二战当事国（包括盟国和战败国）所认可，若要取消该项责任，必须经过全体当事国一致同意。但在《旧金山和约》的签订中，曾在反侵略战争中做出重要贡献的国家，如中国、苏联、朝鲜、越南等，都不是合约缔约方，这就出现了"后订条约的当事国不包括先订条约全体当事国"的情形，根据《维也纳条约法公约》第30条第 4 款的明确规定，对中国、苏联（俄罗斯）等非缔约国而言，参照"条约对第三国无损益"的法律原则以及《维也纳条约法公约》第 34 条的规定，《旧金山和约》不具有法律约束力，按照第 5 条第 5 款，也只能说明部分盟国对日本恢复集体自卫权表示肯定，而《开罗宣言》和《波茨坦公告》中明确规定的日本应当接受的战争责任不能全盘否定。

《旧金山和约》签订后，美日双方就安保问题订立了一系列条约，自此以后，在美国主导的"集体安全体系"中正式纳入日本。1951 年签订的《日美安全保障条约》和《日美行政协定》、1960 年签订的《新日美安全保障条约》和《关于设施和区域及美国驻日军队地位协定》、1978 年签订的《日美防务合作指导方针》、1997 年签订的《日美防卫合作指针》、1996 年签订的《日美安全保障联合宣言》等，都属于日美两国签订的主要双边条约。虽然该种架构明显属于"集体自卫"，但在美国主导的双边安保体系中，日本仍然是美国的附属国家，依旧不能行使集体自卫权和对外出兵。1960 年签订的《新日美安全条约》，虽然其中第 5 条被称作"共同防卫"，且对"如果任何一方受到武力攻击，另一方应依照本国宪法的规定和程序，采取行动对付共同危险"进一步明确，但对日本来说，明确将"共同防卫"限制在"日本国施政领域之下"，其对外用兵就不太可能。虽然在之后 1997 年签订的《日美防卫合作指针》中，扩大了日本自卫队的自由行动范围，但在军事上缺乏实质意义，在根本上也不同于此后安倍政府鼓吹的新"武力行使三条件"。实际上，美日双方的双边安保条约迄今为止对日本真正行使"集体自卫权"仍然存在一定的阻力；即便美国对日本行使"集体自卫权"认可，对安保条约进行修改，也只能在双边范围内行使，且不会消除日本承担多边层面上的限制交战权战争责任。

四 从国际习惯与强行法来看

长期以来，在国际上被普遍认可并对各国具有约束力且被各国遵循的规则还有国际习惯。作为"国际法之父"的格老秀斯，在其《战争与和平法》中就正义战争明确指出，自卫、保护财产、对损害及其威胁施以惩罚都属于战争正义的原因，只有在真实、确定、被迫的情况下才允许适当的自卫；不允许出现由于自身行为产生的他国对本国的正义战争，由借自卫的名义对本国战争合法化。可见，正义的根本在于制止和惩罚非正义的侵略战争，同时合理的承担战争责任。这一原则一直被国际社会所认可和履行。

一般而言，国际管理包括两大要素，即"惯常行为"和"法律确信"，在《开罗宣言》和《波茨坦公告》当中也融入了自然法的国际原则，不管是现在很多当事国拒绝日本享有对外出动军队的权利，还是《波茨坦公告》中对日本彻底解除武装的规定要求，基本上都符合侵略者承担战争责任的国际习惯，而且具有强烈正义的要求。

另外，作为国际社会规则具体化理性的认识，强行法的作用在于充分指导、解释、评价和转化国际法，在条件允许的情况下，在国际关系和国际法中可以直接使用。强行法实际上认可和高于一般实在法的规则，它最初起源于国内法，现在，强行法规则基本上在全部国家的国内法中都可以找到，世界各国已经广泛将强行法规则纳入国内法当中，而1969年《维也纳条约法公约》第53条也有相关规定。一般而言，与强行法相背离的国际条约、国际习惯和国内法都没有法律效力。虽然目前没有权威规定确定强行法的具体内容，但在强行法规则中明确规定了禁止侵略和为发动非正义战争所应当承担的责任。因此，就日本而言，其图谋擅自修改宪法，在不经过当事国同意的情况下，放弃自身应当承担的责任做法，即使日本政府通过日本国内规范方式作出宪法解释，也不符合强行法的要求。实际上，上述国际条约和国际习惯也是对强行法的继承。

总之，不管国际条约、国际习惯还是强行法，均对日本作为侵略战争发动国做出了要求其应当承担限制交战权的国际责任，单靠日本自己或经美国等少数国家同意解除该种责任的做法是非法的，也是无效的。

第四节　对日本承认集体自卫权行使问题的思考

一　日本的"集体安全"问题

（一）背景：2015年的《日美新防卫指针》

针对日本的集体自卫权问题需要从两个角度考察。一是强化以共同防御条款和新的国防方针下的美日军事同盟，二是对日本现行宪法的解读（或试图通过日本司法机构对日本宪法进行重新解释）。这两个方面密切相关，而对《日本国宪法》的解释是充分落实2015年《日美新防卫指针》制定后美日军事同盟的先决条件。

2015年4月，美国和日本为进一步加强军事同盟发布了《新防卫指针》，这是继1997年第一次进行修订之后进行的第二次大的修订。《新防卫指针》由美国和日本的联合安全咨询委员会提出。

《新防卫指针》以一种"符合"日本法律和法规的方式使美日同盟能够对国际安全采取进一步的行动，如维和行动，海上安全和后勤保障。[①]

对此，时任日本防卫大臣中谷元认为：《新防卫指针》为美日合作提供了基础。新的变化将允许日本自卫队与美国军队在世界范围内展开合作，也将进一步开启两国在两个新领域（空间和网络）的合作。该方针还呼吁建立一个联盟协调机制，以改善美国和日本军队之间的规划和协调。而时任日本外务大臣认为：新防卫指针的主要成果是加强了对东亚和其他地区复杂安全环境的威慑和回应。并得到了两位领导人（时任美国总统奥巴马和日本首相安倍晋三）的认可。

上述声明主要在于试图对日本现行宪法第9条进行重新解释（放弃战争）。通过新防卫指针使日本在美日军事同盟的基础上实现自己的军事大国目标。这样，日本自卫队就可能参与美国主导的以

[①] ［日］西原正：《简明和平安全法制》，朝云新闻社2015年版，第77页。

联合国名义在世界各地进行的军事行动，或美国的独立军事行动。

(二)《日本国宪法》之下的武力使用

与其他国家不同，日本集体自卫权的行使与现行宪法是相背离的。如前所述，1946 通过的《日本国宪法》第 9 条明确限制日本使用武力。基于对 9 条的理解，日本自卫队的行动受到了明确的限制，日本已无法在国际社会以及东北亚或者其他地区承担其所希望的相应角色。依据对日本宪法的理解，日本只能在规定的范围内拥有个别自卫权，而不能拥有集体自卫权。

但是，日本最高法院在 1959 年的"砂川事件"判决中，针对美国驻军是否违反《日本国宪法》第 9 条的问题，认为："美军驻扎在日本的军事力量不属于第 9 条所禁止的武装力量，因为他们不在日本政府的控制下。"言外之意，只有在日本政府控制下的军队才受到条文的限制。因此，作为一个推论，该判决有效地承认了对日本自卫队的限制，因为它是处于日本政府的直接控制之下。但是，在最高法院的判决中，作为对宪法第 9 条的解释，由于只谈到了个别自卫权，没有论及集体自卫权问题，这就为安倍的自由解释提供了空间。在 2014 年的参议院答辩中，安倍认为："砂川事件"判决"作为最高法院的判例，从个别自卫权引申出我国拥有自卫权，虽然没有论及集体自卫权，但关于其中的集体自卫权，根据现在世界形势发生的改变，应该认为是可以讨论的。"① 正是在这一认识基础上，安倍政府正式通过解禁集体自卫权的内阁决议。

2014 年 7 月 1 日，执政的自民、公明两党在上午举行的安全保障法制恳谈会上就修改宪法解释以解禁集体自卫权问题达成一致。在具备以下三种条件之时，日本可以行使集体自卫权，即：（1）当日本遭受武力攻击或与日本关系紧密的国家遭受武力攻击，威胁到日本的国家存亡或国民的生命、自由及追求幸福权利可能遭受危险之时；（2）为排除上述危险、守护国民的权利没有其他适当手段；

---

① ［日］日渡辺治：《集団的自衛権への批判》，日本評論社 2014 年版，第 72 页。

（3）行使必要且最小限度的武力。① 下午，安倍先后主持召开国家安全保障会议和临时内阁会议，通过了上述内阁决议案，正式决定日本可以行使集体自卫权。

之后，日本众议院在2015年7月16日，参议院在2015年9月18日陆续通过了相关安全法案的修改。

总之，解禁集体自卫权的内阁决议影响到日本国内众多法律的修改，同时也影响到了对宪法的解释。这些改变不仅局限于国际法下对集体自卫权的具体实施，而且扩展到日本今后广泛的军事活动中，为日本迈向"军事大国"奠定了基础。

二 日本集体自卫权的行使问题

（一）权利本身的问题点

本来，集体自卫权与集体安全保障体制存有完全不相容的性质，就联合国的集体安全保障制度来说，是一种试图克服通过同盟条约体制维持势力均衡以达到保障国家安全目的的体制、同时构建一种所有成员国共同对抗侵略国家的制度。而集体自卫权则提供了同盟体制的根据。无论作为设立北约（NATO）基础的《北大西洋条约》还是《日美安全保障条约》，都是以《联合国宪章》第51条的集体自卫权为依据，为共同对抗外来入侵而缔结的，这不过是一种通过相互防卫条约构筑的同盟体制。因此，集体自卫权有可能返回原初的势力均衡政策。

虽然有观点认为：自卫权具有临时性，它仅在集体安全保障体制发动之前发挥功能。但这种临时性实际是虚构的。的确，自卫权限制在联合国安理会采取必要措施之前，但是，安理会5个常任理事国并不能保证意见一致，如果一个国家行使了否决权，则采取必要措施就成为不可能，此时，自卫行动将会持续下去。实际上，因否决权导致安理会功能障碍正是集体自卫权产生的原因之一。因此，

---

① ［日］渡辺治：《集団的自衛権への批判》，日本評論社2014年版，第122页。

只要这一前提存在，自卫权行使就会永远持续下去。①

（二）权利行使问题

除作为自卫权权利本身的问题之外，自卫权的权利行使也存在一些问题。即，作为自卫权行使条件的武力攻击的产生由谁根据何种标准作出判断。一般认为，第一阶段的判断权者是自卫权的行使国家，第二阶段的判断权者是联合国安理会，最终的判断权者是国际司法法院。但是，如上所述，作为第二阶段判断权者的联合国安理会经常因为否决权出现功能障碍，而作为最终判断权者的国际司法法院并不是对所有国家间纠纷都拥有裁判权。因此，自卫权就成为个别国家行使武力时的唯一正当化依据。在产生武力纠纷时，纠纷当事国双方都以自卫权为依据拥护自己的军事行动。此时，如何区分真假就很关键。

在行使集体自卫权时，首先关注的是受害国家的宣言和援助请求，但是，如何相信受害国的判断？9·11恐怖袭击之后，美国发动了阿富汗战争，北约各国根据集体自卫权进行了支援，但是，针对该集体自卫权的行使，其合法性始终存在强烈的质疑。②

虽然安倍内阁在2014年7月1日通过内阁决议方式正式解禁了集体自卫权，但有观点认为日本在此之前已经能够行使集体自卫权，因为，《日美安保条约》承认了美国在日本的军事驻扎权，换句话说，这是以集体自卫权为依据构建了事前共同防卫体制。③ 此时，受到美国攻击的国家，在发现受到从日本出发的飞机攻击时，允许攻击日本的基地。所以，因为日本提供了基地实际已经与美国的军事行动一体化了。在上述安倍政府"2014年报告书"中也明确指出："实际上，在有事之时，根据《日美安保条约》第6条，在美军开

---

① ［日］祖川武夫:《国際法と戦争違法化》，信山社2004年版，第67页。
② ［日］山形英郎:《同時多発テロ攻撃への反撃》，载《法律时报》第74卷第1号（2002年）。
③ ［日］祖川武夫:《新安保条約の論戦》，载《法律时报》第32卷第4号（1960年）。

始使用我国的基地进行作战行动时，我国的基地使用许可就是与美军武力行使的一体化。"

此外，《日美安保条约》第 5 条共同防卫义务的结果，如美国军舰在日本领海内受到攻击时，日本同样负有防卫义务。此时，日本政府的说明是，美国的行动属于个别自卫权，日本的行动同样是个别自卫权，因为，美国的依据是本国军舰受到了攻击，日本的依据是本国的领海受到了攻击。但是，此时，日本并未遭受实际的损失，从自卫权的均衡性要件出发，日本很难行使个别自卫权。换句话说，作为对美国的支援，日本行使的是集体自卫权。[1] 并且，日本行使集体自卫权，采取共同防卫的措施被赋予了义务。这样，根据《日美安保条约》，本来属于《日本国宪法》规定不能行使的集体自卫权这一权利转化成为必须行使的义务。

正是针对《日美安保条约》只能通过集体自卫权才可以解释这一问题，日本一些国际法学者对日本政府提出了批评，认为《日美安保条约》的缔结与日本政府"虽然存在集体自卫权但不行使"的说明产生了矛盾。现在的日本政府也许正是为了回应国际法学家的批判，极力谋求承认行使集体自卫权。其目的似乎是为了消解这一矛盾。但是，这一矛盾的产生是因为缔结《日美安保条约》和自卫队的建立，因此，要真正解决矛盾，正确的道路是回到《日本国宪法》第 9 条所规定的宗旨上来。[2]

（三）日本解禁集体自卫权的实质

日本解禁集体自卫权实质上是公然拒绝承担国际法上应承担的国家责任。国家责任（National Responsibility），即一个国家不仅要为其国民的生存、发展、安全、健康、幸福生活和可持续发展承担和履行责任，同时，国家作为国际社会中的一员，应为全人类的安全、

---

[1] ［日］田佃茂二郎：《安保体制と自衛権》（増補版），有信堂 1960 年版，第 42 页。
[2] ［日］松田竹男：《集団的自衛権の現実》，载［日］《法律時報増刊》2010 年，第 78 页。

健康、幸福和可持续发展承担和履行责任。

广义的国家责任分为国际责任和国内责任两大类，狭义的国家责任就是国际责任。国家责任是国际法术语，在国际法上，违反国际法的行为就是国际不法行为，行为国要对其行为承担法律责任，此即国家责任或国家的国际责任。

其性质包括：①通过追究国家责任以限制国家的不法行为。引起国家责任的基本条件之一是一国违反了自己所承担的国际义务，而承担国家责任的一个重要形式就是行为国必须停止其不法行为，并对自己的不法行为承担法律责任。②维持正常的国际关系秩序。国家责任本身不涉及国际法上的实体权利和义务．其作用是保证国际法的实体权利和义务得到实现和履行，因此国家责任规则又称为"第二级规则"。③追究行为国的国家责任，使受害国的损害得到合理赔偿。国家责任的最终目的之一是对权利受到侵害的国家给予补偿赔偿。

二战结束后，按照国际协定的要求，为惩罚挑起侵略战争的德国和日本、意大利等，防止其军国主义复辟，同盟国建立了专门机构并在一定时间内对德国和日本行使最高权力，军事管理即是管理的内容之一，包括对其主权的限制，这种主权的限制既具有全面性又包括局部限制。如，1949年对意大利和约规定该国必须在自卫的范围内拥有一定的武装力量。作为战败国的日本，对其战争罪行的惩罚措施同样包括限制主权和承担国家责任。当然，同样是战败国，日本和德国又有所区别，日本对侵略的受害国家并没有进行战争赔偿，掠夺的财物也没有及时归还，仅在有限范围内追究了部分战犯的国际刑事责任，并通过宪法等对其主权进行了限制。现在，日本企图利用修改作为国内法的"宪法"，特别是宪法第9条，试图摆脱战争责任对其应有的责任。这不但不符合国际法的要求，而且也违背了应当承担相应责任的义务，很难得到东亚等受害国的答应。因此，首先，日本必须遵守限制主权的责任形式，必须按照国际法的相关要求，不准以任何理由为基础对外出兵；第二，日本政府修改宪法和解禁"集体自卫权"的行为是违反国际法的，应该受到谴责，且其一旦借"集体自卫"的名义对外发动战争，甚至做出反人类的国际犯罪行径，则日本将不得不接受国际社会要求其承担的国际责任。

第七章　如何理解日本宪法的"和平主义"

第一节　日本政府对"和平主义"原则的认识变化

一　日本宪法"和平主义"原则的新视角

和平主义是《日本国宪法》的一项进步原则，当然，宪法中规定和平主义并非始于日本，法国1791年宪法就规定了放弃战争的条款，二战后的意大利、联邦德国、巴西等都在宪法中规定了放弃战争的条款，但他们放弃的仅是侵略战争，而《日本国宪法》规定了放弃包括自卫战争在内的一切战争，就此来说，日本宪法规定的是任何国家宪法中都没有包括的划时代的和平主义。

如前所述，对第9条认识日本政府在《日本国宪法》制定之初的说明中也认为放弃的不仅是侵略战争，也包含自卫战争。在1946年6月26日众议院帝国宪法修改委员会上，吉田茂首相曾说："关于放弃战争的本草案规定，并没有直接否定自卫权，但是，第9条2款不承认一切军备和国家的交战权，其结果实际等于放弃了作为自卫权发动的战争以及交战权。"但是，日本政府在1950年代变更了解释，即，可以保持自卫的军队，以此为基础，1954年建立了自卫队。

但是，绝大多数的日本宪法研究者迄今仍然解释为：第9条规定了放弃一切战争，禁止保持任何军队。即使一般人也几乎没有人会认为第9条应该解读为放弃的仅是侵略战争。

值得注意的是,《日本国宪法》对和平采取了不同于以往的新视角。长期以来,和平是通过国与国之间军事力量平衡来实现的,与此相对,《日本国宪法》提出了"通过信任爱好和平的各国人民的公正与信义"保持和平的思考方式。这意味着,《日本国宪法》首次不是从政府一方的观点,而是从国民一方的观点来看待战争与和平问题。

这一思考方式产生于现实的战争体验。日本人从侵略战争带来的灾难之中,特别是原子弹灾难中,认识到将人类从毁灭中拯救出来的唯一道路是废除军备和禁止核武器。币原喜重郎向麦克阿瑟提出的放弃战争的提案只不过是代表了大多数日本人的共同认识。币原在回忆录中提及电车中的乘客批评在没有国民合意的情况下军队随意发动战争的情景时写道:"我在受命组阁担任总理一职时,脑海中迅速浮现出当时电车中的一幕,因此,下定决心,必须努力实现当时国民的意思,为此,决定在宪法中改变政治的运行方式,使未来永远不要再出现那样的战争。"①

但是,当日本人想到"不要忘记广岛和长崎"之时,如果其目的在于宣扬和夸大自己是战争的受害者,那将毫无意义。因为,日本在作为核武器的受害者同时,还是战争的加害者,正是日本以所谓的"自卫战争"之名对中国和朝鲜以及其他亚洲国家进行了大规模的侵略和殖民。因此,日本承认以南京大屠杀、强征慰安妇、731军队为代表的日本对亚洲各国的侵略事实是构建东亚和平的前提。

自海湾战争后,日本国内有观点认为:《日本国宪法》阻碍了日本对国际社会的军事贡献,因此是一部"利己的宪法"。但这种观点实际上是以国际和平必须通过军力的行使才能实现这一立场为出发点的,实际上,《日本国宪法》对战争与和平采取了完全不同的思路,这在"前言"中就有很明确的体现。因此,"利己的"不是

---

① [日]币原喜重郎:《外交五十年》,法律文化社1971年版,第213页。

《日本国宪法》的和平主义，而是不忠实于和平主义的日本对外政治方式。①

二 20世纪90年代后美国的压力

海湾战争爆发后，在美国的压力下，日本于1992年6月制定了《维护联合国和平活动协作法》（简称"PKO法"），但是，针对美国认为在国际危急时刻日本不能派出军队与作为经济大国的责任不符的批评，对日本政府来说，无论从何种含义上都不能称之为"压力"，因为，美国的该种批评，正是长期以来日本政府面对国民不断强烈抵抗而继续强化自卫队正当性政策的坚强后盾和推动力。

本来，无论是西方的宪法原则还是日本的和平主义，日本政府并不是在积极承认这些价值的基础上接受"麦克阿瑟草案"的，他们是为了维护天皇制和自己的政治生命被迫将这些原则作为新宪法原则来接受的。并且，被当时的占领军"盟总"称作"相当多的人认为反动的保守派"政治人物集团②，在战后长期掌握日本的国家政权，期间，他们并不隐瞒对宪法的轻视，正是以"宪法是美国制定的""占领军司令部强加给日本的宪法"这些理由，才公开主张修改宪法特别是要消除第9条。但是，由于得不到修宪提议要求的国会两院议员三分之二以上的支持，长期以来修宪的梦想不能实现。为此，日本政府使用了曲线的解释修宪方式。因此，正是日本政府自己架空了宪法第9条，却总是利用"美国的压力"做借口。

自20世纪90年代以后迄今，日本政府透过解释修宪和一系列法案的制定，不仅实现了向海外派兵，还于2014年7月1日正式以阁议的形式解禁了集体自卫权。在当今以安倍为首的自民党长期执政以及在国会占绝对优势的情况下，日本离军事大国化只有一步之

---

① ［日］常冈圣子：《日本国宪法》，柏書房株式会社1993年版，第145页。
② ［日］高柳贤三、大友一郎、田中英夫：《日本国憲法の制定過程Ⅰ》，有斐閣2000年版，第29页。

遥，这不能不令曾受到日本侵略的中国等亚洲国家感到担心，而如果我们仔细审视一下日本民主主义的性质，对于日本的军事大国化更有理由感到忧虑。第一，大多数日本人经常认为日本政府的行为是正确的，对上级的"敬重和信任"是日本人长期以来培育的政治传统之一。第二，一旦某项政策以多数人之名被实施，此前的反对者一方往往会保持沉默。战后的日本虽然已成为"民主的国家"，但日本国民的该种政治态度与战前相比基本上没有大的变化。另外，很多人担心，阻止日本走向军国主义倾向的国民之间的战争记忆，随着世代交替正在逐渐消失。①

因此，维护《日本国宪法》的和平主义原则不仅对日本，对世界各国而言都非常重要。只有爱好和平的各国人民联合起来，世界的永久和平才能实现。这也正是我们反对日本修改和平宪法的原因之一。

三　日本国内关于第 9 条的再认识

日本修宪活动的反复出现和消失反映了战后日本政治史的一个侧面，即，自始至终，修宪论的矛头对准的都是宪法第 9 条。关于修宪的范围和理由等问题，虽然修宪论者之间存在不同观点和看法，但其共同点是，从"保障国家安全"这一现实主义需要出发要求修改宪法第 9 条，其目的在于通过修宪使其符合现实情况。在修宪活动的背后始终存在着一种倾向，即，主张按照理念来改变现实的理想主义的退潮以及宪法第 9 条所体现战争记忆在人们头脑中的淡化甚至消失。这一倾向在 20 世纪 90 年代后的修宪活动中变得更加强烈。②

的确，《日本国宪法》第 9 条否定了日本国家拥有和使用军事力

---

① ［日］常冈圣子：《日本国宪法》，柏书房株式会社 1993 年版，第 153 页。
② ［日］千叶真、小林正弥：《日本宪法与公共哲学》，白巴根等译，法律出版社 2009 年版，第 37 页。

量的权利，无论是英语还是日语的语言对这一点都非常明确。有观点认为：因为并没有明言"排除自卫力量"，所以并非意味着排除自卫力量，自始放弃交战权并没有放弃为了自卫拥有军备的权利。这一观点是自相矛盾的，因为侵略战争在国际法中是被禁止的，在现实中，交战权仅为了自卫才允许行使，而《日本国宪法》放弃的正是这种权利。

认为第9条的条文中包含有承认国家军事力量含义的人明显是对条文的曲解，他们的出发点是：在这个充满战争和存在战争威胁的时代，禁止国家保有军事力量，就像禁止银行收取利息或禁止肉食加工厂屠宰牲畜或禁止企业获取利润一样，是非常可笑的。第9条会使"什么是国家"这一近代概念本身崩溃。① 尽管如此，第9条的实际内容就是如此，其含义不能被曲解。

那些主张创设自卫队不是在交战权之下，也没有违反宪法，而是在国家警察权力之下的人，其动机值得怀疑。那么，对于不能剥夺国民的自卫权这一主张，即，这一权利是宪法绝对不能放弃的基本权利这一主张，应该如何理解？不可否认，保卫自己的权利是作为人本身与生俱来的，可以说是我们生存的权利。但是，第9条并没有说要剥夺国民的自卫权，所谓剥夺了国民的自卫权是对作为这一宪法基本原则的国民主权的完全误解。这一宪法的制定并不是要限制国民的权利，而是要限制政府的权力。他不是对国民的命令，而是来自国民的命令。如果这一宪法剥夺了国民的自卫权，就相当于宪法拥有高于国民的权利，而这是不可能的。因此，第9条没有否定国民的自卫权，这一权利是不可侵犯的。第9条否定的是国家拥有和使用军备的权利，而这是可能的。因为，国家不能拥有不可被剥夺的权利，拥有这一权利的只能是人民本身。

如前所述，第9条的语言表述关于这一点是非常明确的，即"日本国民……永远放弃作为国权发动的战争（和武力威胁或武力行

---

① ［日］常冈圣子：《日本国宪法》，柏书房株式会社1993年版，第169页。

使……)"英语表达是"……the Japanese people forever renounce war as a sovereign right of the nation……"。英语使用的 nation 这一词语有些暧昧,依据文脉既可以认为是"国家"也可以认为是"国民"。但既然与 people 这一词语放在对照的位置,很明确应该是"state"(国家)的含义,在这里,并没有写"日本国民永远放弃了作为自己主权的战争"。因此,日语对"sovereign right of the nation"的翻译和第 41 条对"state power"的翻译同样使用了"国权"这一词语是非常正确的翻译。由此,"国权"这一词语在日本历史上通过"国权"(即"国家的权利")与"民权"(即"国民的权利")之间的政治对立得以确立。因使用了这一词语条文的含义更加明确,即,作为民权的自卫权(在某种情况下也意味着对政府的自卫权)在任何时候都没有放弃。[①]

现代社会的国家权力超越了历史上的任何时期,渗透进了日常生活和全体国民的意识之中,在这样的时代,很难想象国家与国民完全分开,尽管如此,对两者进行区别是现代民主主义思考方式的第一前提,也是理解《日本国宪法》的第一前提。如果"日本"意味着国民的话,对国家权力的否定并不意味着对"日本"的否定。如前所述,该宪法本质上是政府对国民实质的权利转让,第 9 条不过是转让诸权利清单之一。

废除作为国权的自卫权而保留作为民权的自卫权实际上包含了三方面含义。第一,国民自己拥有直接防卫的权利。这一权利在国际法之下是被认可的,并且,人民战争作为 20 世纪民族自卫与民族解放的方法,曾发挥过巨大的作用。当然,无论如何宪法不是拥护这一方式,只是不加以禁止。第二,国民拥有在任何时候都可以修改宪法,包括放弃第 9 条甚至拥有使自卫队合法化的权利。第 9 条中的"永久"这一词语不过是一个用语,既然明确记载了修宪的程序,在法律上这一词语就没有任何意义。第三,不是通过扩充军备,

---

① [日] 常冈圣子:《日本国宪法》,柏書房株式会社 1993 年版,第 173 页。

而是通过站立在世界和平运动前列、"希望在努力维护和平、从地球上永远消除专制与隶属、压迫与偏见的国际社会中，占用光荣地位"的国民，相信自己比拥有庞大军备国家的国民更加安全，从而可以在这一基础上探索保卫国家之路。这一点明显是《日本国宪法》的意图。①

当然，第三种含义违反现代的常识。但是，现代的常识并不一定正确。通过战争并不能解决问题。冷战结束后，削减军备虽然有了进展，也应该受到欢迎，但本质上来说性质没有改变。

美国政治学家约翰·沙克认为："尽管有庞大的武库和兵力——或者说毋宁因为此……现代国家对于其他现代国家的攻击并不能保卫本国国民的生命和财产，该国家所能做的只有报复"，"虽然在打破国家是安全保证人这一幻想方面做出了努力，但今天，这仍然，当然也是最重要的政治教育任务"②。

从这一整体的视野来看，《日本国宪法》第 9 条是二战后表达国际政治新现实最早且最高的体现。这一点从对世界多国宪法相关规定的比较中也可以看出。

在《日本国宪法》制定的 1946 年，还有众多国家在宪法中规定了关于和平的条款，但其中大部分仅规定了放弃侵略战争的规定。据统计，在全世界的成文宪法中，超过 80% 的宪法都规定了关于战争与和平的条款。从比较法的视角大体可以分为以下七种类型：（一）仅规定抽象和平条款的宪法，如芬兰、罗马尼亚等国宪法；（二）明确放弃侵略和征服战争条款的宪法，如法国、德国、韩国等；（三）规定放弃战争作为国际纠纷解决手段的宪法，如意大利、菲律宾等；（四）明确中立、不结盟的宪法，如瑞士、澳大利亚等；（五）明确禁止核武器的宪法，如巴拉圭、哥伦比亚等；（六）明确

---

① ［日］常冈圣子：《日本国宪法》，柏書房株式会社 1993 年版，第 175 页。
② John H. Schaar, legitimacy in the Modern State, Transaction Books, 1981, pp. 349, 358.

第七章 如何理解日本宪法的"和平主义"　　181

不保持军队的宪法,如哥斯达黎加、巴拿马等;(七)明确放弃战争、不保持武装力量和和平生存权的宪法,只有日本。① 可见,仅从条文而言,《日本国宪法》的第 9 条规定确实具有不同寻常的意义。当然,现在的日本离第 9 条的规定已经越来越远,2012 年其国防费已位列世界第 5 位,在《日美安保条约》之下,自卫队也早已派向海外,而这些正是通过日本政府不断变迁的解释来实现的。对此不再赘述。

在这里最大的谜团之一是,币原喜重郎(当时的首相)与道格拉斯·麦克阿瑟等人为何在当时接受了这一点。他们并不是共同梦到了乌托邦,他们的内心到底存在何种动机,目前我们已不得而知。但最重要的并不是谁开始写下了这一条文或最初使其获得承认,而是写下这一条文的时间和场所。第 9 条并不是一小撮个人精神的产物,而是体现了战争结束后几个月内弥漫在整个日本的气氛。当时,战争的阴影尚未散去。全世界所面对的是这样一个时代的开端,即:在一个新的、拥有核武器的、前途不明的时代,任何军事力量面对核武器都是毫无价值的。因此,第 9 条对当时大部分日本人来说感觉是当然的。第 9 条正是当时历史瞬间气氛固定化的产物——当时清晰地出现,并且此后逐渐变得模糊——但为今天留下了不断增加其正确性的真理光芒。②

虽然占领军当局和当时的日本统治者是使这一新的真理作为宪法原则表现出来的代理人,但可以说,他们对自己做的事情或者说该行为的意义,在事情做完后就迅速忘记了。本来应该是展现给全世界人民脱离战争噩梦的一缕曙光,但他们迅速将其视为伪善的敝屣,这或许是日本最大的悲剧。因为,众所周知,该第 9 条包括前言的相关规定,自制定后迄今从未被实践过。自 1945 年以来,日本

---

① [日]辻村みよ子:《比較のなかの的改憲論》,岩波新書 2014 年版,第 160—170 页。

② [日]常岡圣子:《日本国憲法》,柏書房株式会社 1993 年版,第 177 页。

的"安全与生存"始终处于美军的"核保护伞"之下。最近，自卫队越来越填补了这一空缺。严格来说，"保卫和平宪法"这一口号没有意义，因为，第9条和前言中体现的和平原则从未被尝试过。

第二节 "分裂型"和平国家与"积极和平主义"

一 "分裂型"和平国家

（一）和平宪法不变的焦点

1950年代中期确立的日本"和平国家"原型，对历代保守政权来说，就是在宪法9条之下，为了保卫国家，可以保持最小限度的军事力量，这不违反宪法，因此，自卫队是合宪的，但向海外派兵是违宪的。但是，从另一方面来说，"和平国家"也可以理解为非武装国家，因此，在这一时期的日本，同样存在自卫队违反宪法的观点。可以说，日本标榜的"和平国家"正是在包含与该势力的紧张关系中形成的。在舆论调查中，既支持宪法第9条，又认为自卫队不违宪的看法占了多数。

如前所述，在这一时期，执政党一方面继续主张修改宪法第9条，但又不能获得实现修改的多数支持。与此同时，修改方向逐渐调整为：第9条修改的内容限定在第2款不保持军事力量，第1款的放弃战争条款原样保留。即，肯定战争本身的政治意见在这一时期几乎不存在。这样，在此后的近50年间，第9条第2款始终是争论的核心。因此，对和平宪法的关心始终限定在作为国家权力行使的自卫权，更具体地说，是作为其行使主体的自卫队如何在宪法上定位的问题。

的确，在自卫队违宪诉讼的进行中，关于宪法前言中的"和平生存权"曾经成为讨论的对象，但是，和平宪法更多是仅作为与"国权"（特别是行政权）的关系讨论的，没有从人权视角进行讨论。并且，各种议论的关心焦点主要限定于国内问题。如，在日本的宪法纪念日，各报社几乎每年都要发表社论，但是涉及国际社会对日本和平宪法的观点始于 1980 年代以后，如《朝日新闻》谈到与第 9 条相关的"国际贡献"是在 1984 年，《每日新闻》发表"和平宪法与经济大国的作用"是在 1988 年。《读卖新闻》更是在 1990 年代后，并且，其视角不同于前者，从国民所谓的"大国意识"进行诉求。①

关于战争责任问题，日本的国际法学者和历史学者在 1980 年代后才开始关注。在这些论点中，虽然"国际贡献"成为冷战后和平宪法的争论焦点，但是，战争责任作为历史认识问题在冷战后虽然成为政治问题，但并没有成为和平宪法的问题。可以说，日本人是将宪法第 9 条看作自己遭受战争悲剧的代价，并作为战后所标榜理想接受的。总之，在冷战之下，对日本人来说，和平宪法是作为自卫权、自卫队的问题，换句话说，是作为日本国内的宪法问题，或者说与安保条约相关联的问题来讨论的。

（二）迈向太平洋安保的步伐

在新的日美安保条约之下，日美合作演习的次数和质量都进一步增加。进入 1970 年代后，以"冲绳协定"为基础，防卫区域进一步扩大，从 1970 年代中期后，基于安保条约的军事研究进一步体制化，进入 1980 年代后，实现了包括日美在内的多国军事演习。

日美安保条约本来是担负亚洲、太平洋一翼的条约，如果亚洲、太平洋各国对日本的感情好转的话，就可能体现日本的军事力量被美国引向日本的施政权之外的机制。这一认识在"和平国家"原型构建的阶段根本不存在，在安保条约向"太平洋化"转变的阶段也没有培育起来。批判安保一方只是从日本国内用望远镜眺望华盛顿，仅仅是批判"70 年代安保""80 年代安保"。

这一日美安保向太平洋安保的转变给日本宪法带来了深刻的问题，因为，日美的共同防卫区域事实上扩大到了太平洋，自卫队的

---

① ［日］古関彰一：《"平和国家"日本の再検討》，岩波書店 2013 年版，第 263 页。

行动需要扩大到国外,日本政府的宪法解释与基于安保条约的日美合意之间的裂痕年年扩大。

对于上述问题,关于日美合意的履行,虽然美国再三且严厉地向日本提出,但并没有强迫日本修改宪法。这既有宪法是日本国内法的考虑,也有"强迫修改宪法会得不偿失"的判断。[①] 这样,在1950年代中期,即,战后政治体制确立的时期,日本政府的宪法解释保持了与安保条约一定程度的整合性,从而建立了日本"和平国家"的原型。但是,在冷战末期,随着"战后"的终结,此时,安保条约与日本宪法的整合性完全丧失,由此进入了日美安保合意与日本"和平宪法"不能并存的阶段。

二 日本的"积极和平主义"

"积极和平主义"这一用语最早出现于2013年12月成立的日本版NSC(日本国家安全保障会议通过的《国家安全保障政策》,以下简称"NSC文书")。实际上,在第一次安倍内阁时期(2006年9月—2007年9月),安倍就试图确立这样的国家安全保障政策基本方针,但由于突然辞职而夭折。之后,在日本自民党内停止了这一尝试,但第二次安倍内阁建立近一年后,"NSC文书"终于以内阁决议的形式确立。在此前后,安倍首相曾频繁使用"积极和平主义"这一用语,在2014年7月1日做出的承认行使集体自卫权的内阁决议中,更是三次出现"以国际协调主义为基础的积极和平主义"这一用法。

根据"NSC文书"之"二、国家安全保障的基本理念",其表述如下:"我国……坚持作为和平国家前行,并且,作为国际政治经济的主要参与者,从基于国际协调主义的积极和平主义立场出发,为实现我国和亚太地区的和平与安全,确保国际社会的和平稳定及

[①] [日]古関彰一:《"平和国家"日本の再検討》,岩波書店2013年版,第265页。

第七章　如何理解日本宪法的"和平主义"　　185

繁荣，今后将会更加积极地参与相关活动。这正是我国应该积极高扬的国家安全保障基本理念。"①

在这里可以看出，作为基本理念的"积极和平主义"在"NSC文书"阶段，其内容还非常模糊，换句话说，其语言充满了蛊惑人心的对战后日本和平主义路线的继承话语。但是，安倍政权之后的政权运行逐渐表明：所谓"积极和平主义"，实际上存在承认行使集体自卫权这一具体目标，由此，自卫队不仅升格为正式的军队，还成为美国的仆从，还含有积极参与"反恐战争"和军事安全保障的"能动扩军主义"的代名词。而此后，安倍首相召集追随自己立场的"学者和政策专家"成立作为私人咨询机构的"安保法制恳谈会"，并在该恳谈会报告的基础上于2014年7月1日出台了承认行使集体自卫权的阁议决定。这是明显对《日本国宪法》第9条规定的放弃战争和否认交战权的违反，也是对日本以立宪主义和宪法第9条为前提的彻底和平主义的倒行逆施。在行动上，废除武器输出三原则，为武器及其零部件的出口开辟了道路。不仅如此，通过进一步强化日美军事同盟，加强对"同盟国"军事行动的后方支援，确立军事安保法制和扩充"日美防卫指针"的军事合作，这些行为都打着"积极和平主义"的幌子进行。如果联想到安倍2013年9月访美时在美国保守派的大本营"哈德逊研究所"的演讲，这一问题就更明了。在演讲中，他在暗指中国作为假想敌之后大言不惭地说："如果把我叫作右翼的军国主义者，悉听尊便。"之后，大谈其"积极和平主义"。②

总之，进入21世纪后，美国的军事干涉主义还在不断强化，在此之时，安倍政权推行的基于强化日美军事同盟的"积极和平主义"，只能进一步强化日本在军事和财政方面对美国的附属地位，进一步增强其战争风险，从而与真正的东亚和平乃至世界和平主义潮

---

①　[日] 樋口阳一：《安倍流改憲にNOを!》，岩波书店2015年版，第175—176页。
②　[日] 樋口阳一：《安倍流改憲にNOを!》，岩波书店2015年版，第176页。

流背道而驰。

当然，在看到安倍"积极和平主义"的虚伪之后，我们也要看到战后日本国内和平运动的另一面。自《日本国宪法》公布以来，日本国内的和平运动不断遭遇挫折，但是，挫折的背后隐含着鲜为人知的、具有重要意义的成功。即，在第二次世界大战结束以来，还没有人在日本国的交战权之下被杀，这在历史上是非常少有的经历，特别是作为20世纪的大国更是罕见。这并不是日本政府的功绩，因为，日本政府几十年来一直极力削减国民的和平主义倾向。这一状态毋宁说是产生于，试图全部消除此前日本文化中具有军国主义色彩的国民的意志。因此，战后的几代日本人对战争杀人的经验仅停留在书报、影视中。这对于文化，特别是男性文化会在不知不觉中产生影响。

从这一非常罕见的历史体验中，日本产生了与其他大国明显不同的意识——和平意识。这一日本人的"和平常识"常常会被认为导致某种脱离现实的和平痴呆而受到"保守派"的批评，这一批评某种程度上也有道理。在日本，对战争带有记忆年龄的人常常感到不安的是，年轻人并不理解战争到底是什么，感受不到当然应该感受的恐怖，也不太进行讨论，也不参加反战游行和示威。他们甚至感叹没有恰当地将对战争强烈的憎恶与恐怖观念传递给子孙。多年来，在美国或欧洲各国，和平集会的参加者动辄达到数万人，但与此相对，日本的和平集会经常只有几百人。这的确是事实。但是，这与其说是和平运动的失败，毋宁说是某种成功。因为，在政府将军队派往战场时，当然参加集会的人会很多，反之，多年享受和平习惯、人们难以将战争作为现实可能性考虑的国家，参加和平集会的人较少是必然的。换句话说，日本的和平运动虽然没有吸引众多人的参加，但它并不比其他国家更差。①

在美国，不断敲打日本的人和议会内的保守派常会批评说，日

---

① ［日］常冈圣子：《日本国宪法》，柏書房株式会社1993年版，第183页。

本实际上是隐藏在美军的影子之下搭便车（不付费），是虚伪的和平主义。这一批评存在某些道理。只要日本存在既支持宪法又拥护《日美安保条约》的人，就必须承认，他们的立场并不是放弃武装力量，而是喜欢让别人来替自己进行战争。从现实政治的观点来看，这虽然没有充分的漏洞，但从和平主义的立场来看，确实是虚伪的。

虽说虚伪的和平主义是事实，但并不能反过来说日本和平运动的整体是虚伪的。换句话说，和平运动并不仅仅是为了拥护宪法，它始于反对安保条约和美军基地的斗争，并保持了一贯性，而这也正是该运动能常年持续下来的原因。问题在于，该运动在斗争中失败的同时，并没有能够阻止自卫队的建立和扩大。但另一方面，日本政府在迄今试图修改宪法使自卫队合法化的斗争中也失败了。结果，日本政府依然保持违法的军队，美国拥有违法的核弹头（虽然日本政府没有拥有），并且，不管日本的和平主义者喜欢与否，事实的结果就是，带来了不得不生活在美国的核保护伞之下这一状态。在这一矛盾的双重思考之中，纯粹的思考本身变得困难。

2015年9月，日本政府不顾在野党和广大民众的激烈反对通过了"解禁集体自卫权"的相关法案，如前所述，日本政府热心支持这一法案并不是真心出于对维持和平的关心，而是加强日美同盟，实现长期追求的向海外交战地带派遣武装自卫队这一权利目标迈出的一大步。此后，就可能出现1945年以来的"第一次流血事件"。这也是让日本国内和平主义者感到挫折的方面。

在和平成为世界大潮之下，日本政府正在做出向海外派遣自卫队，永远告别"麻烦的"第9条的行动，这不能不说是一个讽刺。因此，在迈向这一反动的方向中，日本政府完全误读了我们生存的这个时代。

第三节 日本战后对"和平主义"宪法的修改活动

1947年5月3日实施的《日本国宪法》第96条规定了严格的修

宪程序，即："本宪法的修订，须经各议院全体议员三分之二以上赞成，由国会创议，向国民提出，并得其承认。此种承认须在特别国民投票或国会规定选举时进行的投票中获半数以上赞成（第 1 款）；宪法的修订在经过前项承认后，天皇立即以国民的名义，作为本宪法的组成部分予以公布（第 2 款）。"根据该条，宪法的修改需要国会提议、国民投票和天皇公布三个阶段。

与一般法律相比，日本宪法的修改程序可谓非常严格，因此，自宪法实施以来，在 70 多年的时间里《日本国宪法》没有进行过修改，但期间，围绕宪法的修改，日本国内各种势力之间展开了长期的斗争，虽然日本政府试图全面修改宪法的企图没有成功，一些宪法条文，如宪法第 9 条 "不得保持战斗力量" 的规定，通过日本政府的解释和议会的相关立法，实际已经变得空洞化，但条文本身的存在，毕竟构成了某种制约。进入 21 世纪后，日本政府的修宪活动逐渐增强，2000 年，国会设立了 "宪法调查会"，宪法的修改成为政治上公然议论的话题，2007 年 5 月，第一次安倍内阁政权不顾在野党的反对，在议会强行通过了《关于修改日本国宪法程序的法律》（简称《修宪国民投票法》），2013 年安倍 "关于宪法 96 条的谈话" 以及相关系列行动，使日本的修宪问题再次成为聚焦的热点。本书试图通过对战后日本修宪历史和现状的论述，进一步明确日本宪法发展的动向。

一　复古修宪时期——20 世纪 50 年代至 60 年代中期

（一）复古改宪的高潮

日本政府内的修宪运动始于 1952 年《旧金山和约》签订、日本恢复"独立"之后不久，此前，日本保守政权内部没有公开主张修宪的声音，也没有把修宪作为政治课题的动向。其证明是，在《日本国宪法》制定后，当时的远东委员会怀疑占领当局施加了强制影响，提出应该保证日方再次自主检讨机会的"劝告"，日本政府在接到可以重新检讨宪法的消息后，当时的吉田茂政权根本没有在意，

第七章　如何理解日本宪法的"和平主义"　　189

占领当局也没有修宪的意思，因此，回复远东委员会说，吉田茂政权没有改宪的意思。不仅如此，在1949年，对于当时的公法研究会提出的"宪法修改意见"和东京大学宪法研究会提出的"宪法修改方案"，日本政府根本没有考虑。①

1950年，朝鲜战争爆发后情况有了改变，根据占领当局的指示，日本政府建立了警察预备队。1952年，随着《旧金山和约》的签字，日美签订"安全保障条约"，美军长期驻留日本，这就产生了与宪法第9条的抵触问题，吉田茂政权试图通过对第9条的解释越过这一障碍，但讲和后，许多被判刑关押的前政府官员复归政界，以这些人为中心，修宪论开始抬头。不过，在初期修宪活动还不是保守政治的主流，包含着反主流一方对政权批判，并试图夺取政权宝座的内容。因此，吉田政权采取了一贯的消极立场，他认为，美国要求的再军备应该是在维持宪法基础上进行的，因此，在1952年的"内阁统一意见"中，对宪法禁止的"战力"解释为"适应近代战争程度的装备和编制"，②但是，随着预备队改为保安队，保安队改为自卫队，界限的突破不过是时间问题。

与此同时，自由党内以吉田茂为首的主流派和以鸠山一郎为首的反主流派之间的对立进一步激化，1952年国会的临时解散、1953年的不合理解散及随后的解散和总选举，使吉田派自由党的议席减少，为在议会内形成多数派，吉田不得不和鸠山派联合，1953年11月，作为鸠山派22名自由党议员复归的条件，双方商定，在党内设立"外交调查会"的同时，设立"宪法调查会"，宪法调查会会长由改宪派的岸信介担任，以此为开端，改宪立刻成了政治议题。在当时东京新闻召开的修宪座谈会上，岸信介对改宪更是一副成竹在胸的样子。与自由党设立宪法调查会几乎同时，当时的改进党也通过了"关于建立新日本国民宪法的决议"，在党内设立了宪法调查

---

① ［日］大石真：《宪法史与宪法解释》，信山社2000年版，第184页。
② ［日］山中永之佑等：《资料中的宪法》，法律文化社1997年版，第66页。

会，开始讨论改宪方案。

1954年年末，吉田茂内阁倒台，以反吉田派为主组成的民主党为基础，主张改宪的鸠山一郎就任首相，岸信介成为执政党民主党的干事长，改宪成为保守政治的主流。这一状况一直持续到20世纪60年代中期前。

此阶段日本改宪的特点是：

第一，改宪主要由保守政治家主导，是一种政治优先的改宪。此时改宪最主要的原因之一是宪法第9条与再军备的矛盾，面对日本政府不断扩充军备，工会和左派社会党进行了激烈的反对，当时的保守政权认为单靠宪法解释无法跨越这一障碍，只有废除作为反对再军备根据的宪法第9条，才能解除这一矛盾，这从当时的一些改宪草案和新闻媒体的反应可以看出，前者如作为当时开改宪风气之先的"渡边经济研究所改宪草案"其重点正是放在了第9条。后者以当时《朝日新闻》和《每日新闻》的评论为典型，评论呼吁解决宪法与现实的矛盾，设立修宪机关等。

第二，以战前天皇制国家为模型的复古的国家构想，即：作为国家元首的天皇制的复活；权力保障体系的重新检讨；权力组织的再编等。① 其第一个表现是，这一时期的很多改宪草案不仅要求对宪法第9条进行修改，而是以全面修改宪法为目标。第二个表现是，改宪的内容具有浓厚的《明治宪法》的影子，如：改变现行宪法关于天皇象征的规定，恢复《明治宪法》下天皇的"元首"地位；通过修改9条，不仅恢复军队，还要恢复统帅权、宣战布告、戒严、军法会议等《明治宪法》下的各种军事制度；在人权规定方面，增加以国防义务为首的各种义务规定和保护家族的规定，试图恢复和强化日本社会的传统制度；设立在紧急情况下不依从国会法律的发布紧急命令权、关于财政的紧急处分和根据前一年预算执行等《明治宪法》下证明有效性的制度等，草案试图复活《明治宪法》的意

---

① ［日］奥平康弘：《日本国宪法的轨迹及其综合评价》，载 jurist，2001年1月。

图不言自明。当然，不是所有的草案都专门以复古为主要内容，中曾根康弘的"自主宪法修改要纲试案"就明确地对复古《明治宪法》进行了否定，但从总体上看，这一时期的修宪草案基本上具有复古的国家构想。

第三，战后民主主义运动的高扬。针对改宪潮流的发展，反对改宪的民主运动迅速发展，1953年，成立了"和平宪法拥护会"，1954年，又进一步发展为"拥护宪法国民联合"，虽然该联合为了使拥护宪法总同盟和右派社会党参加，把共产党排除在外，但作为护宪的共同组织，其意义不可低估。① 除此之外，当时轰轰烈烈的反对美军扩张基地的斗争、禁止原子弹爆炸运动、反对再军备和军事大国化的教育界联合会的成立以及母亲大会运动等和平运动等，作为战后民主运动整体的价值理念基础都源自新宪法，而这些运动从整体上来说构成了护宪运动的雄厚基础。

以上述广泛意义上的护宪斗争为背景，日本国民的意识迅速变化。在舆论调查中，对宪法表示亲近感的逐渐占多数，这进一步加大了反对修改宪法的呼声，使改宪与护宪的形势逐渐发生逆转，在1955年的众议院议员选举中，护宪势力获得了阻止改宪发起必要的三分之一以上议席，在1956年7月参议院议员选举中，护宪势力也确保了三分之一的议席。在这场运动中，处于分裂状态的左、右社会党实现了统一，同样处于分裂状态的日本共产党，在1955年7月召开的全国大会上，主张武装斗争的冒险主义派别进行了自我批评，此后也实现了统一。另一方面，保守的鸠山政权为了强化修宪的政治力量，在1955年2月实现了自由党和民主党的合并，成立了自由民主党，为确保改宪派在众议院获得足够的议席，酝酿导入小选举区制，但遭到了社会党的强烈反对，加之媒体的反对，遭到了挫折，因此，虽然在国会上通过了"宪法调查会法案"，要想达到早期修宪

---

① ［日］长谷川正安：《宪法现代史》（下），日本评论社1981年版，第448页。

的目的却非常困难。①

面对不断高涨的民主运动,保守势力认识到,当初认为比较简单的修宪是一项不容易的课题,国民对修宪保持警惕的中心是担心军国主义和天皇制的复活。因此,为了对抗民主运动和消除国民的抵抗心理,保守势力开始采取迂回策略,这从此后的宪法草案可以看出,如自民党宪法调查会提出的"修宪问题点"就出现了几个变化,一是关于天皇的元首化只表示"要慎重考虑",回避了作出决定;二是关于第9条辩称不是恢复军事大国化;三是关于人权部分唐突的增加了福利国家人权的规定等。日本政府的宪法调查会也体现了这种顾虑,继鸠山一郎任首相的岸信介,任命倾向护宪的东京大学教授我妻荣任调查会会长,并试图把社会党的成员拉进调查会。尽管调查会启动较晚,一些瞩目的大牌学者还是接连逃避了,结果,最后以东京大学英美法教授高柳贤三任会长终于启动了,但社会党断定调查会就是改宪机构,坚决拒绝派议员参加。

(二) 复古改宪走向低潮

在岸信介内阁下,修宪问题被重新定位,即,不再是单纯以通过恢复战前型的政治体制来确立稳定的保守政治为目标,而是更进一步,试图在当时的冷战体制之下重新恢复军事大国。为此,岸信介政府一方面希望通过修改"美日安保条约"使日美同盟对等化,从而使日本作为反共阵营的一员,在从属、依附美国的同时恢复军事大国,另一方面,以对东南亚的战争赔偿为契机,使日本经济进入东南亚,把东南亚纳入日本的势力范围。岸信介的这一改宪策略,在一次与 NBC 记者的会见中阐述得很清楚,他说,日本为了能协助美国参加对付共产主义的战争,要修改安保条约、修改宪法。②

在上述背景下,岸信介政府开始着手修改安保条约,当时的岸信介政府认为,通过修约可以实现日美对等的地位,应该会获得国

---

① [日] 长谷川正安:《宪法现代史》(下),日本评论社 1981 年版,第 468 页。
② [日] 渡边治编著:《修宪的论战点》,旬报社 2002 年版,第 432 页。

民的支持，在这一基础上稳定政治基础，并进一步修宪。但日本政府的这一打算落空了，因为很多人担心，通过修改安保条约，日本会追随美国发动的战争，从而使日本再次卷入战争之中，加之岸信介内阁的强权式作为，很多人感到日本有再次复活战前军国主义的危险，反对修改安保条约的斗争与反对修改警察职务法的斗争、反对扩大砂川基地的斗争交替进行，逐渐高涨。在这一运动中的1959年，在知识阶层的领导下，成立了包括社会党、共产党在内的广泛的共同斗争组织——"修改安保条约国民会议"，以协调运动的统一，与此同时，以知识阶层为主还成立了反对修宪的研究组织——"宪法问题研究会"，该研究会通过举行研讨会和讲演会展开了护宪运动。以研究会为中心联合起来的学者们不仅站在反对安保运动的前列，从理论上指导着运动，同时在使参加运动的广大市民重新确认宪法的价值，使宪法进一步深入人心方面发挥着积极的作用。

在结成阻止修改安保条约的1959年3月，东京地方法院针对"砂川事件"作出了安保条约违宪的判决。[1] 这一判决进一步增强了护宪运动的正当性，使运动更加高涨。

1960年1月，岸信介访美，签订了"安保修改条约"，并商定在同年6月，美国总统艾森豪威尔访日，为了在此之前使国会审议通过该条约的修改，5月19日，岸信介内阁在众议院会议上对条约修改强行采决，这一行动使反对斗争火上浇油，也使反对安保的斗争带有拥护民主主义的性质。[2] 由于反对运动的高涨，艾森豪威尔总统取消访日行程，岸信介也被迫下台。

岸信介内阁的倒台对保守政治冲击很大，此后保守政治的路线被迫转换，避免再次重蹈安保噩梦的覆辙成为保守政治的铁律。同时，对于激起国民警惕、担心军国主义复活的政策也只有放弃。这

---

[1] 砂川事件：因反对美军基地扩张，在1955年以工会成员为主的砂川町群众与警察发生冲突，日本政府以"日美行政协定"为基础，根据刑事特别法对工会成员进行了起诉。

[2] ［日］长谷川正安：《宪法现代史》（下），日本评论社1981年版，第533页。

一变化的最大象征是宪法政策的转换，继任岸信介的池田勇人在选举前的记者会上保证在自己的任期中不修改宪法，实际上是放弃了修改宪法的念头。此后，自民党政府被迫在宪法的范围内从事政治活动，自民党也开始转换此前具有复古政治色彩的政治，大力推进经济成长政策，通过高度成长获得的税收，实行对农村和城市个体经营者的"利益诱导政治"，试图以此稳定自民党政权。此后，日本进入了自民党政治的稳定时期。

伴随着自民党政治的转换，宪法调查会也发生了变化。其表现主要是：（1）作为宪法调查会会长的高柳贤三对修宪发出了消极的论点。他认为：第一，宪法调查会不是社会党和护宪派所说的为了改宪的机关，而是一个公平的宪法调查机关；第二，调查会根据公平的海外调查结果认为，《日本国宪法》不是美国强加的产物，而是美国与日本共同合作的产物；第三，根据宪法实际运用的现实，在产生必须修改的事态时才能着手修改，如果不修改也能与修改发挥同样的作用，则没有必要修改。以这一消极论为基础，对于宪法第9条，他提出了"政治宣言"的论点，认为，宪法第9条不是严格意义上的法律规范，而是类似于表示理想的"宣言书"，在现实中，是否保持自卫队，是否向海外派兵，是否保持核武器，不是宪法9条的问题，而是政策的问题。关于天皇，认为，"象征"与"元首"不应该对立考虑，象征只不过是元首的一种属性，因此，没有必要把天皇改为元首。以上述修宪消极论为基础，在1963年6月，高柳贤三向宪法调查会总会提出了题为"关于宪法问题点的意见"备忘录，这份备忘录表明了在宪法调查会内改宪消极论占据了主导地位。这样，本来是以改宪为目的的宪法调查会，受保守政治转换的空气影响，起到了使改宪消极论正当化功能的作用。当时与池田首相关系密切的宪法学家宫泽喜一也持这种观点，这样，改宪消极论逐渐成为保守政府占主导地位的意识形态。（2）宪法调查会内改宪派的主张发生了变化。其典型代表是中曾根康弘，他敏感地察觉到了安保斗争后国民意识的变化，把自己的改宪论与国民意识的变化结合起来,他发表了以首相直接公选为中心的修宪草案——高度民主主义民定宪法草案,提出了首先进行以首相公选为中心的宪法修改,然后再进行第9条的修改。① 当然,在宪法调查会内部也存在一些反对高柳贤三和中曾根主张的复古派代表,他们与调查会外的改宪派联合起来提出了一些复古的宪法草案,因此,在宪法调查会内部出现了改宪消极派和改宪派的冲突,而改宪派内部又分裂为传统改宪派和中曾根式的新型改宪派,但总体上来说,此后一段时间,改宪势力的影响逐渐减小。

二 改宪受挫时期——60年代中期至80年代末

(一) 改宪论的消失

宪法调查会内部的分裂和冲突,使其最终不仅不能拿出一份综合性的宪法修改草案,甚至提不出修宪的必要性,最终报告只是罗列了各成员分歧的观点,在1964年7月经总会议决,交给了池田首相。对于这样一份报告书,社会党、共产党、宪法研究会相继发表声明,对宪法调查会的改宪动向提出了批判,而对提出报告书感受到危机的护宪运动则试图进一步强化改宪反对运动,为此,1965年,设立了"阻止宪法改恶各界联络会议",但实际上,无论是当时的池田内阁还是此后被称作鹰派的佐藤荣作内阁,都没有插手宪法修改的意图,因此,在提出报告书一年之后,宪法调查会悄悄地关上了大门,这也意味着开始于19世纪50年代初的修宪运动落幕了。

1960年代中期后,在自民党政治中,较长的时期内没有把修宪问题提上政治议程,相反,自民党政府开始专心于在不突破宪法框架的情况下使政治得到有效的运行。促使保守政治在宪法框架内活动的最主要力量当然是以反对安保斗争为象征的战后民主主义运动,但除此之外,其他的一些重要原因也不能忽视。

第一,这一时期美国的军事力量比较安定,通过日本提供的基

---

① [日] 渡边治编著:《修宪的论战点》,旬报社2002年版,第438页。

地，美国获得了在亚洲和太平洋地区活动的稳定据点，面对不断高涨的反安保斗争，美国感到日本能发挥最低限的战略展开稳定基地功能就可以了，暂时不再对日本提出更多的军事要求。第二，日本经济界要求军事大国化的呼声比较弱，当时正是日本经济高速成长时期，该成长正是通过企业社会与自民党政治所固守的国内生产达成的，与经济大国化相比，经济全球化还没有提上日程，这样，从经济界来说，在宪法第9条之下，采取较小规模的安全保障政策没有什么不好。第三，由于企业社会的建立，工会运动也企业主义化，从而使反对保守政治的工会运动控制力降低，而反体制运动政治力量的后退，从国内统治的角度看，也减弱了要求改宪的运动，因此，保守政治能够在不突破宪法框架的情况下使政治得以运行。但是，上述条件如果有一项遭到破坏，保守统治层内的改宪活动就有可能再次出现。

象征保守政治改宪冲动后退的象征是，中曾根康弘在就任防卫厅长官前后所倡导的"自卫队合宪国民投票论"，他试图通过国民投票来确认自卫队的存在不违反宪法第9条，他在一次谈话中说："宪法第9条可以存在，但想通过国民投票确保第9条的解释。主要需要达成以下共识，第一不实行征兵制，第二不拥有核武器，第三不向海外派兵，第四承认自卫队。"① 该谈话一方面表现了保守政治与围绕宪法气氛的变化，同时其附加条件也说明着眼点主要在于解决自卫队的合宪性问题。

与此同时，保守政治中改宪欲望的减弱，也使保守政治内的改宪派开始后退。

与保守政治的变化相对应，反对改宪运动一方也发生了一些变化。由于明文改宪的后退，此后的反对改宪运动将矛头转向了解释改宪的活动，为与保守政治的解释改宪相对应，他们试图提出实现宪法理念的行动纲领，特别是针对第9条的和平主义，如社会党发

---

① ［日］渡边治编著：《修宪的论战点》，旬报社2002年版，第443页。

表的"非武装与和平中立之路",共产党的"关于日本中立化与安全保障构想"等。

(二)"战后政治总决算"与改宪论的苦恼

1980年以后,随着自民党在众、参两院选举中取得压倒性胜利,对现存政治的改革再次提上日程。变化的征兆开始于铃木首相的就任,铃木本人虽然对改宪持消极立场,但此前一度停滞的军事大国动向开始抬头。其表现是,在铃木内阁担任法务大臣的奥野诚亮因发表修宪言论遭到非议,经过内阁解释居然过关,以此为契机,处于休眠状态的自民党宪法调查会再次展开了活动,稍后的1981年10月,成立了民间的"守护日本国民会议",并积极地展开活动。

上述鹰派活跃的背后,除了自民党在国会获得了多数席位有一种稳定感之外,与日本经济经过多年的高度成长,日本成为一流经济大国这一事实有关。与经济大国相对应的成为政治大国的欲望开始抬头。

1982年,中曾根康弘上台,改宪派对此给予了厚望,因为,不管如何,中曾根一直主张修宪。中曾根提出了"战后政治总决算",试图克服以经济成长和利益诱导相结合的政治,一方面,在日本推行英美式的新自由主义改革,并进行行政改革,另一方面,使日本成为与经济大国相适应的政治大国。因此,对中曾根来说,自己任期内主要的任务是摆脱宪法第9条原则的束缚,而不是修宪。为此,他为自己设定了三项目标:一是军事费用突破GNP的1%限制,这一限制是1976年三木内阁时的内阁会议谅解,但此后实际上作为限制军备的惯例得到了确定。二是实现首相对靖国神社的正式参拜;三是制定国家机密法、有事法制等。其中,关于首相对靖国神社的正式参拜动向,自三木内阁以来一步一步地向前走,离正式参拜只有一步之遥,因此,右派的期待非常强烈。有事法制自1978年福田内阁解除对有事法制的研究以来,防卫厅开始探讨并在1980年提出了中期研究报告,1982年提出第二次中间研究报告,切切实实地在准备。但是,尽管中曾根竭尽全力,但最终实现的只有军事费用突破 GNP 的 1% 限制。虽然在 1985 年强制实现了首相对靖国神社的正式参拜，但遭到了中国、韩国的强烈抗议，第二年开始不得不取消。① 国家机密法在 1985 年强行在国会提出但遭到否决，有事法制根本没有向国会提出。

中曾根大国政策的挫折表明，日本国民意识中对军事大国化的警惕还比较强烈，而亚洲各国对此也很敏感并进行了强烈的反对，因此，改宪派要想从正面取得突破仍然有很大难度。进入 90 年代后，日本政府不得不回避这些障碍，并探索新的路径。

与上述动向相关，在 80 年代虽然迎来了改宪的第二次小高潮，但形成并发表的修宪草案只有三个，改宪草案少成为一项特点。以自民党宪法调查会中间报告为代表的改宪草案，与 50、60 年代形成了鲜明对照，即对第 9 条尽量小范围修改，小规模修宪理论也是一项特点。在军事领域，主要是对在第 9 条之下实现的军事力增强正当化的现状追认。另外，增加了新的人权规定。

三 世纪之交的改宪——1990 年以后

进入 20 世纪 90 年代以后，日本的修宪活动再次迎来了高潮，仅从宪法草案的数量也可以一窥端倪，自 1991 年至 2001 年，公开发表的有影响宪法草案就有 19 个，这些宪法草案既有团体的（如：读卖新闻草案、日经新闻草案、自由党和自民党桥本派草案、民主党宪法调查会草案），也有个人的（如小泽一郎草案、中曾根康弘草案、鸠山由纪夫草案等），因此，该次修宪动向完全不同于以前，实际是试图改变战后社会之改革的一环，这一改革正是小泉纯一郎强制推行的"结构改革"，与此相联系，也是日本追求军事大国目标的改革，而宪法修改也被看作是这一改革的一环。

1990 年以后，日本修宪活动活跃的原因很多，大体上可以分为两个方面，即军事大国化的要求和创建新的社会构想的要求，二者

---

① 赵立新：《日本违宪审查制度》，中国法制出版社 2008 年版，第 197 页。

合流产生了修宪的高潮。

（一）新的军事大国化与修宪要求

1990年以后改宪的活跃与军事大国化密切关联，其原因有二：第一，冷战结束后美国世界战略的需要。冷战结束后，随着世界经济的全球化，美国的超级大国地位进一步巩固，美国的世界警察角色更加明显，但无论是人力还是物力，单靠美国自己很难完成这一任务，为了维护冷战后的世界秩序，美国在欧洲依靠北约，在亚洲和太平洋地区则希望日本来承担这一角色。第二，日本国内结构的变化，特别是日本企业的全球化。当然，长期以来，日本企业的竞争力主要来源于企业控制体制、转包、自民党政治等日本国内的体制，在欧美企业为谋求扩大资本积累逐渐走向全球化的同时，日本企业长期固守着国内生产、海外输出的体制，但日元的升值和经济摩擦的增加，使日本企业在80年代后期开始了积极的海外扩展。为了保护日本企业的海外利益，经济界也开始了要求日本向军事大国发展的强烈愿望。

美国和日本财界几乎同时出现的要求强烈摆在了日本政治面前。但是，日本的军事大国化面临着很大的障碍。第一个障碍是《日本国宪法》的存在，宪法第9条禁止日本保持军备，尽管保守党政权不顾该条存在不断地再军备，但该条的存在毕竟使其不能随心所欲的扩大军备。第二个障碍是存在支持宪法、反对日本军事大国化的和平运动和国民和平意识，如果没有这一力量，可以很简单地通过修宪消除第9条。第三个障碍是战前受日本侵略的亚洲各国的反对与警惕。日本的军事大国化必须排除以上障碍，特别是作为第一个障碍的宪法，因此，随着军事大国化冲动的加强，修宪这一课题再次摆上政治舞台也就顺理成章了。但是，在90年代初期，这一军事大国化的愿望并没有直接与修宪联系在一起，相反，当时日本政府试图在不触动宪法的情况下推进军事大国化。

在上述背景下出场的是日美安保共同宣言和新防卫线方式，即针对美军在亚洲太平洋地区的作战行动，不仅自卫队，各地方政府、民间都要做好补给和运送等保障工作，自卫队的海外派兵也以作美军后方支援的方式来实现。这样，日本自卫队即能对美军的作战行动提供必要的后方支援，又不至于触动宪法和安保条约。这也是美国政府所希望的，当时，美国主导新防卫指针计划的官员曾说："对我们来说，没有必要修改安保条约和日本宪法，一旦触动宪法问题，就会打开潘多拉的盒子"，"现在，重新构筑日美安保关系的两国作业正在进行，但始终是在条约和宪法的范围内进行的"①。在这一指导思想下，1996年，出台了"日美安保共同宣言"，实际上是修改了安保条约。1997年出台了"日美防卫协力指南"，1999年，第145次国会通过了《周边事态法》，暂时实现了军事大国化。

但是，以《周边事态法》的通过为契机，事态有了进一步的发展，主要象征是，同期国会通过了《修改国会法》，决定设立"宪法调查会"，这表明1990年代初推行的回避修宪的军事大国化路线的修正和转换。②其实，在1997年就出现了要求在国会设立宪法调查会的活动，但日本政府和执政党没有重视。1999年后，日本政府的军事大国化政策开始进入新的阶段，即变对美军的后方支援为全面支援，宪法的修改不可避免。

日本政府和自民党此时对宪法政策的转换有内外两方面的原因。

从外部来看，《周边事态法》通过后，美国的要求进一步升级。此前，美军虽然也希望日军对美军的作战行动能提供全方位的支援，但考虑到这需要日本政府变更宪法解释，担心引起日本政治的混乱，因此，只要能满足最底线要求的后方支援就满足了，一旦这一要求通过《周边事态法》的制定实现，要求升级是很自然的。这一要求升级的典型表现是以共和党为中心的、由超党派研究者在2000年10月联名向美国总统提出的、"美国与日本——面向成熟的伙伴关系"研究报告。报告要求强化日美军事同盟关系，为此，主张日本应该

---

① ［日］渡边治编著：《修宪的论战点》，旬报社2002年版，第26页。
② ［日］奥平康弘：《日本国宪法的轨迹及其综合评价》，载 jurist，2001年1月。

进一步发挥其能动性。摆脱宪法第9条对行使集团自卫权的限制，通过构建自卫队紧密参加美军作战行动的态势，把日美同盟关系由"分担负担向分担权利"转化，日美同盟应该像英美同盟一样强化。

从内部来看，《周边事态法》的通过并没有得到预想的抵抗，以前恐惧修宪、采取迂回向大国化迈进的方式开始转为直接走下去的欲求。与此同时，在法律成立之前，很多财界的报告都提出，在全球化的世界中，日本要想作出贡献，必须修改宪法，承认集体自卫权。如经济同友会提出的"紧急提言：应该尽早着手的我国安全保障的四项课题"，在要求尽早成立周边事态法的同时，作为其后的政策，应该修改关于集体自卫权的政府解释，制定有事法制等。受财界影响，日本政府开始行动，当时小渊惠三首相建立的"21世纪日本构想恳谈会"报告，作为日本参加"国际安全保障的军事活动"方针，呼吁"就宪法问题、集体自卫权问题等安全保障问题进行国民讨论"，虽然此后因小渊去世，这份报告被束之高阁，但以首相恳谈会形式提出修宪问题不能不说是一大转变。可见，美国的报告正是看到了日本政府的这一动向，具有促使其加速前进的含义。

正是有上述基础，在美国的报告出台后，日本国内立刻出现了利用该报告，进一步展开修改集体自卫权的论调，其代表是2001年3月自民党国防部会提出的"日本安全保障政策的确立与日美同盟"报告，该报告在指出修改政府关于行使集体自卫权解释的必要性后，提出了通过变更政府解释和制定新法律的方式，避开了耗费时间的明文改宪方式。而与此同时，经济同友会在报告"面向和平与繁荣的21世纪"中，明确提出了修宪的论点。由此可见，这一时期的特点是：一方面，通过立法早期修改关于集体自卫权的解释，使日本迈向军事大国化新的阶段；另一方面，从根本上来说，实现宪法的修改。

在日本军事大国化和修宪活动的高潮中，2001年4月，小泉纯一郎内阁成立，该内阁一方面试图进一步推进1998年桥本内阁之后停滞的"结构改革"，同时在推进军事大国化和修宪方面也带有强烈的欲望。这在他就任首相后不久的发言中清楚地表达出来,他表示:在面临侵略时舍命作战的是自卫队,因此,让"自卫队违反新法"的议论继续下去是对自卫队的失礼。在表达了强烈的修改宪法第9条的意愿后,对日美军事合作认为,"日美友好是日本最大的国家利益,当在日本近海共同行动的美军受到攻击时,日本能无动于衷吗?"① 因此,对小泉内阁来说,不仅要修改不能行使集体自卫权的宪法解释,更想在修宪方面获得突破。但与结构改革不同,触及修宪问题不仅很多国民难以接受,弄得不好会严重影响自己的支持率。特别是在8月15日小泉参拜靖国神社遭到中韩等亚洲国家的激烈反对后,小泉的野心不得不暂时后退。但此后发生的"9·11"事件为小泉带来了转机。

事件发生后,小泉内阁认为这是日本迈向军事大国化的绝好机会,日本必须利用这一机会实现海外派兵。但由于机会来得太早太突然,小泉内阁原来设想的修改关于集体自卫权的政府解释及修改宪法都来不及,因此,决定先通过"恐怖对策特别措施法",实际上是在以美军为中心的对恐怖分子报复性的军事攻击时,为日本自卫队向海外派兵实施全面后方支援提供正当化的法律,这样就克服了《周边事态法》对"日本周边"范围的限制和使用武器的严格限制,在不触动第9条和不修改政府解释的情况下,实现向海外派兵的目的。在"恐怖对策特别措施法"制定后,日本政府又先后推动修改了自卫队法、海上保安厅法、PKO等协作法,与此同时,着手准备自卫队在任何时候都可以参战、行使武力的"有事法制"的制定。

(二) *新自由主义改革的展开与修宪*

20世纪90年代后,日本修宪活跃的主要原因除了上述军事大国化的冲动之外,与日本统治阶层追求的新自由主义改革也密切相关。

在经历了1990年代的经济泡沫危机后,日本经济长期恢复乏力,财界认为主要原因在于日本企业竞争力低下,因此,要求恢复、

---

① [日] 渡边治编著:《修宪的论战点》,旬报社2002年版,第30页。

强化企业竞争力的新自由主义改革要求对保守政治产生了很大影响。①

与欧洲各国新自由主义改革要打倒的"敌人"是工会和支撑劳动政党的福利国家不同，日本大企业的工会都已企业化，也算不上欧洲式的福利国家，而是促进企业成长的自民党和官僚对政治的支配，因此，日本新自由主义改革的矛头主要是针对公共部门的劳动运动、自民党政治和官僚制。故这场改革也被称作"结构改革"。

这场改革涉及财政改革、税制改革、教育改革、行政改革等，这种全面改革有可能使自民党的支持基础遭到破坏，因此，必须面对自民党和官僚机构的抵抗。但改革本身开始并没有涉及宪法问题。

1996年上台的桥本龙太郎内阁开始推进新自由主义改革，其提出的"六大改革"基本都是属于新自由主义改革的组成部分，但随着改革的推进，修宪问题成为不得不面对的问题。其原因有二：第一，改革否定福利国家的收入再分配政策，从而会造成贫富差距的扩大，如何压制社会的分裂和不满成为必须面对的问题，并且，在规制缓和后，如何确保市民的安全和被害的救济。因为，改革会从根本上颠覆既存的社会理念，而新的社会理念必须通过新的宪法来实现。第二，随着改革的推进，产生了比财界和保守政治预想更快的对既存社会的破坏，因此，必须寻找新的统合社会的政策，而新社会统合政策的骨骼应该是以新宪法的形式提示的。

在上述背景下，修改宪法和教育基本法的议论开始活跃。在这一时期出现的宪法草案不仅仅是军事大国化的目标，重塑日本社会秩序也成为一项主要目标。对于塑造什么样的社会秩序，在统治层内存在着既相互联系、有时又互相对立的两种方向：其一是新自由

---

① 新自由主义改革：是20世纪70年代英美等先进国家在面对大危机时采用的政策体系，主要内容是减轻对企业的税收负担、取消影响企业发展的各种束缚，恢复企业的活力。但长期固守于国内生产=输出体制的日本企业认为没有必要，但1980年代以后，随着全球化的扩展，日本企业因竞争力不足陷入深刻的危机，开始呼喊新自由主义改革，日本也称作"结构改革"。

主义的或美国式的社会构想,这是财界和保守政治主流的构想,其二是民族主义的社会构想,这是统治层的鹰派以及以"新历史教科书学会"为中心结合起来的知识分子的构想。以此为基础,宪法修改论也分为两种类型。

新自由主义宪法修改论的最大特点是:主张改变现代国家保持的福利国家功能(对因企业和市场活动面临困难的高龄者、病人、孩子、失业者等,通过医疗、社会保障、教育等福利政策防止差距扩大的功能),即从"事前规制型社会"改为"事后监督救济性社会",他们认为:因资本活动使弱小企业、弱者的衰落和被淘汰是没有办法的,国家对此进行预防和保护,只能使国家机构增大,妨碍个人的自立,减弱社会发展的活力,并且,与其通过福利给贫困的人提供平等化,毋宁需要创造一个报偿通过努力获得成功的人的社会。这也是美国型社会统合的模式。这一措施具体包括两大支柱,一是以新自由主义的彻底改革使社会阶层分裂为前提,试图建立一个使上层阶层稳定统合的制度构架,这就要扩大上层市民向政治和行政反映自己诉求的路径,主要改革事例包括:扩充情报公开制度、降低选举权年龄、改善事后解决纠纷的审判制度、使司法更贴近国民等。第二个支柱是,对于不能统合的下层,通过强化治安来对应,即建立"强制国家",近年日本不断通过的刑事司法的修改强化政策即是典型的表现,如制定盗听法、修改国民基本账簿法、修改少年法等。

民族主义宪法修改论的特点是:他们把日本社会的危机归结于战后宪法所表现的个人主义和自由主义,并猛烈攻击战后形成的社会价值观,他们反对资本的全球化和新自由主义,认为必须通过对日本传统共同性的复归和规范重建来实现社会的重新整合。对该种势力,主流社会向来不屑一顾,但随着现代社会危机的表面化,该势力不断扩大,西部迈、小林良则、佐伯启思等组成了"新历史教科书会",通过推动编集教科书并使之检定合格、使教育改革国民会议采用其构想、修改教育基本法论的抬头等方式,使其构想部分政策化。

(三) 现代修宪论的新特点

1990年代以后的改宪出现了一些新的特点，综合来说主要有：第一，像1950年代一样，要求进行全面的修改。这与第二个阶段的改宪草案基本都是维持现状的小规模修改论完全不同，并且，所有的修改理论在自卫队的海外派兵这一点上大体上意见一致，只是在现存社会改革方面有所区别。第二，与第9条相关的修改内容发生了很大的变化，以前是以自卫队的存在合宪化为目标，而现代的改宪论则把精力放在了自卫队海外派兵正当化的规定上。第三，围绕天皇条款修改出现了新的动向，重新出现了天皇元首化论，即放弃了强化以天皇为国民统合中心的方向，更加强调民主主义的统合。第四，在人权条款方面，所有的改宪论都增加了"新的人权"规定，同时也出现了强调根据国民义务或公共利益对人权的制约。第五，政治体制的修改也出现了新的特点，即设立宪法法院和首相公选制成为众多宪法草案探讨的对象。最后，像前两次一样，修宪条款的缓和也是各草案一直关注的对象。

第四节 对日本"和平主义"宪法的再认识

2017年5月3日，在纪念《日本国宪法》正式实施70周年的一个视频讲话中，日本首相安倍晋三提出了"希望2020年成为新宪法实施的一年"。这是安倍晋三首次为修宪提出明确的时间表。

自1952年日本签订《旧金山和约》并"重获独立"后，日本执政党和右翼团体内部就开始出现修宪的声音，但在广大民众和左翼政党的反对下，日本修宪活动一度转入低潮。20世纪90年代后，日本国内的修宪呼声再次提高，特别是进入21世纪后，日本的修宪步伐逐渐加快，日本的修宪活动也广受国内外瞩目。如果仅从现实而言，很难完全理解这一现象。以下主要从历史视角就几个问题做一分析。

一　《日本国宪法》是不是"强制"下的产物

1990年11月，在日本政府提出向海湾派兵的法案因违反宪法成为废案时，日本受到了来自美国舆论的大肆批判。如同年11月4日的《纽约时报》在题为"为什么对日本人来说拿起武器这么困难"的文章中，将《日本国宪法》第9条称作"因美国强制而出现的日本宪法中的和平条款"，同时，该文介绍了某美国外交官的如下观点："该条款必须依据其制定者的意思进行分析，即，为了使日本不再破坏世界和平，当然，伊拉克危机完全是与其相反的挑战。日本现在谋求的应该是强化国际法和恢复世界和平。"①

这一关于日本国宪法的"强加"看法反映了二战后的一种观点。该观点不仅在美国，在日本也非常普遍。的确，与美国宪法和法国宪法的制定不同，日本是在没有经过市民革命从而导致国民和掌权者的意识变革，而是因为发动侵略战争战败投降根据占领军司令部的意向制定的《日本国宪法》，这就产生了战后修宪者主张的"总司令部的强制""强加的宪法"等论调存在很大的市场。② 但仔细分析会发现观点存在很多问题。我们必须要问，《日本国宪法》完全是美国强加的吗？将"盟总"关于第9条的解释看作宪法制定者的意思是否正当？"盟总"是否将第9条解释为仅放弃侵略战争？在今天日本执政党积极推动修宪并在2014年7月1日正式解禁集体自卫权之后，有必要从历史角度对《日本国宪法》的相关问题进行重新思考。

在宣告日本投降条件及战后日本重建政治原则的《波茨坦宣言》中，明确规定了日本必须变更规定天皇主权的"明治宪法"的义务，如前所述，依据麦克阿瑟的指示，币原喜重郎内阁在1945年10月27日设立了以松本蒸治为委员长的宪法调查委员会，但在此后发表

---

① ［日］常冈圣子：《日本国宪法解读》，柏书房株式会社1993年版，第121页。
② ［日］辻村良子：《比较中的修宪论》，岩波新书2014年版，第79页。

的该委员会的宪法草案中，根本没有对天皇的地位规定任何实质的变更，因此，该草案对"盟总"来说很难接受。在这一背景下，麦克阿瑟认为，不能指望日本政府会依据《波茨坦宣言》进行改革，故而在次年的2月3日，命令"盟总"民政科起草宪法。与此同时，众多联合国成员主张追究天皇的战争责任，对此，麦克阿瑟为了使占领政策顺利进行，希望在大幅缩减天皇权限的同时，保留天皇制本身。麦克阿瑟担心的是，由联合国代表组成的远东委员会拥有对日占领政策的巨大权限，如果在其开始活动之前，日本政府不能提出包含明确民主改革条款的宪法草案，远东委员会就有可能要求废除日本的天皇制。

"盟总"草案在1946年2月13日由占领军当局的民政科长惠特尼将军亲自交给日本政府，此时的形势是，麦克阿瑟已表明，如果日本政府不接受该草案，"盟总"则将该草案呈现给国民。很明显，这表明新宪法的最终判断权不属于日本政府，而在于日本国民。"盟总"草案的发表对保守的日本阁僚来说，意味着自己可能被从政权的宝座上赶下台。最后，日本政府被迫接受该草案。

虽然有观点认为，"盟总"草案在交给日本政府时，并没有来自"盟总"方面的胁迫或强制，因此《日本国宪法》不是强迫下的宪法。但是，与是否使用了胁迫或强制的手段无关，日本政府接受该草案的过程本身，对战后的日本阁僚来说，的确表现了强制性。这一点，在参加当时内阁会议的一些人事后的发言中也有体现，如议员入江俊郎事后说："当时必须直面的问题是舍弃天皇制还是保留天皇制的问题，因此，没有办法，只能接受总司令部的草案。"[①] 但这里的问题是，该宪法是对谁的强制，即使《日本国宪法》的制定对日本政府来说是强制的，但对日本国民来说是不是强制的，则是需要另外分析的重要问题。

即使在日本投降后不久还处于混乱中的1945年12月，日本民

[①] ［日］辻村良子：《比较中的修宪论》，岩波新书2014年版，第78页。

间组织也发表了一些宪法草案，而"盟总"对这些民间草案表现了极大的关心，这也许是"盟总"将这些民间草案看作民主主义在日本国民基层中的表现。

这其中，1945年12月27日"宪法研究会"发表的草案得到了"盟总"的极大关注。该研究会由日本宪法学家铃木安藏和一些时论家组成，草案参考了美国联邦宪法和德国魏玛宪法。近年的研究表明，该草案与明治时期自由民权运动的私拟宪法草案也有很大的继承性，因为，作为研究会中心人物的铃木安藏正是研究自由民权运动宪法思想的专家。而近代日本的自由民权运动深受法国《人权宣言》的影响。在1946年1月11日的"盟总"备忘录中，记载了讨论该草案的情况，并给予该草案"是民主主义的，应该赞成"的高度评价。在数日后完成的"盟总"草案明显受到了该草案的影响，这从两草案存在很多相似点可以证明。如，"盟总"草案关于天皇地位的第3条规定类似于宪法研究会"天皇不得亲政，国政的全部归于作为最高责任者的内阁"规定的条款。并且，不存在于美国宪法的禁止拷问规定和限制财产权的规定，两草案相同。这表明，日本国民起草的宪法草案虽然没有得到日本政府的重视，但"盟总"给予了很高的评价，且相当部分通过"盟总"宪法草案最终被新宪法吸收。①

此外，《日本国宪法》部分条款是审议时追加的，这一点可以从宪法第25条的制定经过得到证明。该条第1款规定："全体国民都拥有健康地享受最低限度文化生活的权利"，虽然"宪法研究会"的草案包含了几乎同样的条款，但"盟总"草案没有采纳该条。该条款是在众议院审议时，由社会党提出修正案加入的。很明显，第25条不是美国方面强加的，完全来源于日本国民的意思。

如前所述，关于第9条的出台情况也比较复杂，在"宪法研究

---

① ［日］宪法调查会：《关于宪法制定经过的小委员会报告书》，日本评论社1964年版，第308页。

会"的草案中不存在放弃战争的条款,"宪法研究会"的成员之一曾说:"在宪法中设置和平条款是我们没有想到的。"另一方面,美国政府也同样,在1946年1月11日美国政府发送给麦克阿瑟的、题为"日本政体的变革"文件中,表达了美国对日本保持军事力量的提案认为是当然的。放弃战争的思路最早在文件中出现是麦克阿瑟提出的"修宪三原则",其第2项规定:"废弃以国权发动的战争。日本必须放弃作为纠纷解决手段的战争乃至作为保护自己安全手段的战争。日本的防卫与保护应该交给推动当今世界日益发展的崇高理想。绝不允许日本保持陆海空军,也绝不能给予日本军队交战权。"① 可见,放弃战争条款的思路来自麦克阿瑟。

但是,对于放弃战争的理念,在1946年1月24日麦克阿瑟与币原喜重郎首相的会谈中,币原也曾对麦克阿瑟提出过。究竟谁提议将该条款放入新宪法之中,现在缺乏有力的证据。但是,关于第9条制定者的意思,与"盟总"如何解释无关,而应该是以币原及其继任者吉田茂首相在国会关于修改宪法审议过程中表明的解释为准。

《日本国宪法》不是强加给日本国民的,其另一证据是1946年《每日新闻》发表的舆论调查结果,该结果显示:回答支持新宪法草案的人达到85%,反对的仅有13%,不回答的2%。关于放弃战争条款,回答必要的为56%,不必要的为28%,支持修改的14%。② 当时的日本政府反复公开说明第9条指的是放弃一切战争,而大多数日本国民也是在这样理解第9条的基础上表明支持第9条的。

二 《日本国宪法》的进步原则之一:对经济弱者的保护

从《日本国宪法》是"美国压力下的产物"这一观点进而衍生出另一种误解,即:《日本国宪法》没有一点比美国宪法更具有民主

---

① [日] 现代宪法研究会编:《日本国宪法:资料与判例》,法律文化社1981年版,第11页。
② 《每日新闻》对当时全国2000人的随机调查,载《每日新闻》1946年5月27日。

性。但实际并非如此。《日本国宪法》中至少有两项"进步的"原则是美国宪法所不具有的,一是对社会上经济弱者的保护,二是和平主义原则。要理解这两项宪法原则的历史意义,必须追溯19世纪以来日本导入西方宪法原则的过程。

为使封建社会转化为近代资本主义国家,在日本当初导入立宪政体时,试图混合日本的历史传统和西方的宪法原则。在日本"明治宪法"起草时,当时可资参考的西方宪法各式各样,这些西方宪法可以分为两大类,一是美国、法国式的,其宪法是政治体制变革通过市民革命实现的国家制定的"民主型"宪法,该类宪法完全排除了绝对君主制的政治原则,确立了国民主权和权力分立,保障了基本人权。与此相对,没有经过市民革命,而是通过旧有统治者自上而下的自动改革而实现政治体制变革的德国等,制定了尽量保存部分独裁权力的"保守型"宪法,该类宪法采用了君主主权,在权力分立的表象背后试图向君主集权。关于人权的规定一般通过"依据法律规定""在法律的范围之内"等条款予以严格的限制。

在众多日本民间的宪法草案中,也存在模仿美国联邦宪法的草案,但在1881年政变后,掌握明治政权的伊藤博文等人决定以"保守型"的《德意志帝国宪法》为蓝本。最终使日本走向了法西斯主义和军国主义的道路。

战后的日本在"盟军"占领下,将民主型的宪法原则作为"人类普遍的原则"写入了宪法前言,同时,《日本国宪法》确定了与美国联邦宪法共同的众多政治原则。

其一是采用了国民主权原则。在这里具体不再分析,但需要注意的是,几乎在所有的场合,日本人没有意识到"国民"与"人民"的词义区别,英语的"人民"(people)一般日语译为"国民"(nation),因此,"人民主权"(popular sovereignty)译为"国民主权"(national sovereignty)。但是,依据法国的宪法理论,"人民主权"不同于"国民主权",前者指确保政府源于民意,与此相对,后者在具有"人民主权"外观的同时,通过对直接民主制的否定和保障议会独立于人民的机制,阻碍人民意志在政治过程中的反应。现行日本宪法中,类似"国民主权"的规定(如第51条)和类似"人民主权"的规定同时存在,因此,可以把《日本国宪法》看作是从"国民主权"向"人民主权"过渡阶段的宪法。①

其二是确立了三权分立原则。这一原则前面也有论述,在此不再赘言。

其三是对基本人权的保障。《日本国宪法》的制定并不单纯意味着从保守型宪法向民主型宪法的转变。在18、19世纪的"民主型"宪法中,财产权被认为是神圣不可侵犯的。进入20世纪后的现代宪法开始否认传统的自由放任主义,加入了对财产权的限制。在对国家经济活动进行限制的同时,承认了保障所有人尊严的社会权。尽管其程度、方式有所差别,但却是20世纪资本主义国家的共同特征。其典型则是1919年的"魏玛宪法"。

美国在1933年大危机后上台的罗斯福总统实行新政,在扩大的联邦政府权限之下,采取积极的经济限制,建立起了社会保障体制和以联邦政府为主导的大规模公共事业。

美国新政的成功,对战后欧洲各国产生了重大影响,甚至关于企业国有化内容的限制条款也进入了宪法,如法国1946年的宪法前言就有"财产通过企业及其运用具有了全国的公共性或事实上垄断的性质,必须全部归社会所有"。这样的规定,同时在权利典章中加入了多种社会权。

战后的《日本国宪法》也存在同样的规定,即,第22条1款、29条2款,第25—28条规定了生存权、受教育权、工作权、劳动三权等社会权。必须注意的是,20世纪资本主义国家宪法上的这些变化并不意味着这些国家的社会主义化,而是为了克服资本主义的重大弊病,是对资本主义在一定范围内的修正。在这一点上,美国与日本站在同一立场上。但美国与日本最大的不同是:无论国家对经

---

① [日]常冈圣子:《日本国宪法解读》,柏书房株式会社1993年版,第133页。

济的控制还是社会权,都没有宪法上的明文规定。当然,社会保障的充实程度以及相应的社会权,并非仅看是否在宪法上有保障,事实上,在日本,社会权长期被视为纸面上的东西。但是,美国的社会权仅具有限定的性质,其原因在于,社会权即使作为政治义务也不一定是宪法上公认的。

美国与日本的差异在国家对经济活动限制背后的思想方面也可以看到。美国限制经济的目的一般是恢复自由竞争秩序,而日本限制经济的目的同社会保障目的一样,是为了提高弱者的社会经济地位。①

三 《日本国宪法》的进步原则之二:划时代的和平主义

和平主义是日本宪法的另一进步原则,当然,宪法中规定和平主义并非始于日本,法国1791年宪法就规定了放弃战争的条款,二战后的意大利、联邦德国、巴西等都在宪法中规定了放弃战争的条款,但他们放弃的仅是侵略战争,而《日本国宪法》规定了放弃包括自卫战争在内的一切战争,就此来说,日本宪法规定的是任何国家宪法中都没有包括的划时代的和平主义。

如前所述,对第9条认识日本政府在《日本国宪法》制定之初的说明中也认为放弃的不仅是侵略战争,也包含自卫战争。在1946年6月26日众议院帝国宪法修改委员会上,吉田茂首相曾说:"关于放弃战争的本草案规定,并没有直接否定自卫权,但是,第9条2款不承认一切军备和国家的交战权,其结果实际等于放弃了作为自卫权发动的战争以及交战权。"但是,日本政府在1950年代变更了解释,即,可以保持自卫的军队,以此为基础,1954年建立了自卫队。

但是,绝大多数的日本宪法研究者迄今仍然解释为:第9条规定了放弃一切战争,禁止保持任何军队。即使一般人也几乎没有人

---

① [日]常冈圣子:《日本国宪法解读》,柏书房株式会社1993年版,第139页。

会认为第9条应该解读为放弃的仅是侵略战争。

值得注意的是,《日本国宪法》对和平采取了不同于以往的新视角。长期以来,和平是通过国与国之间军事力量的平衡来实现的,与此相对,《日本国宪法》提出了"通过信任爱好和平的各国人民的公正与信义"保持和平的思考方式。这意味着,《日本国宪法》首次不是从政府一方的观点,而是从国民一方的观点来看待战争与和平问题。

这一思考方式产生于现实的战争体验。日本人从侵略战争带来的灾难之中,特别是原子弹灾难中,认识到将人类从毁灭中拯救出来的唯一道路是废除军备和禁止核武器。币原喜重郎向麦克阿瑟提出的放弃战争的提案只不过是代表了大多数日本人的共同认识。币原在回忆录中提及电车中的乘客批评在没有国民合意的情况下军队随意发动战争的情景时写道:"我在受命组阁担任总理一职时,脑海中迅速浮现出当时电车中的一幕,因此,下定决心,必须努力实现当时国民的意思,为此,决定在宪法中改变政治的运行方式,使未来永远不要再出现那样的战争。"①

但是,当日本人想到"不要忘记广岛和长崎"之时,如果其目的在于宣扬和夸大自己是战争的受害者,那将毫无意义。因为,日本在作为核武器的受害者同时,还是战争的加害者,正是日本以所谓的"自卫战争"之名对中国和朝鲜以及其他亚洲国家进行了大规模的侵略和殖民。因此,日本承认以南京大屠杀、强征慰安妇、731部队为代表的日本对亚洲各国的侵略事实是构建东亚和平的前提。

自海湾战争后,日本国内有观点认为:《日本国宪法》阻碍了日本对国际社会的军事贡献,因此是一部"利己的宪法"。但这种观点实际上是以国际和平必须通过军力的行使才能实现这一立场为出发点的,实际上,《日本国宪法》对战争与和平采取了完全不同的思路,这在"前言"中就有很明确的体现。因此,"利己的"不是

---

① [日]币原喜重郎:《外交五十年》,法律文化社1971年版,第213页。

《日本国宪法》的和平主义，而是不忠实于和平主义的日本对外政治方式。①

四 20世纪90年代后美国的压力

海湾战争爆发后，在美国的压力下，日本于1992年6月制定了《维护联合国和平活动协作法》（简称"PKO法"），但是，针对美国认为在国际危急时刻日本不能派出军队与作为经济大国的责任不符的批评，对日本政府来说，无论从何种含义上都不能称之为"压力"，因为，美国的该种批评，正是长期以来日本政府面对国民不断强烈抵抗而继续强化自卫队正当性政策的坚强后盾和推动力。

本来，无论是西方的宪法原则还是日本的和平主义，日本政府并不是在积极承认这些价值的基础上接受"麦克阿瑟草案"的，他们是为了维护天皇制和自己的政治生命被迫将这些原则作为新宪法原则来接受的。并且，被当时的占领军"盟总"称作"相当多的人认为反动的保守派"政治人物集团②，在战后长期掌握日本的国家政权，期间，他们并不隐瞒对宪法的轻视，正是以"宪法是美国制定的""占领军司令部强加给日本的宪法"这些理由，才公开主张修改宪法特别是要消除第9条。但是，由于得不到修宪提议要求的国会两院议员三分之二以上的支持，长期以来修宪的梦想不能实现。为此，日本政府使用了曲线的解释修宪方式。因此，正是日本政府自己架空了宪法第9条，却总是利用"美国的压力"做借口。

自20世纪90年代以后迄今，日本政府透过解释修宪和一系列法案的制定，不仅实现了向海外派兵，还于2014年7月1日正式以阁议的形式解禁了集体自卫权。在以安倍为首的自民党长期执政以及在国会占绝对优势的情况下，日本离军事大国化只有一步之遥，

---

① ［日］常冈圣子：《日本国宪法解读》，柏书房株式会社1993年版，第145页。
② ［日］高柳贤三、大友一郎、田中英夫：《日本国宪法的制定过程Ⅰ》，有斐阁2000年版，第29页。

这不能不令曾受到日本侵略的中国等亚洲国家感到担心,而如果我们仔细审视一下日本民主主义的性质,对于日本的军事大国化更有理由感到忧虑。第一,大多数日本人经常认为日本政府的行为是正确的,对上级的"敬重和信任"是日本人长期以来培育的政治传统之一。第二,一旦某项政策以多数人之名被实施,此前的反对者一方往往会保持沉默。战后的日本虽然已成为"民主的国家",但日本国民的该种政治态度与战前相比基本上没有大的变化。另外,很多人担心,阻止日本走向军国主义倾向的国民之间的战争记忆,随着世代交替正在逐渐消失。①

因此,维护《日本国宪法》的和平主义原则不仅对日本,对世界各国而言都非常重要。只有爱好和平的各国人民联合起来,世界的永久和平才能实现。这也正是我们反对日本修改和平宪法的原因之一。

五 对《日本国宪法》"激进性"的认识

一般来说,理解宪法的方式有多种。一方面,宪法是国家的基本法,其他所有法律都处于宪法之下,其权限来自宪法所赋。宪法规定了一个国家的政治体制以及治理国家的应然规则。宪法给予政府设立机关的许可并保障国民的权利。可以说,一个国家的法治精神均在宪法中得以体现。另一方面,如果从政治角度来理解宪法则会看出其另一侧面,特别从一个国家的政治史中发生的事件来看,宪法即是对权力的夺取,或换句话说,宪法是企图使夺取的权力体制化和永久化的产物。自1215年英国的约翰王被迫签署《大宪章》以来就是如此。

如果从这一角度出发,就会产生以下问题,即,"宪法包含的原则是否正确?""宪法能否顺利实施?"更重要的是还会产生"究竟谁试图从谁那里夺取权力?"这样的问题,从这一角度解读,就会发

---

① [日]常冈圣子:《日本国宪法解读》,柏书房株式会社1993年版,第153页。

现一部宪法往往是由一个目标、一股推动力和一股张力组成的。①

以下通过对《日本国宪法》和《美国联邦宪法》的比较就会更加清楚。就美国宪法而言，它不是美国革命的产物，相反，它是此后持续的反革命的体制化产物。美国革命的体制化产物是1777年制定的非常民主的《邦联条例》，该条例承认了13个州（国家）的独立，并加之于类似联合国的邦联。1789年制定的美国宪法所取代的并不是脱离英国的殖民地统治，而是该种邦联体制。因此，该体系不是从英国国王那里而是将从邦联各州取得的权力具体化的产物。其结果就是，美国宪法体现了权力向中央集中的趋势，无论从哪一条款来看，都写明了政府各机关所拥有的特定权力。当然，也存在试图阻止这一趋势的条款，明显的事例是，为了获得反对者的支持随后增加的前10条宪法修正案（即《权利法案》），但是，该宪法基本的核心是中央集权。

与此相对照，日本国宪法是从中央政府，特别是从天皇手中夺权的具体体现。这一过程非常激烈。《日本国宪法》前面的41条，除第10条和第30条之外，全部集中在削减中央政府的权力方面，将从天皇手中夺取的权力赋予了被选举的政府，将从内阁手中夺取的权力赋予了国会，将从政府本身夺取的权力赋予了国民。最初的这40个条文是非常详细的政府权限负面清单，关于政府拥有的权力从第41条"国会是国权的最高机关……"开始（需要注意的是，对反对天皇制的日本人来说，对现行宪法残留的这一天皇制残余是持批评态度的）。

当然，从前述历史视角的分析可以看出，从日本政府手中夺取权力的是"盟军"，日本右翼认为：《日本国宪法》最初的第一章逻辑上来说是盟国战争努力的继续。盟国为了削弱日本政府的权力进行了太平洋战争，其目标在宪法中体制化了。这一观点虽然包含着部分真实的东西，但是，决定的差异在于，占领当局在这一权力夺

---

① ［日］常冈圣子：《日本国宪法解读》，柏书房株式会社1993年版，第157页。

取过程中，至少从宪法开始制定到发表这一重要的一年间的节点中，将日本国民看作是同盟者。这一宪法的主要特色，与其说是加入了第9条，毋宁说是这一事实本身。①

众所周知，在美国的战时宣传中，人种主义占了相当大的部分，当时的美国人一般认为：太平洋战争中的敌人与其说是日本的政治体制毋宁说是日本人。但是，不管单个的占领军当局人士怎样考虑，至少占领当局本身在当初，没有将战时的人种主义作为政策的基础。他们清清楚楚地将日本政府与日本国民区分开，他们认为，自己采取的破除垄断企业、解散军队和削减政府权力的政策行动，假定是获得国民支持的。华盛顿给盟军最高司令官的命令——"投降后美国初期的对日方针"中曾这样写道："在修正封建主义的、权力主义倾向方面，日本国民乃至政府如果要改变先前确立的政体（指近代以来建立的天皇政体），我们要乐观其成。在达成此种变化之时，当出现日本国民乃至政府对反对者采取行动的事态之时，最高司令官只有在为确保自身军队的安全和达成其他占领目的的必要场合，才应该介入。"②

由此可见，美国当局对日本国民通过革命手段打倒战时政权的问题已经考虑到了，并且——就像当初的政策声明所言——这属于占领军当局不介入的事件。这可以看做是美国民主主义意识形态的原因，为了削弱曾经的敌人，即战时的日本政府，可以不择手段。因此，美国占领之初，为了从日本政府手中夺取权力是将日本国民当做同盟者的，并且，这一事实也嵌入了《日本国宪法》的体系之中。

日本保守派批评这部宪法是在"强制"之下制定的，这也毋庸讳言。因为宪法就是对权力的夺取。但是，怎样评价这一行为，是

---

① ［日］常冈圣子：《日本国宪法解读》，柏书房株式会社1993年版，第159页。
② ［日］现代宪法研究会编：《日本国宪法：资料与判例》，法律文化社1981年版，第4页。

从政府的立场出发还是从国民的立场出发是不一样的。宪法所要做的就是从政府手中夺取权力并将其转让给国民。并且，这种权力的夺取不仅获得了国民的支持，他们甚至参与其中。此后，日本国民为了保护这一宪法进行了长期的斗争。从这一含义上来说，日本宪法是比美国宪法还要民主的法律文件。美国宪法是不断扩大中央权力的，而日本宪法正好相反，这在很多条文中都有体现。如"前言"，在英文中仅"people"就出现了10次，正文的第97条、第11条、第12条等都有体现。而美国宪法则没有这样的语句，美国宪法的制定者们是非常害怕国民的政治行动的，宪法要保障的自由和权利不是通过国民的"斗争"乃至"不断努力"实现的，而应该通过政府机构的保障（在这里想到了汉密尔顿的"名言"："所谓人民，这些家伙就是傻瓜、野兽！"）。对他们来说，听到《日本国宪法》这样的条款一定认为过于激进了。①

虽说如此，《日本国宪法》并不是政治原则的罗列，也不是强加给日本的民主主义意识形态，而是将现实的政治权利从日本政府手中向国民的转让。从整体上来看，日本政府抵制这一转让，而国民则支持。最终，受到国民广泛支持而被政府抵制的《日本国宪法》得以实施。而这一切都是在占领初期激荡的几个月中发生的。日本在密苏里号战舰上签订投降文件是在1945年9月2日，"麦克阿瑟草案"的发表是在1946年3月6日。当然，占领军当局的高官此后对自己做的事情也许感到后悔，特别是对第9条。如针对1946年5月的大众游行事件，时任盟军统帅的麦克阿瑟发出了警告，并禁止了1947年2月的总罢工，但这一事实明显违反了此前引用的日本投降初期的指令，这意味着为了削弱日本政府的权力将日本国民作为同盟军的占领军政策正急速的终止。但此时，《日本国宪法》已经实施，占领军当局虽然对自己做的事情感到后悔，却为时已晚。

但是，宪法虽然不能撤回却留下了无视的可能性。截止到1947

---

① ［日］常冈圣子：《日本国宪法解读》，柏书房株式会社1993年版，第163页。

年，被占领军当局结为同盟的对手已经从日本国民转向了日本政府，此后，占领当局开始为加强日本的中央集权采取行动。伴随着冷战的开始，日本从美国的敌人变成了反共同盟军，而日本政府也从应该被削弱和民主化对象变成了应该在政府权力和经济方面予以强化的存在，财阀解体的政策被放弃，大批战犯被从监狱中释放并重新走向政治舞台。与此相反，占领军当局开始了对共产主义者的压制。1950年创设了"警察预备队"，此后进一步发展为自卫队。这一被称为逆转的过程不仅重建了日本政府的军事力量，而且，创造了使与美国一直联手的日本旧统治阶层继续在政治、经济、社会等各个方面保持权力的条件。不仅如此，美国政府进一步将《日美安保条约》作为1952年对日和平条约（即《旧金山和约》）的条件，该《日美安保条约》实质上成为将日本外交政策的决定权转让给美国政府的理由，可以看作是对《日本国宪法》实质上的修改。依据该条约，只要在日本国内存在美军基地，美国宣称的敌人日本也必须看作敌人，既然如此，日本外交长期追随美国也就不难理解了。

另一方面，《日本国宪法》的基本原则深入人心并不是在占领军控制之下由国会发布之时，而是在反对逆转过程中日本广大国民经历了漫长的试图维护宪法的斗争之后，这一斗争虽然在1960年代的反安保斗争时期达到高潮，但一直持续到今天。尽管如此，《日本国宪法》实际上并没有完全被实施。因为，1952年之前，握有最高权力的并不是国民，而是占领军当局。到1952年，宪法终于要实质上实施之时，因为已经开始的逆转过程，其基础已经崩溃。

六　余论

综上，虽说《日本国宪法》由美国人起草，但美国宪法与日本宪法存在很大的不同。《日本国宪法》并不是美国宪法的翻版，美国宪法制定的目的是想集权于中央，日本宪法则相反。

从《日本国宪法》制定的大背景来看，在第一次世界大战后，美国超越英国成为世界第一大富裕国家，但仅仅10年之后，这一世界第一大富裕国家同样面临了 1929 年的经济大危机。开始由于应对不当，灾难一直持续，直到 1932 年罗斯福总统上台，采取"新政"干预经济，稳定国民生活，从而使美国走出了一条不同于德国的道路。

在美国参加第二次世界大战的 1941 年，正是罗斯福总统第三任期之初，政策起草官员仍然深受新政时代的影响。1941 年 12 月日本偷袭珍珠港之后，美国对日宣战，此后，美国国务院内设立了"日本重建协调会"，组长正是以专门研究日本江户时代"农民暴动"历史著称的肖伯顿，在当时的小委员会上，他们探讨了战后日本应该走的方向，即：不能侵略他国，其繁荣必须通过建立在工业化基础上的海外贸易这一基础之上。这次讨论的关键点直接影响了此后日本占领的方向。

而作为占领军司令官的麦克阿瑟，在新政之前的恐慌时代，作为参谋长曾对要求补偿津贴的一战退伍兵群体下令派骑兵驱散，他本人虽然是信奉新政之前社会思想的军人，但因为属于保守派，带有对一起战斗的幕僚充分信任的特质，在其幕僚中，有惠特尼少将、凯德斯上校等战后众多策划日本体制改革的人，这些调查日本状况并策划细节的年轻专门人员都是 1932 年以后新政时代接受大学教育的人。①

第二次世界大战结束后，美国为重建欧洲实施了马歇尔计划，对日本则采取了重建日本计划。作为战时同盟国的苏联则与美国出现了军事对立，经过朝鲜和越南两场战争，对于日本，战后初期提出的没有军备的经济繁荣提案也产生了很大变化，逐渐被其他提案所代替。但是，与美国本土相对照，享受着没有军备繁荣的战后日本国民，对与宪法第 9 条相表里的农地改革、教育改革、废除特高警察、实现妇女参政、解散财阀（虽然不彻底）等表现了极大的热情，作为其成果，由美国人起草的宪法，虽然承受了来自美国以及

---

① ［日］常冈圣子：《日本国宪法解读》，柏书房株式会社 1993 年版，第 195 页。

日本国内修宪派的压力，但在迄今的 70 多年中，却受到了日本众多国民的支持。

如前所述，在日本投降后，如何以少量兵力控制此前声称"一亿玉碎"、团结起来对抗美军的旧敌对国家国民，美国政府下了很大的功夫。其做法有二：一是保留天皇体制；二是利用将战争责任推到日本军阀头上、而国民没有责任这一历史观。从而在军事和财政上降低占领的负担。因此，依据这一占领军的需要，日本的知识分子无论是在报纸还是杂志上讨论战争都难逃这一巢穴。这一思维方式在占领之下持续下来，在占领结束后多年，因为日本成为经济大国恢复了自信，从而助长了今天日本从战前到战时大国本位思想的复活，当日本的汽车产业超越美国汽车产业之时，这一倾向更加明显。

在美军占领之下存在新闻检查体制，占领期间日本的言论自由受到压制是事实，但是，如果思考一下占领之前日本的言论压制有多厉害，就会更好的理解这一体制。①

关于占领，应该把美军对日本的占领和日本对中国和亚洲各国的"占领"结合起来考虑。目前日本国内在批评美军对日本的占领时抛开日本对亚洲各国的侵略是错误的。

但令人遗憾的是，时至今日，包括大学教授在内，日本众多的知识分子仍然说日本国民过去是反对那场战争的，其实，如果稍微看一下当时日本媒体的报道，就会发现实际并非如此。这一思路实际是战后占领军当局为适应占领需要制造出来的谎言。而今天，日本媒体仍然不断登载文章，声称日本国民反对向海外派出维和部队，反对自卫队的海外派遣等。这一套路是对占领军时期思路的承继。实际上，在 21 世纪的今天，日本赞成自卫队向海外派遣的人在增加。因此，现在作为日本国民，需要的不是"现在或者国民如何如何"这一反对方式，而是对这一反对方式的思考。

---

① ［日］常冈圣子：《日本国宪法解读》，柏书房株式会社 1993 年版，第 197 页。

因为，就政治而言，当今的日本政治用 Bruce Ackerman 的话说，已经从"普通政治"进入"宪法政治"（Constitutional politics，国民质问国家的基本法、统治结构、基本政策正确与否的政治）。但国民对"宪法政治"中修改宪法问题的关心并不高，从严格意义上来说，它是政府主导的"宪法政治"，带有较强的从上到下的疑似"宪法政治"性质。① 而只要日本政府将修宪当作目前最重要的任务，那么官制"宪法政治"问题只会变得更加严重，现实日本的实践也正体现了这一点。

---

① ［日］千叶真、小林正弥：《日本宪法与公共哲学》，白巴根等译，法律出版社2009年版，第67页。

第八章　日本解禁集体自卫权与修改安保法的影响

第一节　日本新安保政策与"自主防卫"

2017年后,日本安保政策的调整方向逐渐向"自主防卫"目标迈进。2018年,日本修改《防卫计划大纲》,时任首相安倍晋三在修改前称此次修改"不是此前大纲的延续,是要辨清保护国民真正需要防卫力量应有状态",这意味着日本防卫力量建设的"质变"。[①]随着安保政策的调整,今后的日本将在防卫费用、防卫装备、防卫体制及防卫政策的完善等方面采取更多的措施,这会对地区安全产生重要影响。

一　日本防卫政策的调整与防卫力量建设

自2012年12月安倍晋三第二次组阁后,调整安保政策、推动防卫能力建设、强化"自主防卫"成为日本安保政策及防卫力量建设的最终目标。为此,日本推出了内外两手策略:对内,全方位、立体化地加强防卫力量与体制建设;对外,拓展国际安保合作关系网,为"自主防卫"创造合适的国际氛围。为此,增加防卫开支成为日本谋求"自主防卫"的首要保障。近年来,日本防卫开支连续增长,如2017年防卫费达到5.1251万亿日元,比上一年度同比增

[①] 朱海燕:《日本安保政策的新发展与影响》,载《国际问题研究》2018年第1期。

长1.4%。2018年防卫预算达5.19万亿日元，比上一年度同比增加1.3%。① 在"安倍经济学"收效甚微、经济增长乏力的背景下，防卫支出却连年增长，其目的昭然若揭。

另外，作为"自主防卫"的硬件保障必须提升防卫装备水平。目前，日本提升防卫装备水平有两条渠道：一是购买其他国家主要是美国的先进武器装备。安倍在国会答辩中明确表示：日本政府将会认真评估对敌方基地先行攻击的能力。为此，2017年12月，日本内阁会议正式决定引进两套美国的"陆基宙斯盾系统"；同时日本防卫省要求在年度预算中追加投入，作为引进航空自卫队战斗机搭载中程巡航导弹的相关费用；将"出云号"改装为轻型航母，方便将要引进的美国F-35B战斗机起降。通过引进并改造一系列进攻型装备，日本无疑将在实质上突破"专守防卫"原则。二是通过提升日本防卫装备自主研发和生产能力，加强国际合作提升国际竞争力，以实现日本的"国防自主"，为"自主防卫"提供切实的支撑。为此，当时的安倍政府一方面利用日本民间科技力量，提升研发能力。如日本防卫省制定了所谓"独创性、前瞻性研究支援计划"，该计划通过公开向包括大学、独立行政法人等机构相关研究人员提供研究经费、设置研究课题，推动民间力量参与军民两用技术研发。此外，日本还利用其在激光等领域的领先地位，试图率先发展出激光、微波、电磁炮等新概念武器，使其防卫装备处于世界领先水平。此外，日本不断通过国际合作提升防卫装备研发水平。除与美国进行联合研发外，日本近年还与英国就共同研究空对空导弹达成协议，与澳大利亚联合研究船舶流体力学，与法国联合研究新一代雷达探测技术等。与此同时，日本与英、法、澳、德等国签署了《防卫装备及技术转让协定》，以便将欧洲高端装备和技术引入日本自卫队，提升其装备水平，强化日本防卫相关企业的国际竞争力。②

---

① 《朝日新闻》2017年3月2日。
② 朱海燕：《日本安保政策的新发展与影响》，载《国际问题研究》2018年第1期。

在自卫队建设方面,日本的目标是建设全面、统合性防卫能力,完善并扩充建制。2013年版的日本《防卫计划大纲》提出以构筑"综合机动防卫能力"为目标,提升自卫队的快速反应和全面应对能力。在这一目标之下,2018年,日本自卫队以西部普通科连队为核心建立了水陆机动团,同时建立了快速反应部队,同时,为强化对自卫队的统一指挥,设立了日本陆上总队司令部,负责北部、东北、东部、中部、西部五区部队的协调,强化与驻日美军的协调沟通。除此之外,太空和网络被日本定位为继陆海空之后的第四和第五"战场",为强化在新政策领域的能力,日本新设负责太空、网络空间及电子战部队的机构,并将此写入2018年修订的《防卫计划大纲》,从而完善了日本自卫队编制,强化了应对新型安保的能力。

除此之外,安倍时期还不断突出和提高防卫部门的地位,在将防卫厅升格为防卫省后,日本又成立由首相、官房长官、外相、防卫相四大臣组成的国家安全保障会议,由此防卫省成为制定安保政策的核心部门之一。在防卫省内部,武官的地位也得到提升,成为与文官具有同等地位的防卫大臣辅佐官员。而随着"自主防卫"政策的不断推进,防卫部门的地位必将进一步提高,防卫省、自卫队等改为"国防省""国防军"只不过是时间问题。另外,安倍还不断强化自卫队乃至国民的"自主防卫"意志。一是通过培养民众的"爱国心",强化"自主防卫"的国民意志基础。在第一次安倍内阁时期,极力推动修改的《教育基本法》将培养"爱国心"确立为教育的基本目的之一,前防卫相甚至支持将1890年天皇颁布的《教育敕语》作为学校教材。部分教育机构也支持政府关于培养"爱国心"的政策,并配合实施。如大阪市塚本幼儿园日常演练《军舰进行曲》《爱国进行曲》等战前带有军国主义性质的军歌,令幼儿背诵《教育敕语》等。二是大力鼓吹自卫队员的"献身"精神。在每次提到自卫队时,安倍都以自豪和赞赏的语气高度肯定自卫队的国内外活动，认为日本自卫队"是国民的骄傲"。① 在机制建设方面，安倍政府不断推进防卫政策的政治突破，并将其制度化、法律化，使其超越党派利益上升至国家的共同意识。如前所述，安倍第二次执政后即着手修订《防卫计划大纲》和《中期防卫力量整备计划》，制定《国家安全保障政策》，修改"武器出口三原则"，通过宪法解释解禁集体自卫权，修改"安保法"等。在此基础上，安备试图在任期内实现修宪的目的，删除宪法第9条，彻底破除日本国内阻碍"自主防卫"的政治法律藩篱，使日本从法律到实力、从制度到民意成为真正的既有能力又有意愿进行"自主防卫"的"正常国家"。

此外，日本还对外积极推进防卫外交，不断提升国际存在感，为"自主防卫"寻求国际支持。第一，继续强化日美同盟关系。如，2017年2至4月，美国新任国防部长马蒂斯、国务卿蒂勒森、副总统彭斯相继访问日本，肯定了日美同盟及日本在地区安全与稳定中的作用，被日本视为日美同盟在经历特朗普竞选言论冲击后再次回稳的证明。在军事上，日本通过对内强化军事力量，对外拓展自卫队活动范围和领域，加强同美国的联合演习与训练力度等，巩固与美国的同盟关系，同时提升自卫队在各种作战条件下的适应能力。特别是2017年5月，日本海上自卫队出动"出云号"直升机驱逐舰实现了对美国海军补给舰的护航任务，成为日本践行"新安保法"、强化日美同盟的重要行动。今后南海、印度洋、地中海等区域都将成为日本自卫队的活动空间，同时，日本也将在网络、太空等领域强化与美国的防卫及技术合作。第二，进一步加强与东南亚国家和澳大利亚、印度的安保合作，编织日本主导下的海洋安全伙伴关系网。安倍试图建立以美日为主导，包括澳大利亚、印度在内的"民主安全之环"，同时主导建立包括印度尼西亚、菲律宾、越南在内的"小安保圈"，形成内外嵌套的双重安保圈。在"外圈"，作为美国

---

① 『第百九十三回国会における安倍内閣総理大臣施政方針演説』、平成29年1月20日、http：//www.kantei.go.jp/jp/97_abe/statement2/20170120siseihousin.html。

的地区"副手",日本以相对平等的身份主动倡导双边或多边安保谈判、联合军演、共同开发军事装备技术及生产、共享情报、相互提供后勤支援等,以此达到强化相互军事安全关系的目的。在"内圈",以日本为主导,除了通过首脑外交、事务级官员谈判等方式在政治层面构筑信赖关系外,通过向相关国家提供人、财、物甚至机制建设等,提高相关国家的军事能力,深化军事安全关系,如向菲、越无偿或低价提供自卫队老旧武器装备、进行人员培训,提供安保资金援助等,以此塑造日本的地区主导地位,提升在"外圈"的发言权。除亚太地区外,日本还积极发展与欧洲各国的安全伙伴关系,减少对美国的过度依赖。如,2017年3至4月,安倍先后访问了德、法、意、比、英五国;同年11月,日本外相再度出访欧洲的英国等,并就联合研发武器装备、联合训练与军演等进行协商。此外,联合国维和行动也将是日本今后展示"自主防卫"能力与意志的重要窗口,可以为日本自卫队创造对外接触与合作的机会,促使国际社会对有军国主义侵略历史的日本军事力量"脱敏"。[①]

二 日本"自主防卫"政策的功能分析

日本的安保政策是基于自身利益考量,在对外部安全环境进行评估后的政策反应。所以,日本对其自身安全环境的认识是决定其安保政策最终走向的根本原因。安倍上台后认为,日本的安全环境非常"严峻",因此,日本需要强化防卫力量,这一认识为日本追求"自主防卫"奠定了基础。与此同时,日本国内的政治氛围为安倍政府追求"自主防卫"政策提供了宽松的环境,并逐渐成为"自主防卫"需求的内在动力。安倍政府在其上台后制定的第一个《国家安全保障政策》中指出,日本当前所处安全保障环境愈发严峻。在"全球安全保障"和"亚太地区安全保障"两个层面安全议题界定

---

① 杨伯江、陈腾瀚:《日本国家战略转型:认知重构与路径选择》,《东北亚学刊》2017年第1期。

中，都包括"朝鲜威胁"和"中国挑战"，这实际是日本认定的具体实质安全问题，而其他所列举的议题如所谓"人类安全""全球经济"等都是文本性装饰品。而朝鲜开发核力量则是日本强化防卫能力、改变安保政策的最有效借口。该政策指出：朝鲜加强核武器等大规模杀伤性武器及弹道导弹开发，并不断在朝鲜半岛采取军事挑衅行为，加剧了本地区的紧张局势。自2016年后，朝鲜的核导开发日趋密集、技术能力不断提高，到2017年11月，朝鲜试射"火星15"洲际弹道导弹，宣称已完成"核武大业"。这进一步坐实了日本对"国家的安全危机"利用宣传。不仅如此，日本还不断刻意夸大威胁程度，如在2018年版《防卫白皮书》中将朝鲜核导试验定位为"威胁已经进入新的阶段"。为更有效地利用朝核导问题，安倍政府还向国民发出赴韩旅行警告、号召撤侨，甚至向国民传授导弹袭击应对方法，举行防空演练等，以加大日本国民的恐慌情绪，以达到为"自主防卫"赢得国内民意支持的目的。①

此外，日本还在各地部署升级反导系统，从美国引进陆基宙斯盾系统及中程巡航导弹等。当然，中国的崛起是日本推动"自主防卫"的另一借口。日本以维护所谓的"以规则为基础"的国际秩序为名，宣称日本的"自主防卫"能力建设有助于应对中国崛起对现有国际秩序的冲击与挑战，并呼吁西方国家支持日本的"自主防卫"，确保在中日领土争端、历史认识等问题上处于优势地位。2010年后，随着中国经济总量超过日本并逐渐拉大差距，日本政界深受刺激，"购岛"、政策重点方向调整、强化自卫队建设、发展岸舰导弹、插手南海争端、围绕中国推行"俯瞰地球仪外交"等行为均是其表现。当然，日本在以中国为对手的布局和行动中，发展以军事力量为核心的"硬实力"是其最重要的抓手，特别是在美国的亚太政策不确定性增强的背景之下，"自主防卫"更成为日本应对"中国威胁"的优先选择。在这期间，日本对美国政策调整的认知是其

---

① 朱海燕：《日本安保政策的新发展与影响》，载《国际问题研究》2018年第1期。

安保政策调整的决定性因素。战后以来，日本的安保政策与美国的政策始终处于互适动态调整中，基本的发展趋势是：日本不断完善安保体制，强化自主防卫力量，拓展防卫范围，主动或被动地增强分担同盟义务。一般而言，当美国力量收缩或发动战争之时，日本就会被迫担负更多同盟义务；当日本处于强势保守政府领导之下时，则会主动承担更多安全义务。特别是倡导"美国优先"的特朗普政府与强硬的国家主义者安倍晋三任日本首相之时，日本基本具备了强化防卫能力、突破战后防卫政策、追求"自主防卫"的条件。进入 21 世纪后，在日美的不断互动中，初期的美国是促动者，不断从外部对日本施压，推动日本安保政策转向保守化。在奥巴马时期，日本安倍政府由"被动"应对美国政策需求，转换为主动利用甚至诱导美国对日提出分担安保要求。到特朗普时期，安倍积极试探美国的政策诉求，引导美国支持日本的地区安全定位。2017 年 11 月，特朗普在亚洲访问期间回应了安倍 2007 年提议的美日澳印四边安全对话问题，将"印太"置于特朗普政府第一个《国家安全政策》中"地区政策"的首要位置，并明确将中国视为"竞争对手"，欢迎和支持日本的强大领导地位。这为日本提供了针对中国的广阔政策操纵空间。安倍政府将美国的要求作为外部动能，倒逼和诱导日本国内舆论转向支持"自主防卫"。安倍多次向美国表示，日本将"谋求加强防卫能力，扩大自己可以发挥的作用"①。"特朗普冲击"对日本安保政策的调整发挥了双重推动作用：首先，虽然特朗普声称"将百分之百与日本站在一起"，日本对此很难"百分之百"信任，这会从客观上促动日本安保政策转向。其次，日本为表现对"美国优先"政策的支持，主动承担地区安全义务，加大购买美国武器装备，包括购入攻击性武器，这也在实质上突破了日本的"专守防卫"原则。

---

① 『マティス米国国防長官による安倍総理大臣表敬』、平成二十九年 2 月 3 日、http://www.mofa.go.jp/mofaj/na/st/page3_001984.html。

另外，日本国内的政治生态也成为安倍推动"自主防卫"的内生动力。战后很多日本人潜意识中存在畸形的"受害者"意识，认为日本也是二战的受害者，战后处理和不保有军队的宪法规定及美军驻日都是其"受害"的物化体现。这种"受害者意识"支撑着"自主防卫"呼声的长期存在并驱动其不断高涨。"修改宪法"始终是战后自民党的目标，而解除宪法对日本使用军事力量的限制，实现"自主防卫"也是自民党的最终目标。作为自民党内保守派代表的安倍晋三，更将摆脱战后体制、建设"强大的日本"作为其执政目标。此外，由于少子高龄化给日本造成的负面影响同样存在：日本社会内化、政治保守、经济乏力。在"安倍经济学"不能从根本上激活经济与社会活力的情况下，"自主防卫"能力的建设就成为安倍刺激日本活力的有效手段。

三　加强"自主防卫"对日本自身的影响

虽然日本要真正实现"自主防卫"还存在一些障碍，如，修宪程序障碍及在野党的政治阻力，战后日本广大国民对"和平国家"的习惯性心理诉求，日本自卫队缺乏实战检验以及美国对日政策可能的调整等，这些都会成为日本"自主防卫"或明或暗的阻力。但总体而言，未来束缚日本"自主防卫"的力量将不断弱化，推动力量则会增长。当然，日本推进"自主防卫"对日本自身、日美同盟以及地区安全秩序都会产生深远影响。在此仅对第一点做出分析。

"自主防卫"政策将深刻改变战后日本的国家发展道路，改变日本作为"和平国家"的形象。如前所述，日本摆脱"战后体制"的重要体现就是修改《日本国宪法》，其中，首要目标是修改第9条对日本保有和使用防卫力量的限制，而这也将彻底改变战后日本国家发展的方向。因为，战后日本为恢复和发展经济，在吉田茂内阁时期就确立了"重经济、轻军备"的所谓"吉田路线"，在这一路线之下，日本将安全保障问题交由美国负责，集中国内外的一切资源用于发展经济。直到1970年代后，美国出于全球政策以及亚太政策调整的需要，开始要求日本分担安全责任。到 20 世纪 80 年代，已经在经济上创造"奇迹"的日本开始逐步调整"吉田路线"，将谋求"政治大国"作为目标，冷战后这一进程进一步加快。但"吉田路线"的影响仍然存在。安倍政府在安保领域的修法极大地改变了战后日本国家发展的基本框架，特别是安倍政府留下的政治、安保遗产迫使其后的日本政府不可能彻底推翻现行政策。因此，安倍开其端的"自主防卫"政策真正改变了战后日本的性质，并在很多层面对日本产生很大的影响，从积极层面而言，有利于日本的防卫装备产业拓展海外市场，促进新一代日本军工产品的研发和生产，使其防卫产业处于国际领先水平，甚至带动日本国内其他相关产业的发展。但与此同时，相关政策也将损害日本的国际形象。战后日本以"和平国家"立足于国际社会，安倍政府通过扩张军力追求国际地位违背时代潮流，从长远看，将会损害日本的软实力，同时地区安全秩序走向也会受一定影响。因为，战后美国对日本的民主化改造及之后签署的《旧金山和约》是亚太地区秩序事实上的法理依据，日本不保有战争权及军事力量是其基础与核心，也是日本能够与东南亚国家达成"软和平"，并构建起以美国为基轴的亚太地区双边同盟体系的前提，该体系维系了战后亚太地区的秩序与基本稳定。但由于美国对日本的民主化改造不彻底，更未从根本上解决日本发动侵略战争的责任问题，多年来日本也采取刻意回避甚至否认战争罪行的态度，这些都成为日本与东亚近邻关系时有恶化的根源，也是亚洲各国始终对日本"再军备"保持警惕的根源。在"自主防卫"政策之下，日本将成为既有战争权又具有战争能力且不断强化战争意志的"正常国家"，这将从根本上改变亚太地区的秩序，并产生恶性循环，加剧地区国家间的军备竞赛，破坏地区和平，并进一步加大地区国家间的信任赤字，阻碍地区经济合作，破坏地区经济的稳定和繁荣。①

---

① 朱海燕：《日本安保政策的新发展与影响》，载《国际问题研究》2018 年第 1 期。

最后，日本"自主防卫"政策也将给中国发展带来消极影响。因为，作为中国邻国的日本，"对中国的总体作用和重要性没有下降。其原因在于，在正面或正能量作用下降的同时，日本给中国发展和崛起带来的负面或负能量作用在上升"①。虽然日本以直接军事打击手段扼杀中国崛起的可能性很低，但日本为强化自身防卫能力不断鼓吹"中国威胁论"等，将损害中国在国际上的形象与声誉，并将在长时内侵蚀中国崛起的软实力基础。同时，日本以中国为对手、以所谓的"共同价值观"为纽带、以"防卫外交"作为手段，不断拉帮结伙，阻碍中国周边外交布局的顺利推进，影响中国与相关国家争端的处理。并且，日本强化"自主防卫"能力建设，必将带动地区军备竞赛，加大中国周边安全环境的复杂程度，阻碍中国的和平发展，干扰中国"以经济发展为中心"的政策规划。2017年以来，虽然日本展示了与"一带一路"倡议合作的意图，并积极推动恢复中日韩峰会，但日本并未改变"强军之路"，未弱化对中国的外交围堵，因此我们应从"双面人"的视角看待日本对华政策的调整。

第二节　日本解禁集体自卫权与美日同盟

2014年7月，安倍内阁通过了修改宪法解释、解禁集体自卫权的内阁决议，之后的2015年又修改通过了"新安保法案"。此后6年多来，美国经历了从奥巴马到特朗普再到拜登，从民主党到共和党再到民主党的政权轮替。日本解禁集体自卫权虽然在法律层面强化了美日同盟的协作，但政策实践中的潜在问题越来越凸显。

一　日本解禁集体自卫权对美日同盟的助益

作为美国同盟体系中的经济与科技强国，日本解禁集体自卫权

---

① 吴怀中：《"安倍路线"下的日本与中日关系》，《日本学刊》2016年第3期。

第八章 日本解禁集体自卫权与修改安保法的影响

对美日同盟的助益一直是美国所寄予厚望的。在日本正式解禁集体自卫权之前的2014年3月,时任负责美国东亚与太平洋事务的助理国务卿丹尼尔·拉塞尔就表示:"日本政府正在研究(关于集体自卫权)的解释……我们欢迎日本在这一问题上的开放态度和为此所作出的努力。"① 同年6月,在安倍政府做出解禁集体自卫权内阁决议的前一天,美国国务院发言人普萨基重申美国对日本解禁集体自卫权的支持态度,认为:日本有权用其认为必要的方式武装自己,美国鼓励日本以透明的方式来进行。② 2015年,美国时任国务卿克里表示:尽管美日位于地球两端,但对美国来说,没有比日本更好的朋友或盟友了。③

的确,首先,在美国的盟友中,日本经济实力位居世界第三,仅次于美国和中国。基于雄厚的经济实力和不断增加的防卫预算,自2014年以后,日本出资支持美国关岛和北马里亚纳群岛的基地建设,在海外协助美国建设军事基地。其次,日本高科技水平可以为美国及盟国的军工产业提供更好的技术支持。三菱、富士、丰田等众多知名日企均可同时从事军品和民品的生产与研发。美国兰德公司的研究报告《2020年全球技术革命》认为:日本的研发和利用新技术能力仅次于美国,位居世界第二;日本的科技应用能力也和美、德等并列第一梯队;在以创新能力、经济刺激体制、教育和信息基础设施为衡量标准的知识经济化排名中,日本也仅次于美国。与此同时,由于美国不断介入国际冲突,国际危机带给美国的财政与人

---

① Daniel R. Russel. Opportunities and Challenges in the U. S. – Japan and U. S. – Republic of Korea Alliances [EB/OL]. March 4, 2014. http://www.state.gov/p/eap/rls/rm/2014/03/222903.htm.

② Jen Psaki. Daily Press Briefing: Japanese Right to Equip Themselves in Way They Deem Necessary [EB/OL]. Jun 30, 2014. http://www.state.gov/r/pa/prs/dpb/2014/06/228570.htm#JAPAN.

③ John Kerry. Press Availability with Secretary of Defense Ashton Carter, Japanese Foreign Minister Fumio Kishida, and Japanese Defense Minister Gen Nakatani [EB/OL]. Apr 27, 2015. http://www.state.gov/secretary/remarks/2015/04/241162.htm.

力压力越来越大。因此，美国需要在全球范围内获得盟国更大的支持，日本解禁集体自卫权对美日同盟的增进效应因此更加凸显。对美日同盟来说，日本解禁集体自卫权能够使其有机会在全球范围内发挥更大的实质性影响。2015年2月，安倍在新年施政演说中强调美日同盟是日本外交的基础，表达了对日本自卫队执行海外任务的肯定。因此，在美日同盟的升级进程中，日本解禁集体自卫权是不可缺少的重要一环。

二　日本解禁集体自卫权与美日同盟的升级

日本解禁集体自卫权后，美日同盟突破了原有法规限制，在法律层面从区域同盟升级为全球同盟，适用地域范围也由日本本土及其周边扩展到全球。这极大地提升了日本的海外军事活动空间和对美国的军事支持能力，而日本在美日同盟中的地位也相对上升，同盟的不对等性有所淡化。

（一）新法律框架对原美日安保条约适用的地域范围限制被突破，美日同盟在法律层面从区域同盟升级为全球同盟

2014年奥巴马访日时声称：两国关系不应局限于军事同盟，应该在全球地区热点问题上加强合作，共同创造一系列规范的国际秩序准则。① 但在原有的法律框架内，美日同盟适用的地域范围受到严格的限制。1960年的《美日安保条约》明确规定，美日两国相互负担的军事义务仅限于"日本管理的领土"。为配合解禁集体自卫权，安倍政府大力推动相关安保法规的修改。2015年修改的新安保法规，不仅使自卫队活动和集体自卫权行使权限得到了大幅度扩充，还在《自卫队法》中加入了自卫队行使集体自卫权的新"三要件"，为自卫队行使集体自卫权提供法律保障。安倍政府表示，日本安保

---

① The White House. Remarks by President Obama and Prime Minister Abe of Japan Before Bilateral Meeting [EB/OL]. Apr 24, 2014. https：//www.whitehouse.gOv/photos-and-video/video/2014/04/24/president-obamas-bilateral-meeting-prime-minister-abe-japan#transcript.

法规修订的目的之一就是使自卫队的活动在国际法上具有正当性。

自冷战结束后,美日同盟不断进行有限的升级。如,1997年的日美《防卫合作指针》将双方军事合作范围扩大到与朝鲜半岛和台海局势相关的"周边事态",美日同盟的主要任务也由对日本的"专守防卫"转为"应对周边事态",此后,日本自卫队不仅可以在"日本领土范围内"对美军给予后方支援,也可以在"与战斗地区毗邻的日本周围公海及空中进行"。1999年,时任日本首相的小渕惠三在国会答辩中进一步确认了对美日同盟适用的地域范围限制,明确中东、印度洋等地不在设想范围内。围绕美日同盟的升级,2003年小泉纯一郎担任首相时曾表示:"为了日本安全和维系美日同盟关系,仅作好日本自己的防卫是远远不够的。"2014年出台的《美日防卫合作指针》修改"中期报告"明确提出:"新防卫合作指针将考虑扩大自卫队的活动范围",日美将以"全球和平与安全"目的开展合作,使日本自卫队无论在"平时"还是"灰色地带""战时",都能对美军开展"无缝隙"合作与支援,包括后方支援、海洋安全、警戒监视与侦察以及维护太空与网络安全。2015年版《美日防卫合作指针》明确了"美日同盟的全球本质",强调美日两国在全球军事行动中应采取"无缝隙、强有力、灵活有效的双边应对措施"。时任美国国防部长阿什顿·卡特直言:"新指针不再受地域限制。"①

(二) 日本进一步拓展了海外军事活动空间,极大地提升了对美军事支援能力

自解禁集体自卫权后,日本政府积极致力于清除限制海外军事活动的各种"禁区"。2014年,安倍政府通过"防卫装备转移三原则",解除了维持近半个世纪的武器出口禁令。同年7月,日本三菱

---

① John Kerry. Press Availability with Secretary of Defense Ashton Carter, Japanese Foreign Minister Fumio Kishida, and Japanese Defense Minister Gen Nakatani [EB/OL]. Apr 27, 2015. http://www.state.gov/secretary/remarks/2015/04/241162.htm.

重工获准向美国出口导弹零部件,这是日本首次根据"防卫装备转移三原则"批准出口武器。2014年年底,日本根据对美国的"应用支援体制",和澳大利亚共同参与了美国F35战斗机的维修基地建设,并负责整个北太平洋地区的F35维修任务,日本自卫队还与美澳两军共享F35的情报。不仅如此,自解禁集体自卫权以来,日本自卫队的海外军事活动力度也大幅提升。自2015年7月日本首次作为正式成员参加美澳联合军演后,活动不断增加。此外,2015年2月,日本政府通过新"政府开发援助大纲",该大纲首次允许对外国军队在救灾等领域提供"非军事目的"的援助。2015年版美日《防卫合作指针》指出:"美日两国将依据国际国内相关法律,在尊重主权前提下采取涉及军事内容的行动,以应对针对美国或第三国的武装攻击。"①

（三）日本在同盟中的地位有所上升,同盟的不对等性逐渐淡化

2013年后,美日"2+2"会议开始聚焦日本的"积极和平主义"政策,支持日本突破战后体制的限制,从而使日本在美日同盟中发挥更大的作用。美日两国在共同声明中明确表示:"两国致力于成为全方位合作伙伴,结成更平衡有效的联盟,合力应对21世纪的区域和全球性挑战。"② 2014年的美日"2+2"会议强调:在美国亚太再平衡政策和日本"积极和平主义"指导下,共同为亚太地区和平与繁荣打造可靠的同盟。2015年的美日"2+2"会议和新版美日《防卫合作指针》出台后,时任美国国务卿克里表示,这标志"日本不仅能承担其自身的领土防卫,还能在美国和其他盟友需要时为他们提供防卫"。

---

① 熊李力:《日本解禁集体自卫权以来美日同盟发展态势》,载《日语学习与研究》2019年第6期。

② U. S. Department of Defense. Joint Statement of the Security Consultative Committee Toward a More Robust Alliance and Greater Shared Responsibilities [EB/OL]. Oct 2013. p. 2. http://www.defense.g0v/pubs/U. S. -Japan-J0int-Statement-0f-the-Security-C0nsultative-C0mmittee. pdf.

除"2+2"会议外,美日在外交和防务领域的其他行动也显示,其不对等性有所淡化。2013年10月,美日防务磋商会议声明指出:日本自卫队将和美军共用关岛及马里亚纳群岛的训练基地。这是日本自卫队首次与美军在日本领土以外共同使用军事基地,从而实现了美日双向基地的使用。2015年4月29日,安倍在美国国会发表演讲时说:美日同盟使自由世界最大和第二大的民主国家密切合作,没必要为其设计任何新的概念。① 尽管安倍声称没"设计任何新的概念",但日本却以"自由世界第二大民主国家"来自居,其希望与美国"共同发挥领导作用"的新动向不可不防。

三 日本解禁集体自卫权与美日同盟的裂缝

自日本解禁集体自卫权后,虽然推动了美日同盟的升级,但两国围绕相互权利义务的潜在裂缝也逐渐凸显。特别是特朗普在任时期强势推进"美国优先"政策,在经济和安全领域要求日本承担更多财政和军事义务导致的双方分歧。

对美国来说,日本解禁集体自卫权后,应该在不限于日本周边的全球各地给予美国更大的实质性军事支持。美国国务院报告认为:在亚洲以外,日本的政治和财政支持有利于解决目前各种全球地缘政治问题。但对日本政府来说,虽然希望通过集体自卫权解禁强化美日同盟关系,但更注重依靠同盟在与周边国家的争端中占据优势,同时获得美国对日本迈向"正常国家"的更大支持。所以,尽管美国期望超越以往"周边事态"的限制,在全球范围获得日本的实质性军事支持,但日本并不想将解禁集体自卫权与广泛参与美国全球军事行动直接画等号。

早在2014年7月,对"是否会拒绝美国要求日本参加的战争"

---

① Ministry of Foreign Affairs of Japan. Toward an Alliance of Hope: Address by Prime Minister Shinzo Abe to a Joint Meeting of the U. S. Congress [EB/OL]. Apr 29, 2015. http://www. mofa. go. jp/na/nal/us/page4e_ 000241. html.

问题，安倍政府就指出：日本"不可能使用武力参加像伊拉克战争、海湾战争那样的行动，除非我国的生存受到威胁，国民生命、自由、追求幸福的权利受到明显的危害"。所以，日本解禁集体自卫权，目的是"加强与美国的政策合作，自卫队并非会直接介入海外军事行动"①。另外，日本民间也对自卫队参加海外军事行动存在很大的疑虑。2015 年 3 月，在日本执政联盟就解禁集体自卫权后的修法问题达成一致意见后，东京爆发了大规模示威，反对安倍晋三政府解禁集体自卫权。示威者表示："安倍的目的是使日本成为没有反对战争自由的国家"，因此，号召"不想去战场和不想在战场上失去亲人和朋友的人们"行动起来。鉴于日本国内强大的反战力量，虽然安倍政府成功实现了集体自卫权的解禁，日本也很难在全球范围内给美国更强大的实质性军事支持。此外，美日的潜在分歧在日本周边同样存在。如日本政府通过解禁集体自卫权强化美日同盟的主要用意在于与周边国家、特别是中国的争端中获得美国的支持。但美国虽然对中国的崛起抱有疑虑，却不希望因日本与中国的争端将美国直接卷入可能的地区冲突之中。

另外，由于日美同盟是"日本外交的基轴"，美国的支持对日本迈向"正常国家"不可或缺。因此，日本政府希望利用美国对日本解禁集体自卫权的期待，获得美国更多的支持，但美国很难全盘接受日本政府在历史问题上的一系列言行。如在 2005 年，当时的日本、德国、印度和巴西所谓的"四国联盟"入常失败后，就有日本学者指出布什政权的反对是原因之一，"美国在过去 30 年间一直在口头上支持日本入常，但又总以效率低下为由反对安理会的扩大"，"反对声音最强的是中美两国，美国国会不可能同意四国提案"。在 2014 年，安倍政府曾指责美国某出版公司发行的历史教科书涉及"慰安妇"相关内容，要求进行修改。而美国国务院则以"支持学

---

① 熊李力：《日本解禁集体自卫权以来美日同盟发展态势》，载《日语学习与研究》2019 年第 6 期。

术自由"表示反对。2015年4月,当安倍对"村山谈话"大放厥词,表示:"村山在战后50年讲话中提到'殖民地统治和侵略'和'从内心深处感觉到歉意'的话语……若(与村山谈话)一样,就不需要再发表谈话了。"对此,美国国务院表示:"我们仍然强调通过促进情感愈合和各方和解方式解决历史遗留问题的重要性,这一立场很清楚。"① 由此可见,即使美日同盟进一步强化,其目的仍存在分歧。

因为,对日美同盟而言,日本强化防卫政策固然可以提升美日同盟的"威慑力",加大同盟的安全系数,但另一方面也将使同盟更易卷入冲突和争端。当然,在日美同盟中,日本处于被动和从属的弱势地位,强化同盟实际上固化了日本的从属性地位。但日本政府的目的是通过将日美同盟打造成"全球同盟",使日本从美国的"附庸者"变成享有全球范围内"共同利益"的"同行者",进一步提升日本的"自主防卫"能力。但是,日本强化防卫能力将进一步恶化与邻国间的关系,同样会使日美同盟面临被"牵连"的危险。如,日本不断以应对朝鲜威胁为借口深化日美安保关系,将引起朝鲜更激烈的反应,而朝鲜通过提升核导能力做出应对又反过来被日本所利用,从而形成"国家引导性安全困境",② 从而不断推高地区紧张局势。

特别是对美国而言,日本政府强化防卫能力,虽然可以使日本真正发挥亚太"安全锚"的作用,分担美国在亚太地区的部分责任,减轻美国防护日本安全的负担,将更多政策资源配置到其他政策方向,增强全球行动的灵活性。但另一方面,日本防卫能力的增强使其拥有更多筹码与美国讨价还价,美国操控日本的成本也将极大提高。虽然日美国家利益存在一定的契合度,但两国对威胁程度的不

---

① 熊李力:《日本解禁集体自卫权以来美日同盟发展态势》,载《日语学习与研究》2019年第6期。
② 王俊生:《"安全困境的形成与缓解"——以冷战后东北亚安全为例》,《教学与研究》2014年第11期。

同认知和定位使其存在一定的利益分歧。如，作为朝鲜导弹目标之一的驻日美军基地，美国关注的基地安全是确保美军人员及装备安全，在极端情况下驻日美军可迅速撤离，而美国在日部署预警及反导系统也是为确保驻日美军而非日本的绝对安全。但对日本来说，美军基地为日本国土，朝鲜核导的威胁对日本安全利益构成根本威胁。因此，两国对威胁程度及其性质的不同认知决定了不同的对策，在这里，美国有可能被日本"绑架"，日本则有可能被美国"抛弃"。此外，强大后的日本可能会在某种程度上抗拒美国的指挥，美国对日本又必须进行一定程度的防范。[1] 这从日美安保关系演变也可以看出，日本始终依据自身利益需求调整对美政策回应，并积极利用与美同盟关系追求自身目标。如安倍政府利用美国"亚太再平衡"政策修订《日美防卫合作指针》及"安保法"，因此，当日本完成蜕变过程，美国调动日本的成本将进一步提高。

总之，围绕美日同盟中权利义务的划定，在日本解禁集体自卫权后，美国对日本寄予了承担更多义务的期望，但美国的期望能否实现值得怀疑。

第三节 日本新安保法与东亚和中国安全

一 东亚安全形势与日本新安保政策

目前，东亚在经济增长和区域一体化等方面已走在世界前列，并逐渐成为世界新的经济和政治中心。域内多数国家谋求和平与稳定，各国努力争取发展机遇，东亚安全形势总体处于稳定状态。但当前日本却大肆渲染东亚安全形势紧张和"中国威胁"论，积极利用美国亚太"再平衡"的机会，从内部制度到外部合作方面对自身安保政策进行了大幅调整，导致战后日本防卫领域的重大变化，其

---

[1] 朱海燕：《新版〈日美防卫合作指针〉下日美同盟的质变》，《国际论坛》2015年第6期。

对东亚安全形势的影响，值得我们深入研究和探讨。

目前，东亚地区虽然存在海洋争议、领土争端、朝核问题等诸多安全挑战与困境，但东亚安全形势总体比较稳定。特别是崛起的中国坚持走和平发展之路，是地区和平与稳定的中坚力量，展现了一个负责任和平大国的担当。但是，也应该看到，当前，美国亚太政策的调整助长了东亚出现更多纷争和更严重安全困境的压力。期间，日本不断刻意渲染"中国威胁"，同时高度评价日美同盟，极力迎合美国的"亚太再平衡"政策。①

（一）东亚总体稳定可控的安全形势与中国坚持和平崛起

目前，虽然大国间存在政策竞争，但发生大规模冲突和战争的意愿并不高。特别是中美之间致力于构建新型大国关系，"不冲突、不对抗，相互尊重，合作共赢"是其核心内容。美俄在东亚大的竞争与冲突可能性也很低。中俄全面政策协作伙伴关系内涵不断提升，中韩经贸合作不断深化，在朝核问题、朝鲜半岛安全机制及和平统一、中韩对话机制方面等存在众多共识，2015年还启动了两国海上划界谈判，"为地区国家解决类似问题树立了良好的典范"②。日韩两国均为美国的盟国，在美国推动下，日韩关系开始修复，两国虽然在安全上存在紧张关系，但是层次较低。中国与东盟各国通过签署《南海各方行为宣言》和稳步推进"南海行为准则"磋商，不断开展务实合作。中日就处理和改善中日关系达成了四点原则共识，并重启了海上联络机制。2015年11月，中断三年多的中日韩领导人会议在首尔顺利举行，并在会后发表了联合宣言。朝核问题虽然仍在困扰地区安全，但在相关各方的积极努力下没有使局势变得不可控。崛起的中国日益成为东亚地区最新兴的力量，中国一再强调坚持和平崛起，坚决主张用和平手段解决地区争议。针对南海问题，

---

① 孟晓旭：《东亚安全形势与日本安保政策调整》，载《国际安全研究》2016年第2期。

② 中华人民共和国外交部：《2015年12月14日外交部发言人洪磊主持例行记者会》，http://www.fmprc.gov.cn/web/fyrbt_673021/t1324109.shtml。

中国提出"双轨思路",主张有关争议应由直接当事国家通过谈判和协商解决,南海和平稳定应由中国和东盟国家共同维护。针对朝鲜半岛问题,中国坚持维护半岛和平与稳定,坚持朝鲜半岛无核化的主张没有改变。另外,中国积极倡导共同、综合、合作、可持续的新亚洲安全观,强调要构建人类命运共同体,共建、共享、共赢是东亚安全要走的道路。中国坚持和平、致力和平的主张与行为是东亚安全稳定重要动力,而中国的"一带一路"政策可以进一步促进世界"命运共同体"的构建。同样,东亚区域经济一体化进程的加快也会为东亚和平提供广阔而坚实的基础。

(二)日本安保政策调整对东亚安全的影响

近年来,日本对安保政策的大幅调整,无论对日本本身还是对中国和东亚安全都有非常大的影响。

1. 对日本自身的影响

日本通过调整安保政策,在重塑和加强自身防卫力量的同时,也打造出二战后迄今最危险的政军体制。"国家安全保障会议"将日本国家安全保障政策的制定权、对自卫队的指挥控制权、对危机的处置权等都集中在首相一人手中,导致其他十几名阁僚的作用逐渐丧失,这有可能导致日益右倾的日本走上独裁体制。而《特定机密保护法》和"新安保法"等在国会上被强硬表决通过更加剧了人们对日本民主被破坏的担忧。而国民权利的破坏正是日本危险转向的前奏,安保政策调整的结果同样导致《日本国宪法》更不符合"现状",这会进一步增大《日本国宪法》被迫修改的压力。与美国军事"无缝对接"使日本"被卷入"战争的风险大为增加,同时也破坏了日本战后体制。日本政府借日美同盟等外部压力推动国内舆论与体制变化,试图达到摆脱安保的"战后体制"。就新设立的"国家安全保障会议"而言,它既是日本应对安保一体化、提升情报沟通能力的举措,又是适应日本内政改革、摆脱战后体制的一种需要。为达到全体国民对国家安全的紧张认知,改变《日本国宪法》下存在的和平主义氛围,日本政府通过将全体国民引入对安保议题的关注，为培育能战国家打下民意基础，即："将国家安全保障当做每人身边的问题"，为此要"培养热爱祖国和乡土之心"①。这样，战后曾经远离安保议题的日本越来越重视军事，这与不断加剧的日本国内政治右倾化相结合，不能不令东亚各国感到不安。

2. 对日美同盟及美国东亚安全政策的影响

冷战结束后，美国迫切希望日本在东亚安全事务中扮演更积极的角色。2007 年，美国前副国务卿阿米蒂奇和前助理国防部长约瑟夫·奈牵头撰写的报告《美日同盟——让亚洲正确迈向 2020》发表（又称《阿米蒂奇·奈报告》）。与 2000 年发表的《美日同盟——迈向成熟的伙伴关系》（又称阿米蒂奇报告）相同的是，2007 年的报告一如既往地维护美日同盟在美国亚洲政策中的核心地位、强调日本对美国的重要性。不同的是，2000 年的报告着眼于纠正克林顿政府后期忽视日本的倾向，力求巩固美日同盟的根基，就推进美日防卫领域合作提出具体的建议。2007 年的报告则更具政策性和前瞻性，开始超越美日双边关系，为美日同盟发挥地区乃至全球作用勾画蓝图。如提出设立美军和自卫队的共同作战司令部、强化日美军事产业合作，活用日本协助美国维持国际体系等。之后的 2012 年《阿米蒂奇·奈报告》则进一步提出，日本的新安全防卫角色需要从本土防卫向地区防卫转变。② 显然，日本安保政策的调整符合当前的美国东亚安全政策需要，是日本对日美同盟作出的"贡献"与积极修补。2015 年的日本《外交蓝皮书》进一步提出："日本将与实行'亚太再平衡'政策的奥巴马政权进行合作，全面加强日美同盟关系。"2015 年 4 月，安倍访问美国，并在美国两院联席会议发表题为"迈向希望的同盟"演讲，强调："我们明确支持美国再平衡，

---

① 孟晓旭：《东亚安全形势与日本安保政策调整》，载《国际安全研究》2016 年第 2 期。

② Richard L. Armittage and Joseph S. Nye, "e U.S. - Japan Alliance：Anchoring Stability in Asia," http：//csis. org/files/publication/120810 - Armitage-USJapanAlliance-Web. pdf.

从而加强亚太地区的和平与稳定。"①

当然，日本安保政策的调整对美国来说也存在风险。短期来看，日本安保政策的调整加强了美国对东亚安全事务的干涉与掌控能力。特别是在美国经济和国力衰退的背景下，美国可以利用日本的军力弥补其在东亚的力量不足，把自卫队力量的增强及其运用视为美国"亚太再平衡"政策的关键。但长期而言，日美同盟的强化为日本提供了参与塑造并进而主导东亚安全秩序的机会和平台，也为日本"国家正常化"提供了重要契机，并使日本最终摆脱美国对日本的控制，实现日本的自主化与大国化铺平道路。日本的保守政治家早就断言美国在关键时刻难以保卫日本。因此，日本作为亚太地区最繁荣、最强大且占据重要地理位置的国家之一将在未来该地区的发展中起到关键作用。所以，基于当前日本非正常国家的现实，依赖日美同盟实现过渡，进而把美国拖在亚洲，等自身实力增强后摆脱美国的控制，是日本保守政治的长期目标。可以预见，随着美国实力的相对下降，其对外的安全承诺意志和能力必然下降，日本通过增加分担美国在东亚的安全责任会进一步坐大，最终动摇日美同盟的现实存在基础，进而影响美国的东亚安全政策。

二 日本新安保法对中日整体安全关系的影响

日本 2015 年 9 月通过，2016 年 3 月正式生效的新安保法，是战后日本安保政策的一次巨大变化，它改变了战后日本长期坚持的"专守防卫"政策，解禁了"集体自卫权"，从相对克制变得更具进攻性和相对独立性。从此以后日本自卫队可以在更大范围内更主动地参与日本领土之外的军事行动。这一变化无疑会对中日两国的安全关系带来重大影响，中日两国的不信任感会进一步加深，甚至可能出现小规模的军备竞赛。之后，随着美国不断要求盟国承担更大

---

① 《米国连邦议会上下面院合同会议における安倍　总理大臣演说》，日本外务省ホームページ，http://www.mofa.go.jp/mofaj/na/nal/us/page4_001149.html。

责任，日本在安保政策方面可能会走得更远，中日安全关系将更加紧张。

自1972年中日邦交正常化以来，中日关系在其后20多年的时间里基本保持顺畅，当时两国具有大致共同的安全利益，即共同面对来自苏联的安全威胁。当然，因为中日两国毕竟是具有不同社会制度的国家，即使在关系最密切的时候，两国在安全问题上的实质性合作并不多，充其量也仅是宏观上的共同安全利益而已。冷战结束后，世界格局的变化也深刻影响着中日两国的安全关系，随着一些国际事件的发生和中日两国实力对比的变化以及两国国家发展政策目标的部分冲突，中日两国之间安全上的不信任逐渐加深。特别是20世纪90年代后，随着中国经济迅速增长，中国在军事领域的投入增加被日本视为一种安全威胁，尤其在涉及日本自身国家利益时更是如此。具体而言，如20世纪90年代中期中国的核试验曾引起日本方面的抗议，甚至日本国内有声音要求暂停日本对华政府开发援助（ODA）；1995年6月至1996年3月，在中国大陆与台湾地区之间爆发"台海危机"时，美国派出航空母舰战斗群靠近台湾东部海域进行威慑，日本虽没有采取任何军事行动但也婉转地向中国表达了担忧，这同样引起了中国对日本的不满；1996年4月，日美同盟进一步强化，虽然没有明确将中国视为主要敌人，强调针对的是整个亚太地区的各种传统与非传统安全威胁，但其后东亚地区国际关系的一系列发展变化都显示这一同盟对台湾问题的解决以及冷战后中国的和平崛起具有制约作用，因此，美日同盟的存在和强化对中国来说同样是一种安全威胁。[1] 2010年后，中国的经济总量逐渐超过日本成为世界第二经济大国，过去很长一段时间日强中弱的态势开始改变，在历史上从未出现过的中日两强并立局面对双方而言是一种新的考验。而在东亚相对缺乏地区合作意识的环境下，中日两国在安全上对对方的疑虑进一步加深，甚至刺激和影响了两国

---

[1] 梁云祥：《日本新安保法与中日安全关系》，载《日本学刊》2017年第2期。

关系中本来就存在的一些问题，如东海海域及钓鱼岛领土争端以及在历史认识问题上的不断摩擦等。这些争端和摩擦反过来又加深了双方的"安全困境"状态。而日本"新安保法"的推出虽存在多种因素，但某种程度上也是中日"安全困境"状态下的一种反应。尽管安倍政府为通过这些法律所做的说明中并未单独将中国视为日本的安全威胁，如还包括应付在世界各地可能出现国际恐怖活动时保护日本国民等内容，但中国因素无疑是重要原因之一。包括安倍在内的执政党国会议员在国会就"新安保法"接受质询时也并不讳言这一点。特别是2012年9月后出现的"钓鱼岛危机"、之后中国在包括钓鱼岛空域在内区域划定东海防空识别区以及在该区域进行的海空巡航，成为安倍政府提出和通过"新安保法"的直接动力和主要理由。也正因如此，中国在对日本安全保障政策的变化表达担忧的同时，基于日美同盟的强化和日本安保政策更趋于进攻性而带给自身安全的威胁，继续强化自己的军事建设。如持续增加军费投入，包括航母在内各种大型军事装备的建设或强化，加快组建一支能够进入各大洋的远洋海军，提高海军进出太平洋以及进行军演的频率等。而面对中国的举动，日本也同样相应增加了其防卫能力，如日本已经在宫古海峡附近的与那国岛上开始部署监视雷达，以"扩大日本对中国大陆的监控能力，可以进行导弹早期预警，并对监视中国军队的动向提供补充"[1]。而且，为强化作为安全保障的国家导弹防御系统，日本防卫省准备成立一个由防卫副大臣领导的委员会，该委员会将讨论包括是否部署"萨德"反导系统在内的问题。虽然日本的理由与韩国一样，说是为防止来自朝鲜的核武器和导弹攻击，但除了这一能够公开说出的理由之外，强化日美同盟关系以及日韩关系、应对中国日益强大的军事存在等是其更深层的考虑。

总之，中日之间的"安全困境"是日本推出"新安保法"的

---

[1] 《外媒：日将在与那国岛部署雷达或激怒中国》，http://news.qq.com/a/20140419/007034.htm［2016-11-04］。

"理由"之一，同时"新安保法"反过来又进一步刺激和加深了中日之间的"安全困境"。换句话说，两者之间互为因果，之后甚至会促使中日之间的军备竞赛。虽然从主观上中日两国政府目前似乎并不愿意发生冲突，双方在经济、文化等一些领域的合作也在一定程度上制约了双方的冲突，甚至双方也在积极谋求改善关系，但日本"新安保法"推出后，中日两国的安全关系明显在恶化，双方正在进行谈判的海空联络机制迟迟难以启动，在东海及钓鱼岛南海等问题上，双方的摩擦似乎并未减弱，且目前看不到双方会出现妥协的可能性。当然，日本"新安保法"的正式生效和实施，并不意味着日本立刻会在同中国有关的安全问题上用兵。其实所谓的"中国威胁"仅是日本"新安保法"推出的前提或原因之一，在打击国际恐怖主义等问题上，中日两国甚至有可能进行合作。那么，日本究竟有无机会在同中国有关的安全问题上实施安保法，还要看亚太整体安全形势的变化和中日关系的发展情况，在目前中日之间没有危机发生的情况下，"新安保法"对中国而言就仅是一种想象。况且即使在中日之间真出现某种安全危机，如何真正实施"新安保法"也不是简单的事。在日本国内会受到一些政治和法律上的限制，日本政府也不是可以完全随心所欲地动用自卫队。但"新安保法"确实在一定程度上导致了亚太地区安全形势的紧张，恶化了中国的周边安全环境，对中国构成了一定程度的安全威胁，因为理论上讲，日本是可以出动自卫队配合美军或其他盟国作战的，这无疑对中国将构成更大的安全压力。所以，从目前的国际形势以及中日两国的实力对比来看，这种"安全困境"只会给两国利益都带来损失。[①] 因此，尽管目前中日两国间存在一些难以解决的矛盾，但两国政府都应该有意识地设法增加信任，缓解乃至最终走出这一"安全困境"。只有中日安全关系得到改善，两国关系才可能得到根本改善，而届时日本"新安保法"的实施对中国而言就将失去意义。

---

① 梁云祥：《日本新安保法与中日安全关系》，载《日本学刊》2017年第2期。

三　对日本新安保政策的整体思考

自2012年12月安倍第二次上台以来，逐渐改变了传统施政方式，确立了"以经济发展促进政治目标"的施政方针，通过实施所谓"安倍经济学"的一系列改革，试图摆脱日本长期通缩状态的经济结构，推动经济复兴。同时，安倍又启动安保改革，包括设置日本版NSC、解禁武器出口的限制和集体自卫权、修改《日美防卫指针》和"安保法"，从而使构成战后日本安保政策的四项政策方针逐渐瓦解，其中专守防卫、非军事化、文官统治三项全部废弃，"无核三原则"也遭在野党的深刻质疑。

与战后只承认行使个别自卫权的日本旧安保政策相比，旨在行使集体自卫权的日本新安保政策具有如下五个特征：强化安保领导与提升决策效率；突破专守防卫方针；改变文官统治模式；解禁武器出口；打造对等的日美同盟。① 具体而言：

第一，通过构筑日本版的NSC，强化对安全保障的领导体制、提升决策效率。2013年11月，安倍晋三提出的旨在"创设日本国家安全保障会议"的《安全保障会议设置法》在当时的临时国会获得通过。该法具有两大特征：第一，突出和强化内阁首相的权力，规定：以总理大臣为中心，创建具有政策眼光应对外交安保相关课题的日常与机动体制，并通过强化政治领导力迅速应对各种问题；第二，在组织结构上创设更高效的由首相、官房长官、外务大臣、防务大臣组成的四大臣会议，并形成三级审议合议体，即：四大臣会议——九大臣会议——紧急事态大臣会议，设国家安全保障局为常设机构。

第二，突破"专守防卫"方针，以行使集体自卫权为借口，可以随时向海外派兵并使用武器。作为新安保法案之一的《国际和平支援法》规定：为维护国际的和平安全，经国会同意，日本可以向

---

① 张玉来：《日本安保战略转型及其对策》，载《国别和区域研究》2018年第1期。

海外派遣自卫队。其他10部与安保相关的法律全部根据这一方针做出调整，关于日本自卫队发动战争的条件、武器限制、活动内容与范围等均突破了"专守防卫"的限制。

第三，改变了日本防卫部门长期以来的文官统治体制，提升了武官的地位，实现了文武并立。2015年日本国会通过的《防卫省设置法》修正案抛弃了传统的文官为主的制度，提出了文武并重原则，使日本陆海空自卫队幕僚长等武官地位得到了空前的提升。因二战期间曾出现"军部暴走"的现象，二战后日本在安保领域确立了文官统治政策。但2015年的法律改变了这一方针，从而引发了日本各界的普遍担忧。

第四，解禁日本战后坚持了半个多世纪的武器出口限制，使日本开始走向军工大国。2014年4月，安倍内阁以"阁议"方式通过《防卫装备转移三原则》，该原则取代了1967年后日本坚持的《武器出口三原则》。同时，为了推进武器及军事技术出口，日本决定成立防卫装备厅，专门负责国际开发与出口事项。为此日本还确立了"先零部件、后成品"的出口政策，迄今已与澳大利亚、法国、英国等签署了共同研发合作武器的协议，并与土耳其等国沟通出口相关武器装备。

第五，以强化同盟为名，提升日本在美日同盟中的主体性，以达到日美对等的格局。2015的新版《日美防卫合作指针》，不仅明确了日本行使集体自卫权，还打破了日本对美军支援的地理限制。同时日美合作确立了新时空概念，构建了双方全天候、全世界范围的合作，还将宇宙和网络空间也纳入合作范畴。

日本的新安保政策对其国内、东亚乃至世界，都会产生一定的影响。

首先，就日本自身而言，新安保政策将彻底架空《日本国宪法》第9条。第9条有两个支撑点：一是不得保有陆海空军及其他战争力量；二是不承认国家的交战权。第一点已在日本旧安保政策中被突破，但因日本政府一段时间以来坚持个别自卫权而没有突破后者。

此次安保法的修改强调集体自卫权的新政策，彻底突破了后者，从而使《日本国宪法》第9条完全形同虚设。这也为日本最终修宪扫清了最重要的障碍。从此后日本政府将拥有战争发动权，为其成为"普通国家"扫清了障碍。

其次，日本安保政策转型将阻碍东亚地区的战后和解。战后欧洲的德国由于对侵略战争态度正确和立场鲜明，使得德国与受害国家的和解取得了显著成效。但在亚洲，由于日本对侵略战争的态度，直至今天，与欧洲类似的和解趋势仍未出现，即使作为同盟关系的美日之间，对历史问题也存在异见。不仅如此，由于作为加害者的日本部分领导人在历史问题上的模糊不清，甚至试图篡改历史，这些都让地区实现和解困难重重。在这一背景下，日本通过安保政策转型，积极发展军事力量，显然会严重阻碍东亚地区各国的和解。

再次，2015年后日本安保政策的转型也将对战后秩序构成挑战。1943年的《开罗宣言》和1945年的《波茨坦公告》对战后日本的秩序做出了安排，东京审判是对日本侵略历史的公正审判。但急推安保政策转型的安倍等日本政客，多次表达对东京审判等战后秩序的质疑。安倍公开声称东京审判是"胜者的审判"，根本不存在公平正义。并且，日本还表现出改变战后秩序的强烈愿望。这些行为严重挑战了战后国际秩序。

最后，日本将因安保政策转型走向军事和军工大国。2016年度日本防卫预算首次突破5万亿日元，之后连年增长，其最终目标是防卫预算达到占日本GDP的2%。另外，由于日本解禁武器出口，其防卫产业将走出日本进入全球市场。如2014年日本军企开始参加全球军工展销，2015年首次在日本（横滨）举办海事系统及技术交易会，三菱重工、川崎等多家日本企业参展。①

对中国而言，随着日本新国家安保体系的基本形成，中国面临的东亚政治军事环境将产生巨大的变化。我国将面对一个重新拥有

---

① 张玉来：《日本安保战略转型及其对策》，载《国别和区域研究》2018年第1期。

战争发动权、作为"普通国家"的日本。对此，我们应高度重视，充分评估其影响，以此为基础，全面考量和重新定位对日方针政策，做到未雨绸缪、从容应对。

第一，我们要高度重视日本新安保体系的建设，密切跟踪、把握局势，全面评估其对我国的影响。第二，重新定位对日政策，重新评估日本在我国未来经济社会发展中的作用与价值，全面调查中日经济关联现状与发展趋势，总结归纳我国传统对日政策方针的利弊，以此为基础制定不与我国重大政策部署相冲突的对日方针、政策及实施策略。第三，力推战后和解，创造主动外交的新纪元。我们应看到，历史问题虽是日本背负的"负资产"，但其对我国的"正资产"效应也在下降。因此，我们需要转换思维，积极顺应时代潮流与趋势，推出战后和解的新历史牌，占领外交高地，改善对我国不利的周边外交环境。第四，助推日本和平民意、树立崭新中国形象。"中国威胁论"是安倍推进安保转型的利器，也是其强化日美同盟的重要法宝，我们应通过彻底落实"亲诚惠容"外交理念，打破一些人蓄意推升的"中国威胁论"。第五，积极推进中日经济合作，发挥民间外交优势。应该看到，中日之间目前的经济互补性仍然很强，我们要继续改善投资环境、提升竞争力，吸引优秀日企来华投资，推进我国经济结构转型升级。同时，也要鼓励我国企业走进日本市场，培育和提升国际竞争力。将民间力量打造成中日之间更加坚实的底层结构，遏制日本上层机制的不稳定性。

结语　对日本未来走向的思考

进入 21 世纪后，日本解禁集体自卫权和修改安保法的步伐不断提速，随着 2014 年安倍内阁"解禁集体自卫权"的决议通过和 2015 年安全保障相关法律的修改，《日本国宪法》第 9 条的"和平主义"原则完全被架空。

展望日本未来，令和时代的开始是一个标志。

2019 年 5 月 1 日是日本第 126 代天皇（包括传说在内）德仁正式即位的日子，它标志着日本进入"令和时代"，也标志着延续 30 余年的"平成时代"结束。

经过二战后 70 余年的反战努力，绝大多数日本国民有着发自内心的对战争的厌恶，日本已变为一个"和平国家"，现在很难想象日本再像二战前那样发动侵略战争。但是在展望令和时代的日本时，却依旧应该对日本有可能参加对其他国家的战争、在领土问题上贸然动用军事力量保持警惕。

2019 年 2 月 24 日，日本举行平成天皇在位 30 周年纪念仪式，当时的平成天皇在发表讲话时提到："平成的 30 年，在国民希求和平的坚强意志支撑之下，日本走过了近现代第一次没有体验战争的时代。"

的确，自 1868 年明治维新到 1945 年日本战败投降，历经明治、大正、昭和（前 20 年）三任天皇近 80 年，日本始终是在连续不断对外侵略战争中度过的，1945 年（昭和 20 年）9 月后终于迎来迄今近 80 年的和平。可以说，和平是平成时代（1989—2019）坚守的内容，但平成天皇或许已经预感到日本在下一个时代会有新的战争风险，因为他看到了安倍晋三任首相后在政策法规上为参加或发动战争进行了细致、全面的准备。在退位之前，平成天皇特意强调30年的"无战"也许有这方面的考量。

原《读卖新闻》记者、作家真山仁在2019年4月27日的《朝日新闻》发表文章说："平成的30年是一步步进行战争准备的30年。"

他认为：1991年日本根据《自卫队法》第100条第5款，第一次派部队到海外执行任务，1992年日本出台《联合国维和行动协作法》，1999年制定《周边事态法》，2001年制定《恐怖对策特别措施法》。之后2012年底第二次上台的安倍内阁，在2013年即出台《特定秘密保护法》，2015年制定《国际和平支援法》，将安全保障关联法、行使集体自卫权全部包括其中。《日本国宪法》第9条几乎完全被架空。

据此，他对《朝日新闻》记者说："平成时代确实没有战争，但这个时代用30年时间，为战争做好了实实在在的准备。"诚哉斯言！

在平成时代已经一步步做好全面参加及发动战争的准备之后，令和时代的日本是否还能再一次"走过一个近现代没有战争的时代"，确实难下结论。

在安倍晋三2012年年底继任日本首相后，曾大力推行安倍经济学，但在推行六年未见成效后，悄悄下架。令和时代，日本新的经济政策更难出台。在安倍晋三之后，经历了短暂的菅义伟时期，现在是岸田文雄已执政两年多时间，虽然政局不稳，但自民党仍牢牢掌控着议会和执政大权。

目前日本政治的第一大特点是，自民党一党独大。政坛上自民党并无政治、经济上的相关成绩，但在野的各个小党之间相互争斗的精力，要比团结起来与自民党斗争大很多。对国家未来更提不出一个超越自民党的主张，对选民基本没什么大的影响。

平成天皇选择了在自己85岁时让位于儿子，但安倍晋三曾试图走首相终身制的路子。当然在天皇能够退位的时候，首相任期改为终身制，在今天的日本非常不合时宜，安倍晋三也因各种原因于2020年8月28日辞去首相职务，并于2022年7月8日遇刺身亡。但自民党一党独大的局面并未改变。实际上，日本政党政治在经济政策、外交方针上拿不出新东西，令和时代的政治稳定需要用这个形式来确定。很多时候，日本政治中"最大的问题是经济"，但最不用拿出成绩的也是经济，这种局面保证了自民党政治的绝对稳定。

第二个特征是"反知性主义"盛行。目前，日本民众、特别是年轻人的政治参与热情非常低，因此，尽管泡沫经济崩溃后进入激烈的改革及由此而来的政局动荡时期，但其后历次大选的投票率均难如人意，即使在投票率最高且导致政党轮替的2009年8月大选也低于"55年体制"时期的多数大选。安倍晋三第二次执政后更是如此，如2014年大选投票率是52.66%，为战后最低；2017年大选投票率则是次低的53.68%。据调查，高达81%的日本人表示不参与政治活动，年轻人更为突出。另一方面，尽管未来的不确定因素较多，但目前生活的选择自由度较大，而且日本社会保障制度完善，几乎没有绝对贫困化人口，非正式职员即使在最普通的工作岗位上每年的收入也可以超过相对贫困线，因而目前认为"幸福"的日本人比例很高。①

但另一方面，以年轻人为主的"宅男宅女"不仅越来越多，而且成为一个不可忽视的群体，其追求的亚文化具有"轻视或无视实证性、客观性"的反知性主义特征，这一点在安倍首相身上也能看得出来，它也成为安倍长期政权的一个重要因素。这是因为，由于社会变迁过程中的诸多不稳定因素，在平成年间，政权与首相如同走马灯一样不断变换。大多数首相任期一年左右，只有小泉纯一郎、安倍晋三是长期政权。

小泉纯一郎作为在政界没有嫡系成员的"孤狼""怪人"能够

---

① 王新生：《平成时代开启后工业化社会》，载《世界知识》2019年第8期。

执政长达五年半，是依靠容易获得电视等立体媒体认可的独特个性、霸气形象、简练话语以及大刀阔斧的政治改革措施赢得多数选民支持。而缺乏演说才能的安倍晋三长期执政则是在政治过程乃至决策过程中具有缺乏逻辑的"随意性结论"、缺乏实证性的"情绪化心态"、无视他者的"独善主义"等反知性主义特征。正如有评论家所指出的那样，安倍政权的一个特征是"反知性主义"，轻视或无视实证性、客观性，是自己理解所向往世界的态度。"无论如何先努力将问题解决吧"，安倍政权强行政治运营的背后就是这种"决断主义"。其典型的事例是在国会审议"安保法制"过程中，尽管绝大多数宪法学者认为安保法制在学术上违反宪法精神，但安倍首相自始至终没有提出任何具有说服力的合理依据，只是简单地主张合宪，同时不断地转换话题内容，利用似是而非的比喻消耗时间，这种完全不符合逻辑性的言论如实地反映了其"反知性主义"的政治特征。即使众议院审议"安保法制"的时间超过100个小时，许多人之所以仍然认为"说明不足"，就是因为安倍首相没有提出任何实证性的客观依据，只是趾高气扬地反复强调其结论，频繁使用"责任""绝对""断然"等语言，无法说服质疑者或反对者，最后依靠执政党的多数议席强制通过了相关法案。[1]

正是在这一背景下，日本迎来了新的"令和"时代。

2019年5月1日，日本新天皇德仁在即位后的朝见之仪中说，"我发誓，我将遵守宪法，作为日本国家及日本国民统合的象征，履行自己的责任，真切地希望国民幸福、国家进一步发展及世界之和平。"

在对日本明治维新后一步步走向对外扩张并导致最终失败的历史反思中，日本著名的政治学者丸山真男曾指出：天皇制、无责任体系、下克上的法西斯主义是日本走向毁灭的根本原因。正是意识到了这一点，美军占领日本之后以麦克阿瑟为首的"盟军"司令部着手推进日本的民主化改革，包括土地改革、地方自治、解散财阀，

---

[1] 王新生：《平成时代开启后工业化社会》，载《世界知识》2019年第8期。

惩治战犯等，以消除日本法西斯主义和军国主义的土壤，但最重要的一项措施是新宪法的制定。

根据1946年制定的《日本国宪法》第1章第1条对天皇地位的定义，"日本天皇是日本国的象征，是日本国民整体的象征，其地位以主权所在的全体日本国民的意志为依据"。第4条第1款规定，"天皇只能行使本宪法所规定有关国事的行为，无关于国政之权能"。这就是战后形成的日本象征天皇制，天皇主要具有象征作用，不具备任何政治职能，因此并非法律意义上的日本国家元首。

历史上"万世一系"的日本皇室曾经作为"天照大神的子孙"被国民奉为神祇，也成为战前日本军国主义思想和皇国史观最重要的根源之一。日本战败后1946年昭和天皇发表《人间宣言》，标志天皇和皇室走下神坛。但要消除上千年来根植于日本文化内核的影响，绝非易事。天皇和皇室最终得以成为"仅具有人性的普通人"，既需要时代的推动和制度的促进，也离不开皇室成员主动的选择。

明仁上皇在退位之前与安倍首相之间的矛盾早已是日本全国上下公开的秘密。这一矛盾最集中的体现就是明仁的"生前退位"问题。但日本舆论普遍认为，明仁与安倍矛盾的根源在于对修宪看法以及历史观的不同。2012年自民党公布的"日本国宪法修改草案"中，将天皇的地位明确改为"元首"，这与明仁一直坚持的与国民休戚与共的"象征天皇"定位背道而驰。更重要的是，安倍力推的修宪方案核心是删除宪法第9条中"不保持武装力量，不拥有交战权"的规定，并成立"国防军"，这是明仁无法接受的。明仁天皇亲身经历日本战败，对历史有着较为深刻的反思，与安倍的历史观明显不同。2015年二战结束70周年之际，明仁天皇在8月15日的"全国战殁者追悼仪式"等多个场合都使用了"深刻反省"一词，而安倍多年来从未提及。对于安倍极力推崇明治时期的日本，明仁天皇认为有着赞颂"大日本帝国"的浓重色彩，因此想方设法予以回避。2018年10月23日日本政府举行的"明治150周年"纪念典礼，明仁天皇夫妇没有出席。正因为如此深刻的观念分歧，明仁天皇与安倍晋三首相间的矛盾始终没有缓解。

现在，德仁天皇的"令和时代"已开启四年多时间，长期执政的安倍晋三在辞职后遇刺身亡，在经历短暂的菅义伟时期（2020.9—2021.10）之后，2021年10月，岸田文雄上台，成为日本历史上第100任首相。那么，日本未来的走向如何？一个作为"象征"的天皇能否影响宪法的修改？

目前，美日军事同盟正在以惊人的速度发展。美国总统特朗普就任以后，美国与多数盟国的关系都发生了动摇，唯独与日本的军事同盟得到了进一步强化。拜登上台后，进一步强化了与日本等"盟国"的关系，在美日澳印四国"安全对话会"的基础上，试图进一步打造印太经济军事框架，遏制中国，这令日本一些政客找到了一个挑战中国、实现军事松绑、谋求亚洲霸权的机会。但同时，日本看到，美国在插手亚洲事务时已不具备往昔的实力，于是便主动跳出来扮演亚洲代理人角色，为美国霸权的维系效劳。

2022年6月10—12日在新加坡召开的第19届香格里拉对话会上，日本首相岸田文雄做了主旨发言，发言内容"矛头直指中国"，挑明了在军事、经济等领域与中国全面对峙的意图。此次是日本第二次派出首相级人物在香会上做主旨发言，第一次是在2014年，时任首相安倍晋三在会上不点名地攻击中国。与安倍的发言相比，岸田的发言不仅从政治、军事、经济等领域全面鼓吹针对中国，更在宣称增加军费的同时，挑唆其他亚洲国家与中国对抗。而日本防卫大臣岸信夫的演讲，基本是将岸田的发言老调重弹，尤其是在台湾问题上表明了与中国大陆军事对立的态度。

与此同时，在经济层面，日本同样打着对抗中国的算盘。2022年5月，日本国会通过了岸田内阁提出的新经济安保法案。此次岸田在香会演讲中声称"加强经济安全保障等新政策领域的国际合作"，意图都在于此。二战时的全面惨败殷鉴不远，日本政客强化美日同盟和加强军备只会把日本再次引向深渊。

特别是随着战后日本经济的发展和对战争记忆的淡化，政界、财界和媒体舆论逐步有意或无意地"忘记"战前的悲剧，不断质疑战后"民主主义"的正当性，这在战后出生的年轻人中尤其明显。因为他们不曾经历战争，又怀抱强烈的"革新精神"，所以更容易将过去和未来理想化，以贬低和抨击现状。在这种思潮中，甚至有人提出了战后民主主义"虚妄"的观点。认为这些东西并非日本人自己争取到的，而是美军强加的，与其说是"战后民主主义"，不如说是"占领民主主义"。[1]

虽然以丸山真男为代表的知识分子不断努力剖析战前日本的各种病理，试图从精神上清理天皇制的毒害，但正如孙歌教授所说：日本真正的要害是目前还没看到日本内部牵掣军备升级的社会能量。之所以出现这种状况，是因为日本宪法是在美国主导下制定的，虽然它赋予进步人士批判政府的空间和自由，但终究不是从日本人的血肉拼搏中自然生长出来的，因此缺少真实的社会根基，奠基于宪法的民主政治也因此缺乏深厚根基。更深层的原因还在于，战后日本的批判知识分子借用西方理论对战争根源和日本"前现代"思想展开批判时，放弃了进入日本思想遗产的努力，仅仅止步于拉开距离从外部进行批判和否定。这就导致他们丧失了与保守派争夺思想阵地的机会。保守派则一直从事肯定日本传统思想和文化的意识形态建构。于是，最终出现了批判知识分子的工作与现实中日本社会的保守化和右倾化并行不悖的独特现象。[2] 当然，尽管推动修改安保法和解禁集体自卫权，使日本正在成为一个越来越危险的国家，但是今天日本所处的时代毕竟不是 20 世纪前期，日本发动"全民战争"的社会基础和国际环境已不复存在。尽管如此，为了中国和东亚的和平稳定，我们需要对日本的作为保持高度警惕。

---

[1] 商兆琦：《无责任的帝国：近代日本的扩张与毁灭 1895—1945》，上海三联书店 2023 年版，第 503 页。
[2] 孙歌：《透过安倍被刺，看到水面下的真实日本》，载《文化纵横》2022 年第 7 期。

附录一 日本历代内阁一览

年代	内阁	所属派阀或党派	备考
1885.12—1888.4	第一次伊藤博文内阁	长州藩阀	日本第一届内阁
1888.4—1889.12	黑田清隆内阁	萨摩藩阀	
1889.12—1891.5	第一次山县有朋内阁	长州藩阀	
1891.5—1892.8	第一次松方正义内阁	萨摩藩阀	
1892.8—1896.9	第二次伊藤博文内阁	长州藩阀	
1896.9—1898.1	第二次松方正义内阁	萨摩藩阀	
1898.1—1898.6	第三次伊藤博文内阁	长州藩阀	超然内阁
1898.6—1898.11	第一次大隈重信内阁	宪法党	
1898.11—1900.10	第二次山县有朋内阁	长州藩阀	联合宪法党组阁
1900.10—1901.6	第四次伊藤博文内阁	立宪法友会	
1901.6—1906.1	第一次桂太郎内阁	长州藩阀	
1906.1—1908.7	第一次西园寺公望内阁	立宪法友会	
1908.7—1911.8	第二次桂太郎内阁	长州藩阀	
1911.8—1912.12	第二次西园寺公望内阁	立宪法友会	
1912.12—1913.2	第三次桂太郎内阁	长州藩阀	
1913.2—1914.4	第一次山本权兵卫内阁	萨摩藩阀、海军大将	
1914.4—1916.10	第二次大隈重信内阁	立宪同志会	
1916.10—1918.9	寺内正毅内阁	陆军大将	
1918.9—1921.11	原敬内阁	立宪法友会总裁	日本第一个真正的政党内阁
1921.11—1922.6	高桥是清内阁	立宪法友会总裁	
1922.6—1923.9	加藤友三郎内阁	海军大将	

续表

年代	内阁	所属派阀或党派	备考
1923.9—1924.1	第二次山本权兵卫内阁	海军大将	
1924.1—1924.6	清浦奎吾内阁	贵族院议员、枢密院议长	超然内阁
1924.6—1926.1	加藤高明内阁	宪法会总裁	连续两次组阁
1926.1—1927.4	第一次若槻礼次郎内阁	宪法会总裁	
1927.4—1929.7	田中义一内阁	立宪法友会总裁	
1929.7—1931.4	滨口雄幸内阁	立宪民政党总裁	
1931.4—1931.12	第二次若槻礼次郎内阁	立宪民政党总裁	
1931.12—1932.5	犬养毅内阁	立宪法友会总裁	五·一五事件，首相犬养毅被刺身亡，"政党政治"结束。
1932.5—1934.7	斋藤实内阁	海军大将	举国一致内阁
1934.7—1936.3	冈田启介内阁	海军大将	
1936.3—1937.2	广田弘毅内阁	外交官	举国一致内阁
1937.1	宇垣一成	陆军大将	流产内阁
1937.2—1937.6	林铣十郎内阁	陆军大将	举国一致内阁
1937.6—1939.1	第一次近卫文麿内阁	贵族院议长	举国一致内阁
1939.1—1939.8	平沼骐一郎内阁	枢密院议长	举国一致内阁
1939.8—1940.1	阿部信行内阁	陆军大将	举国一致内阁
1940.1—1940.7	米内光政内阁	海军大将	举国一致内阁
1940.7—1941.10	第二、三次近卫文麿内阁	大政翼赞会总裁	
1941.10—1944.7	东条英机内阁	陆军大将	独裁内阁
1944.7—1945.4	小矶国昭内阁	陆军大将	陆海军联合内阁
1945.4—1945.8	铃木贯太郎内阁	海军大将	举国一致内阁
1945.8—1945.10	东久弥宫稔彦内阁	皇族、陆军大将	唯一的皇族内阁
1945.10—1946.5	币原喜重郎内阁	原外相	战后处理内阁
1946.5—1947.5	第一次吉田茂内阁	日本自由党总裁	
1947.5—1948.3	片山哲内阁	日本社会党委员长	联合内阁
1948.3—1948.10	芦田均内阁	民主党总裁	联合内阁

续表

年代	内阁	所属派阀或党派	备考
1948.10—1954.12	第二、三、四、五次吉田茂内阁	民主自由党总裁	
1954.12—1956.12	第一、二、三次鸠山一郎内阁	日本民主党总裁	
1956.12—1957.2	石桥湛山内阁	自民党总裁	
1957.2—1960.7	第一、二次岸信介内阁	自民党总裁	
1960.7—1964.11	第一、二、三次池田勇人内阁	自民党总裁	
1964.11—1972.7	第一、二、三次佐藤荣作内阁	自民党总裁	
1972.7—1974.12	第一、二次田中角荣内阁	自民党总裁	
1974.12—1976.12	三木武夫内阁	自民党总裁	
1976.12—1978.12	福田赳夫内阁	自民党总裁	
1978.12—1980.7	第一、二次大平正芳内阁	自民党总裁	
1980.7—1982.11	铃木善幸内阁	自民党总裁	
1982.11—1987.11	第一、二、三次中曾根康弘内阁	自民党总裁	
1987.11—1989.6	竹下登内阁	自民党总裁	
1989.6—1989.8	宇野宗佑内阁	自民党总裁	
1989.8—1991.11	第一、二次海部俊树内阁	自民党总裁	
1991.11—1993.8	宫泽喜一内阁	自民党总裁	
1993.8—1994.4	细川护熙内阁	日本新党代表	非自民八党派联合政权
1994.4—1994.6	羽田孜内阁	新生党党首	非自民八党派联合政权
1994.6—1996.1	村山富市内阁	日本社会党委员长	联合政权
1996.1—1998.7	桥本龙太郎内阁	自民党总裁	联合政权
1998.7—2000.4	小渊惠三内阁	自民党总裁	经济再生内阁

续表

年代	内阁	所属派阀或党派	备考
2000.4—2001.4	森喜朗内阁	自民党总裁	联合政权
2001.4—2006.9	小泉纯一郎内阁	自民党总裁	联合政权
2006.9—2007.9	第一次安倍晋三内阁	自民党总裁	联合政权
2007.9—2008.9	福田康夫内阁	自民党总裁	联合政权
2008.9—2009.9	麻生太郎内阁	自民党总裁	联合政权
2009.9—2010.6	鸠山由纪夫内阁	民主党总裁	
2010.6—2011.8	菅直人内阁	民主党总裁	
2011.9—2012.12	野田佳彦内阁	民主党总裁	
2012.12—2020.8	第二、三、四次安倍晋三内阁	自民党总裁	联合政权
2020.9—2021.9	菅义伟内阁	自民党总裁	联合政权
2021.10—	岸田文雄内阁	自民党总裁	联合政权

附录二 相关法案

"日本明治宪法"（即《大日本帝国宪法》）

（1889年2月11日公布，1890年11月29日生效）

第一章 天　皇

第一条　大日本帝国由万世一系之天皇统治之。

第二条　皇位依皇室典范之规定，由皇男子孙继承。

第三条　天皇神圣不可侵犯。

第四条　天皇为国之元首，总揽统治权，依本宪法条规行之。

第五条　天皇以帝国议会之协赞，行使立法权。

第六条　天皇裁可法律，并命其公布及执行。

第七条　天皇召集帝国议会，命其开会、闭会、停会，并有权解散众议院。

第八条　天皇为保持公共安全或避免公共损害，因紧急需要，在帝国议会闭会期间，可发布代替法律之敕令。

前项敕令应于下次会期向帝国议会提出，若议会不予承认，政府应公布该敕令此后失其效力。

第九条　天皇为执行法律，或为保持公共之安宁秩序及增进臣民之幸福，发布或使发布必要之命令。但不得以命令变更法律。

第十条　天皇决定行政各部之官制及文武官吏之俸给，并任免文武官吏，但本宪法或其他法律载有特例者，各依其条项。

第一一条　天皇统率陆海军。

第一二条　天皇决定陆海军之编制及常备兵额。

第一三条　天皇有宣战、媾和及缔结各种条约之权。

第一四条　天皇宣布戒严。

戒严之条件及效力，以法律定之。

第一五条　天皇授予爵位、勋章及其他荣典。

第一六条　天皇命令大赦、特赦、减刑及复权。

第一七条　设置摄政，依皇室典范之规定。

摄政以天皇名义行使大权。

第二章　臣民权利义务

第一八条　作为日本臣民之条件，依法律之规定。

第一九条　日本臣民，按照法律命令所定之资格，均得充任文武官吏及就任其他公务。

第二十条　日本臣民，遵从法律所定，有服兵役之义务。

第二一条　日本臣民，遵从法律所定，有纳税之义务。

第二二条　日本臣民，在法律范围内，有居住及迁徙之自由。

第二三条　日本臣民，非依法律，不受逮捕、拘禁、审问、处罚。

第二四条　日本臣民，不被剥夺接受法律所定法官审判职权。

第二五条　日本臣民，除法律规定之场合，无本人允诺，其住所不受侵入或搜查。

第二六条　日本臣民，除法律规定之场合，书信秘密不受侵犯。

第二七条　日本臣民，其所有权不受侵害。

因公共利益必须之处置，则依法律之规定。

第二八条　日本臣民，在不妨害安宁秩序及不违背臣民义务之范围内，有信教之自由。

第二九条　日本臣民，在法律范围内，有言论、著作、刊行、集会及结社之自由。

第三十条　日本臣民，遵守相当之仪礼，依另定之规程，得为请愿。

第三一条　本章所列条规，在战时或国家事变之际，不妨碍天皇大权之施行。

第三二条　本章所列条规，限于不抵触陆海军之法令或纪律者，准行于军人。

第三章　帝国议会

第三三条　帝国议会，以贵族院、众议院两院构成之。

第三四条　贵族院，依贵族院令所定，以皇族、华族及敕任议员组织之。

第三五条　众议院，依选举法所定，以公选议员组织之。

第三六条　无论何人，不得同时为两议员。

第三七条　凡法律，须经帝国议会之协赞。

第三八条　两议院得议决政府提出之法律案，并得各自提出法律案。

第三九条　凡经两议院之一否决之法律案，在同一会期内不得再行提出。

第四十条　两议院关于法律或其他事件，得各自向政府建议其意见。但未被采纳者，在同一会期内不得再行建议。

第四一条　帝国议会，每年召集之。

第四二条　帝国议会，以三个月为会期，必要时应以敕令延长之。

第四三条　临时紧急必要之时，应于常会之外，召集临时会。

临时会之会期，以敕令定之。

第四四条　帝国议会之开会、闭会、会期之延长及停会，两院同时施行之。

众议院被命解散时，贵族院应同时停会。

第四五条　众议院解散时，应以敕令重新选举议员，自解散之日起，五个月以内召集之。

第四六条　两议院非各有议员总数三分之一以上出席，不得开议并议决。

第四七条　两议院之议事，以过半数决之，可否同数时，取决于议长。

第四八条　两议院之议会公开。但依政府之要求或各本院之决议，得开秘密之会议。

第四九条　两议院各得上奏于天皇。

第五十条　两议院得受臣民所呈之请愿书。

第五一条　两议院除本宪法及议院发所载者外，得制定整理内外部所需之各种法规。

第五二条　两议院之议员，于院内发表之意见及表决，于院外不负责任。但议员自将其言论以演说、刊行、笔记或其他方式公布时，应依一般法律处置之。

第五三条　两议院之议员，除现行犯罪或关于内乱外患之罪外，在会期中，非经各本院许可，不得逮捕。

第五四条　国务大臣及政府委员，无论何时，得出席各议院，并得发言。

第四章　国务大臣及枢密顾问

第五五条　各国务大臣，辅弼天皇，负其责任。

凡法律敕令及其他关于国务之诏敕，须经国务大臣副署。

第五六条　枢密顾问，依枢密院官制之规定，应天皇之咨询，审议重要国务。

第五章　司　法

第五七条　司法权，由法院以天皇名义，依法律行使之。

法院之构成，以法律规定之。

第五八条　法官，由具有法律所定资格者任之。

法官除因受刑法之宣告或惩戒处分外，不得被免职。

惩戒条规，以法律规定之。

第五九条　审判之对审判决，公开之。但有妨害安宁秩序或风俗之虞时，得依法律或依法院之决议，停止公开审判。

第六十条　凡属于特别法院管辖者，另依法律规定之。

第六一条　凡因行政官厅之违法处分致被伤害权利之诉讼而应属于另依法律规定之行政法院审判者，不在司法法院受理之限。

第六章　会　计

第六二条　新课租税及变更税率，以法律规定之。但属于报偿之行政手续费及其他收纳金，不在前项之限。

发行国债，及订立预算外应归国库负担之契约，须经帝国议会之协赞。

第六三条　现行租税未经法律重新更改者，依旧例征收之。

第六四条　国家岁入岁初，每年应以预算，经帝国议会之协赞。

如有超过预算之款项或预算外所生支出时，须与日后请求帝国议会承认。

第六五条　预算，应先在众议院提出。

第六六条　皇室经费，依现在定额，每年由国库支出之。除将来需增额之时外，勿须经帝国议会之协赞。

第六七条　凡基于宪法大权已决定之岁出，及由法律之结果或法律上属于政府义务之岁出，非经政府同意，帝国议会不得废除或削减之。

第六八条　因特别需要，政府得预定年限，作为继续费，请求帝国议会之协赞。

第六九条　为补充不可避免之预算不足，或为准备预算外所生之必要费用，应设预算费。

第七十条　为保持公共安全而有紧急需要之时，若因内外情形政府不能召集帝国议会，得以敕令，做财政上必要之处置。

前项情形，须在下次会期向帝国议会提出，请求承认。

第七一条　如帝国议会未议定预算，或预算不能成立时，政府应照上年度之预算施行。

第七二条　国家岁出岁入之决算，由审计院检查确定之，政府应将该检查报告，一并提出于帝国议会。

审计院之组织及职权，以法律规定之。

第七章　补　则

第七三条　本宪法条项，将来如有必要修正时，应以敕令将议案交帝国议会议之。

前项情形，两议院非各有全体议员三分之二以上出席不得开议。非经出席议员三分之二以上多数，不得为修正之决议。

第七四条　皇室典范之修正，勿须经帝国议会之议。不得以皇室典范变更本宪法之条规。

第七五条　宪法及皇室典范，在摄政期间内不得变更之。

第七六条　无论法律、规则、命令，或用任何其他名称，凡与本宪法不相抵触之现行法令，均有遵用之效力。

岁出上有关政府义务之现行契约或命令，均依六十七条之例。

《日本国宪法》

（1946 年 11 月 3 日公布，1947 年 5 月 3 日施行）

日本国民通过正式选出的国会中的代表而行动，为了我们和我们的子孙，决心确保由于同各国人民的和平与合作的成果以及自由带给我国全部国土的恩惠，不因政府的行为再次造成战争惨祸，兹宣布主权属于国民，并制定本宪法。盖国政源于国民的严肃委托，其权威来自国民，其权利由国民的代表行使，其福利由国民享受。这是人类普遍的原则，本宪法即以此原则为依据。与此相反的一切宪法、法令和诏敕，我们均将予以排除。

日本国民期望持久的和平，深知统治人类相互关系的崇高理想，信赖爱好和平的各国人民的公正和信义，决心保持我们的安全和生存。我们希望在努力维护和平、从地球上永远消除专制与隶属、压迫与偏见的国际社会中，占有光荣的地位。我们确认：全世界人民均有摆脱恐怖和贫困、在和平中生存的权利。

我们相信，任何国家都不应只顾本国而无视他国，政治道德的法则是普遍的法则，遵守这一法则是维护本国主权，并与他国建立对等关系的各国的责任。

日本国民誓以国家的荣誉，竭尽全力以达到这一崇高的理想和目的。

第一章　天　皇

第一条　天皇是日本国的象征，是日本国民统合的象征，其地位以主权所在的全体日本国民的意志为依据。

第二条　皇位世袭，依据国会决议的皇室典范的规定继承之。

第三条　天皇关于国事的一切行为，必须有内阁的建议和承认，由内阁负其责任。

第四条　天皇只能行使本宪法所规定的关于国事的行为，没有关于国政的权能。天皇可依据法律规定，委托其关于国事的行为。

第五条　依据皇室典范的规定设置摄政时，摄政以天皇的名义行使其关于国事的行为，在此场合准用前条第一项之规定。

第六条　天皇依据国会的指名任命内阁总理大臣。天皇依据内阁的指名任命担任最高法院院长的法官。

第七条　天皇依据内阁的建议与承认，为国民行使下列关于国事的行为。

一、公布宪法修正案、法律、政令及条约。

二、召集国会。

三、解散众议院。

四、公告举行国会议员的总选举。

五、认证国务大臣和法律规定的其他官吏的任免和全权证书以及大使、公使的国书。

六、认证大赦、特赦、减刑、免除刑罚执行以及恢复权利。

七、授予荣典。

八、认证批准书以及法律规定的其他外交文书。

九、接受外国大使及公使。

十、举行仪式。

第八条　皇室让与财产，或皇室承受或赐予财产，必须依据国会的决议。

第二章　放弃战争

第九条　日本国民真诚希求基于正义与秩序的国际和平，永远放弃以国权发动的战争、以武力威胁或武力行使作为解决国际争端的手段。

为达到前项目的，不保持陆海空军及其他战争力量，不承认国家的交战权。

第三章　国民的权利与义务

第一十条　作为日本国民的条件以法律规定之。

第一一条　国民享有一切基本人权不受妨碍。

本宪法对于国民所保障的基本人权，作为不可侵犯的永久权利，赋予现在及将来的国民。

第一二条　本宪法对于国民所保障的自由与权利，依国民不断的努力保持之。且国民不得滥用此项自由与权利。而且，为了经常增进公共福利对此有利用的责任。

第一三条　全体国民作为个人受到尊重。国民对于生命、自由以及追求幸福的权利，只要不违反公共福利，须在立法及其他国政上予以最大尊重。

第一四条　全体国民在法律面前一律平等。在政治、经济或社会关系中，不得以人种、信仰、性别、社会身份以及门第的不同而有所差别。

不承认华族及其他贵族体制。

荣誉、勋章以及其他荣典的授予，不附带任何特权。授予的荣典，只限于现有者和将接受者一代有效。

第一五条　选定和罢免公务员是国民固有的权利。

一切公务员都是为全体国民服务，而不是为一部分国民服务。关于公务员的选举，保障由成年人进行的普选。一切选举中的投票秘密不得侵犯，对于选举人所作的选择，不论在公私方面，都不得追究责任。

第一六条　任何人对损害的救济、公务员的罢免、法律、命令及规章的制定、废止和修订以及其他事项，有和平请愿之权。任何人都不得因进行此种请愿而受到差别待遇。

第一七条　任何人在由于公务员的不法行为受到损害时，可以依照法律的规定，向国家或公共团体请求赔偿。

第一八条　任何人都不受任何奴隶性拘束。或者，除因犯罪而受到处罚外，不得违反本人意志而使其服苦役。

第一九条　思想及良心的自由，不受侵犯。

第二十条　对任何人都保障其信教的自由。任何宗教团体都不得从国家接受特权或行使政治上的权力。任何人不被强制参加宗教上的行为、庆祝典礼、仪式或活动。国家及其机关不得进行宗教教育及其他任何宗教活动。

第二一条　保障集会、结社、言论、出版及其他一切表现的自由，不得进行检查。通信秘密不受侵犯。

第二二条　在不违反公共福利的范围内，任何人都有居住、迁徙以及选择职业的自由。任何人移居国外或脱离国籍的自由不受侵犯。

第二三条　保障学术自由。

第二四条　婚姻仅以两性合意为基础而成立，以夫妻平权为根本，通过共同努力予以维持。

关于选择配偶、财产权、继承、选择居所、离婚以及关于婚姻和家族的其他事项的法律，必须在尊重个人的尊严与两性本质平等的基础上制定。

第二五条　全体国民都享有最低限度的健康与文化生活的权利。国家应于生活的一切方面努力提高和增进社会福利、社会保障及公共卫生。

第二六条　全体国民，按照法律规定，都有接受与其能力相适应的受教育权利。

全体国民按照法律规定，都有使其保护的子女接受普通教育的义务。义务教育为免费。

第二七条　全体国民都有劳动的权利与义务。

有关工资、劳动时间、休息及其他劳动条件的基本标准，由法律规定。不得酷使儿童。

第二八条　保障劳动者的团结权、团体交涉及其他团体行动权。

第二九条　财产权不受侵犯。

财产权的内容应符合公共福利，由法律规定。私有财产在正当的补偿下得收为公用。

第三十条　国民有按法律规定纳税之义务。

第三一条　非经法律规定的程序，任何人不被剥夺其生命或自由，也不得处以其他刑罚。

第三二条　任何人不被剥夺在法院接受审判的权利。

第三三条　任何人除作为现行犯被逮捕外，如无主管司法官署签发并指名犯罪理由的拘捕证，不被逮捕。

第三四条　如不立即讲明理由并予以委托辩护人的权利，任何人不得被拘留或拘禁。又，如无正当理由，任何人不受拘禁。如本人提出要求，必须立即对此理由在由本人及其辩护人出席的公开法庭上予以说明。

第三五条　对任何人的居所、文件及所有物有不受侵入、搜查或没收的权利，除第三三条的规定外，如无依据正当理由签发并明示搜查场所及扣留物品的命令书，不受侵犯。

第三六条　绝对禁止公务员实行拷问与酷刑。

第三七条　在一切刑事案件中，被告人有接受公正的法院迅速而公开审判的权利。

刑事被告人享有询问所有证人的充分机会，并有使用公费通过强制手续为自己寻求证人的权利。

刑事被告人在任何场合都可委托有资格的辩护人。被告本人不能委托时，辩护人由国家提供。

第三八条　任何人不得被强制做不利于本人的供述。

强迫、拷问或威胁所做的口供，或被非法长期拘留或拘禁后所做的口供，不能作为证据。

任何人如果对自己不利的唯一证据是本人的口供时，不得被判罪或科以刑罚。

第三九条　任何人在其实行的当时为合法行为或已经被判无罪的行为，不得被追究刑事上的责任。又，对同一种犯罪，不得重复追究刑事上的责任。

第四十条　任何人在被拘留或拘禁后被判无罪时，得依法律规定向国家请求其赔偿。

第四章　国　会

第四一条　国会是国家权力的最高机关，是国家唯一的立法机关。

第四二条　国会由众议院和参议院两议院构成。

第四三条　两议院由选举产生的代表全体国民的议员组成。两议院议员的定额由法律规定。

第四四条　两议院的议员及其选举人的资格，由法律规定。但不得因人种、信仰、性别、社会身份、门第、教育、财产或收入有所差别。

第四五条　众议院议员的任期为四年,但在众议院解散时,在其任期届满前告终。

第四六条　参议院议员的任期为六年,每三年改选议员之半数。

第四七条　关于选举区、投票方法及其他选举两议院议员的事项,由法律规定。

第四八条　任何人不得同时担任两议院的议员。

第四九条　两议院议员按法律规定自国库接受适当数额的年俸。

第五十条　除法律规定者外,两议院议员在国会开会期间不受逮捕,会期前被逮捕的议员,如其议院提出要求,须在开会期间予以释放。

第五一条　两议院议员对在议院内所作之演说、讨论或表决,在院外不被追究责任。

第五二条　国会常会每年召开一次。

第五三条　内阁得决定召集国会的临时会议。如经任一议院全体议员四分之一以上要求,内阁须决定召集临时会议。

第五四条　众议院被解散时,必须在自解散之日起四十日以内举行众议院议员总选举,并在自选举之日起三十日以内召开国会。

议院被解散时,参议院同时闭会。但内阁在国家有紧急需要时,得要求参议院举行紧急会议。

在前项但书的紧急会议中采取的措施,是临时性的,如在下届国会开会后十日内不能得到众议院的同意,即丧失其效力。

第五五条　两议院自行裁决关于其议员资格的争议。但取消议员资格,须有出席议员三分之二以上多数的决议。

第五六条　两议院各自如无全体议员三分之一以上出席,不得开会议事和作出决议。

两议院议事时,除本宪法有特别规定者外,依出席议员的过半数议决之,可否票数相等时,由议长决定。

第五七条　两议院的会议为公开会议。但经出席议员三分之二以上多数议决时，得举行秘密会议。

两议院各自保存其会议记录，除秘密会议记录中认为应特别保密者外，均予公开发表，并须公布于众。

如有出席议员五分之一以上之要求，各议员的表决需载入会议记录。

第五八条　两议院各自选任其议长及其他工作人员。

两议院各自制订关于其会议、其他程序及内部纪律的规章体制，并得对扰乱院内秩序的议员进行惩罚。但开除议员须有出席议员三分之二以上多数的议决。

第五九条　凡法律案，除本宪法有特别规定者外，经两议院通过后即成为法律。

众议院通过而参议院作出不同决议的法律案，如经众议院出席议员三分之二以上多数再次通过时，即成为法律。

前项规定并不妨碍众议院依据法律规定提出举行两院协议会的要求。

参议院接到众议院通过的法律案后，除国会休会期间不计外，如在六十日内不作出决议，众议院可视为其决议被参议院否决。

第六十条　预算须先向众议院提出。

关于预算，如参议院做出与众议院不同的决议，依据法律规定，举行协议会仍不能取得一致意见时，或，参议院在接到众议院已经通过的预算后，除国会休会期间外，在三十日内不作出决议时，即以众议院的决议作为国会决议。

第六一条　关于缔结条约所必要的国会承认，准用前条第二项之规定。

第六二条　两议院得各自进行关于国政的调查，要求有关证人出席作证或提出证言及纪录。

第六三条　内阁总理大臣及其他国务大臣，不论其是否在两议院保有议席，为就议案发言得随时出席议院，又，在被要求出席答辩或作说明时，必须出席。

第六四条　国会为审判受到罢免控诉的法官，设立有两议院议员组织的弹劾法院。

有关弹劾的事项，由法律规定。

第五章　内　阁

第六五条　行政权属于内阁。

第六六条　内阁按照法律规定由其首长内阁总理大臣及其他国务大臣组织之。

内阁总理大臣及其他国务大臣必须是文职人员。

内阁在行使行政权上，对国会负连带责任。

第六七条　内阁总理大臣经国会议决在国会议员中提名。此项提名较其他一切议案优先进行。

众议院与参议院作出不同的提名决议时，依据法律规定，即使召开两议院的协议会意见仍不一致时，或在众议院作出提名的决议后，除国会休会期间外，在十日内参议院仍不作出提名决议时，即以众议院的决议作为国会的决议。

第六八条　内阁总理大臣任命国务大臣，但其中半数以上须从国会议员中选任。

内阁总理大臣可任意罢免国务大臣。

第六九条　内阁在众议院通过不信任决议案或否决信任决议案时，如十日内不解散众议院，必须总辞职。

第七十条　内阁总理大臣空缺，或众议院议员总选举后第一次召集国会时，内阁必须总辞职。

第七一条　发生前两条情况时，在新总理大臣被任命之前，内阁继续执行其职务。

第七二条　内阁总理大臣代表内阁向国会提出议案，就一般国务及外交关系向国会提出报告，并指挥监督各行政部门。

第七三条　内阁除执行其他一般行政事务外，执行下列各项事务：

一、诚实执行法律，总理国务。

二、处理外交关系。

三、缔结条约，但须在事前或依据情况在事后获得国会的承认。

四、依法律规定的准则，掌管关于官吏的事务。

五、编制并向国会提出预算。

六、为实施本宪法及法律的规定而制定政令。但在此种政令中，除法律特别授权者外，不得制定罚则。

七、决定大赦、特赦、减刑、免除执行刑罚及恢复权利。

第七四条　法律及政令均须由主管国务大臣签署，并须由内阁总理大臣联署。

第七五条　国务大臣在职期间，如无内阁总理大臣的同意，不得追诉，但并不因此妨碍追诉的权利。

第六章　司　法

第七六条　一切司法权属于最高法院及依法律规定设置的下级法院。

不得设置特别法院。行政机关不得施行作为终审的审判。

所有法官依其良心独立行使职权，只受本宪法及法律的约束。

第七七条　最高法院有权就关于诉讼程序、律师、法院内部纪律以及司法事务处理的事项制定规则。

检察官必须遵守最高法院制订的规则。

最高法院得将制订关于下级法院规则的权限委托给下级法院。

第七八条　法官因身心障碍不能执行职务时，除依照审判决定，不经正式弹劾不得罢免。法官的惩戒处分不得由行政机关执行。

第七九条　最高法院由任其院长的法官及法律规定名额的其他法官构成，除任其院长的法官外，其余法官由内阁任命。

最高法院法官的任命，在其任命后第一次举行众议院议员总选举时交付国民审查，自此经过十年后举行众议院议员总选举时再次交付审查，以后准此。

在前项审查中，投票者多数通过罢免法官时，该法官即被罢免。

有关审查事项，由法律规定。

最高法院法官到达法律规定年龄时退休。

最高法院法官均定期接受适当数额的报酬，此报酬在任期中不得减额。

第八十条　下级法院法官依最高法院提出的名单，由内阁任命。被任命的法官任期十年，并得连任。但到达法律规定的年龄时退休。

下级法院的法官均定期接受适当数额的报酬，此报酬在任期中不得减额。

第八一条　最高法院为有权决定一切法律、命令、规则及处分是否符合宪法的终审法院。

第八二条　法院的审理及判决在公开法庭进行。如全体法官一致决定有妨碍公共秩序或善良风俗之虞时，审理可以不公开进行。但对政治犯罪、关于出版的犯罪或本宪法第三章所保障的国民权利问题案件的审理，一般必须公开进行。

第七章　财　政

第八三条　处理国家财政的权限，须依据国会决议行使。

第八四条　新课征租税或变更现行租税，须有法律或法律规定之条件为依据。

第八五条　国家费用的支出或国家负担债务，须依据国会的决议。

第八六条　内阁编制每会计年度预算须向国会提出，经其审议和议决后决定。

第八七条　为补充难以预见的预算不足，得依据国会决议设置预备费，由内阁负责支出。

一切有关预备费的支出，内阁必须于事后取得国会的承认。

第八八条　皇室的一切财产属于国家，皇室的一切费用必须列入预算，经国会议决。

第八九条　公款以及其他公有财产，不得为宗教组织或宗教团体使用、提供方便和维持活动，亦不得供不属于公共管理的慈善、教育或博爱事业支出或利用。

第九十条　国家的收支决算，每年都须由会计检察院审查，内阁于下一年度同此审查报告一并向国会提出。

会计检察院之组织及权限，有法律规定。

第九一条　内阁须定期，至少每年一次，向国会及国民报告国家财政状况。

第八章　地方自治

第九二条　关于地方公共团体的组织及运营事项，依据地方自治的宗旨由法律规定。

第九三条　地方公共团体依据法律规定设置议会为其议事机关。地方公共团体的长官、议会议员及法律规定的其他官吏，由该地方公共团体的居民直接选举。

第九四条　地方公共团体有管理其财产、处理事务及执行行政的权能，得在法律范围内制定条例。

第九五条　仅适用于某一地方公共团体的特别法，依据法律规定，非经该地方公共团体居民投票半数以上同意，国会不得制订。

第九章　修　订

第九六条　本宪法的修订，须经各议院全体议员三分之二以上赞成，由国会创议，向国民提出，并得其承认。此种承认需在特别国民投票或国会规定选举时进行的投票中获半数以上赞成。

宪法的修订在经过前项承认后，天皇立即以国民的名义，作为本宪法的组成部分予以公布。

第十章　最高法规

第九七条　本宪法对日本国民保障的基本人权，是人类经过多年努力争取自由的结果，这种权利在过去几经考验，被确认为现在和将来都是国民不可侵犯的永久权利。

第九八条　本宪法为国家的最高法规，与其条款相违反的法律、命令、诏敕以及关于国务的其他行为之全部或一部，不具效力。

日本国缔结的条约及已确立的国际法规，应诚实遵守。

第九九条　天皇或摄政以及国务大臣、国会议员、法官以及其他公务员，负有尊重和维护本宪法的义务。

第一一章　补　则

第一百条　本宪法自公布之日起经六个月开始施行。

为实行本宪法而制定必要的法律，选举参议院议员，召集国会的手续及为施行本宪法而必要的准备手续，可以在上款规定的日期之前进行。

第一百一条　本宪法施行之际，如参议院尚未成立，在其成立前由众议院行使国会的权利。

第一百二条　依据本宪法产生的第一届参议院议员，其中半数的任期为三年。此部分议员，依法律规定而确定。

第一百三条　本宪法施行时现任职国务大臣、众议院议员、法官及其他公务员，本宪法承认与其地位相应之地位者，除法律有特别规定者外，不因本宪法之施行而自然失去其地位。但依据本宪法选出或任命其后任时，其地位自然丧失。

"日本国宪法修改草案"（自由民主党）

（2012年4月27日发表）

目录：

前言

第一章：天皇（第一条——第八条）

第二章：安全保障（第九条——第九条之三）

第三章：国民的权利与义务（第十条——第四十条）

第四章：国会（第四一条——第六四条之二）

第五章：内阁（第六五条——第七五条）

第六章：司法（第七六条——第八二条）

第七章：财政（第八三条——第九一条）

第八章：地方自治（第九二条——第九七条）

第九章：紧急事态（第九八条——第九九条）

第十章：修订（第一百条）

第十一章：最高法规（第一百零一条——第一百零二条）

（前言）

日本国是具有悠久的历史和固有的文化并拥戴以天皇为国民统合象征的国家，在国民主权之下，以立法、行政和司法的三权分立为基础进行治理。

我国跨越了此前大战造成的废墟与大的灾难而发展，现在，在国际社会中占有重要的地位。在和平主义之下，增进与各国的友好关系，为世界的和平与繁荣做出贡献。

日本国民在以国家和乡土而自豪的精神之下守护自己，在尊重基本人权的同时，形成和谐、家族和社会整体互助的国家。

我们重视自由和规则，在守护美丽国土和自然环境的同时，振兴教育和科学技术，通过具有活力的经济活动发展国家。

日本国民为将良好的传统与我们的国家永远传承给子孙，特制定本宪法。

第一章　天　皇

（天皇）

第一条　天皇是日本国的元首，是日本国家和国民统合的象征，其地位以主权所在的全体日本国民的意志为依据。

（皇位继承）

第二条　皇位世袭，依据国会决议的皇室典范的规定继承之。

（国旗与国歌）

第三条　国旗为日章旗，国歌为《君之代》。

日本国民必须尊重国旗与国歌。

（年号）

第四条　年号，依据法律的规定，在出现皇位继承时制定。

（天皇的权能）

第五条　天皇有从事宪法所定国事的行为，不拥有关于国政的权能。

（天皇的国事行为等）

第六条　天皇为了国民，依据国会的指名任命内阁总理大臣。依据内阁的指名任命担任最高法院院长的法官。

天皇为国民行使下列关于国事的行为：

一、公布宪法修正案、法律、政令及条约。

二、召集国会。

三、解散众议院。

四、公告举行众议院议员的总选举和参议院议员的一般选举。

五、认证国务大臣和法律规定的其他公务员的任免。

六、认证大赦、特赦、减刑、免除刑罚执行以及恢复权利。

七、授予荣典。

八、认证全权委任状及大使、公使的信任状和批准书以及法律规定的其他外交文书。

九、接受外国大使及公使。

十、举行仪式。

前两款行为，天皇依据法律的规定可以委任。

天皇关于国事的所有行为，需接受内阁的建议，由内阁负其责任。但关于众议院的解散，接受内阁总理大臣的建议。

除第一款和第二款规定之外，天皇可以出席国家或地方自治体及其他公共团体主办的仪式及其他公共行为。

（摄政）

第七条　依据皇室典范的规定设置摄政时，摄政以天皇的名义行使其关于国事的行为。

第五条及前条第四款的规定，准用于摄政。

（皇室财产转让的限制）

第八条　皇室让与财产，或皇室承受或赐予财产，除法律有特别规定，必须得到国会的承认。

第二章　安全保障

（和平主义）

第九条　日本国民真诚希求基于正义与秩序的国际和平，放弃以国权发动的战争，不使用以武力威胁或武力行使作为解决国际争端的手段。

前款规定，不得妨碍自卫权的发动。

（国防军）

第九条之二　为确保我国的和平与独立及国家和国民的安全，保持以内阁总理大臣为最高指挥官的国防军。

国防军在执行前款规定的任务时，依据法律规定，须服从国会的承认及其他控制。

国防军除执行第一款规定的任务之外，可以依据法律规定，为确保国际社会的和平与安全，在国际协调之下进行活动及维持公共秩序，或从事保护国民生命或自由的活动。

除前两款规定之外，关于国防军的组织、控制及保护秘密的事项，由法律规定。

为审判国防军的军人及其他公务人员执行公务时的犯罪及泄露国防机密的犯罪，依据法律规定，在国防军设立军事法院，此时，必须保障被告人向法院上诉的权利。

（领土等的保全）

第九条之三　为保护主权独立，国家必须与国民协力，保全领土、领海和领空，保护国家资源。

第三章　国民的权利与义务

（日本国民）

第十条　作为日本国民的条件以法律规定之。

（基本人权的享有）

第一一条　国民享有一切基本人权。本宪法对于国民所保障的基本人权，属于不可侵犯的永久权利。

（国民的责任）

第一二条　本宪法对于国民所保障的自由与权利，须依国民不断的努力保持之。国民不得滥用此项自由与权利，且需自觉遵守与权利须伴随责任及义务。平时不得违反公益及公共秩序。

（作为人的尊重）

第一三条　全体国民作为人受到尊重。国民对于生命、自由以及追求幸福的权利，只要不违反公共福利，须在立法及其他国政上予以最大尊重。

（法律面前的平等）

第一四条　全体国民在法律面前一律平等。在政治、经济或社会关系中，不得以人种、信仰、性别、健康与否、社会身份以及门第的不同而有所差别。

不承认华族及其他贵族体制。

荣誉、勋章以及其他荣典的授予，只限于现有者和将接受者一代有效。

（公务员的选任及罢免权）

第一五条　选定和罢免公务员是主权所在的国民固有的权利。

一切公务员都是为全体国民服务，而不是为一部分国民服务。

通过选举选择公务员时，由具有日本国籍的成年人依据普选进行。

选举中的投票秘密不得侵犯，对于选举人所作的选择，不论在公私方面，都不得追究责任。

（请愿权）

第一六条　任何人对损害的救济、公务员的罢免、法律、命令及规章的制定、废止和修订以及其他事项，有和平请愿之权。

请愿者不得因此而受到差别对待。

（对国家等的赔偿请求权）

第一七条　任何人在由于公务员的不法行为受到损害时，可以依照法律的规定，向国家或地方自治体及其他公共团体请求赔偿。

（不受身体拘束及苦役的自由）

第一八条　任何人不管是否违反本意，都不因社会或经济关系受到身体的拘束。

任何人，除因犯罪而受到处罚外，不得违反本人意志而使其服苦役。

（思想及良心的自由）

第一九条　保障思想及良心的自由。

（禁止不当取得个人信息）

第一九条之二　任何人不得通过不正当手段获取、保有或利用个人信息。

（信教的自由）

第二十条　国家保障宗教自由。任何宗教团体都不得从国家接受特权。

任何人不被强制参加宗教上的行为、庆祝典礼、仪式或活动。

国家及地方自治体和其他公共团体不得进行特定的宗教教育及其他宗教活动。但是，不超出社会礼仪或习俗的行为范围，不在此限。

（表现的自由）

第二一条　保障集会、结社、言论、出版及其他一切表现的自由。

虽有前项规定，对从事以损害公益及公共秩序为目的的活动、或从事上述目的的结社，不予承认。

不得进行检查。通信秘密不受侵犯。

（关于国政行为说明的责任）

第二一条之二　国家就国政上的行为负有向国民说明的责任。

（居住、迁徙及职业选择的自由）

第二二条　任何人都有居住、迁徙以及选择职业的自由。

全体国民都有移居国外或脱离国籍的自由。

（学术自由）

第二三条　保障学术自由。

（关于家庭婚姻的基本原则）

第二四条　家族作为社会的自然和基本单位受到尊重。家族必须互相协助。

婚姻以两性合意为基础而成立，以夫妻平权为根本，通过共同努力予以维持。

关于家族、抚养、监护、婚姻及离婚、财产权、继承以及关于亲属的其他事项的法律，必须在尊重个人尊严与两性本质平等的基础上制定。

（生存权等）

第二五条　全体国民都享有最低限度的健康与文化生活的权利。

国家应于国民生活的一切方面努力提高和增进社会福利、社会保障及公共卫生。

（保护环境的责任）

第二五条之二　为使国民享受良好的环境，国家必须与国民一起努力保全之。

（在外国民的保护）

第二五条之三　在国外发生紧急事态时，国家必须努力保护在外国民。

（对犯罪受害人等的考虑）

第二五条之四　国家必须关照犯罪受害人及其家属的人权及

待遇。

（关于教育的权利及义务）

第二六条　全体国民，按照法律规定，都有接受与其能力相适应的受教育权利。

全体国民按照法律规定，都有使其保护的子女接受普通教育的义务。义务教育为免费。

鉴于教育具有国家未来发展的不可缺少性，国家必须努力完善教育环境。

（劳动的权利及义务）

第二七条　全体国民都有劳动的权利与义务。

有关工资、劳动时间、休息及其他劳动条件的基本标准，由法律规定。

任何人不得酷使儿童。

（劳动者的团结权等）

第二八条　保障劳动者的团结权、团体交涉及其他团体行动权。

鉴于公务员是全体人民的服务者，依据法律规定，可以对前款规定权利的全部或一部予以限制。此时，为改善公务员的劳动条件，必须采取必要的措施。

（财产权）

第二九条　财产权予以保障。

财产权的内容应符合公益和公共秩序，由法律规定。此时，关于知识产权，必须考虑到有益于国民知识创造力的提升。

私有财产在正当的补偿下得收为公用。

（纳税的义务）

第三十条　国民有按法律规定纳税之义务。

（正当程序的保障）

第三一条　非经法律规定的程序，任何人不被剥夺其生命或自由，也不得处以其他刑罚。

（接受审判的权力）

第三二条　任何人都有在法院接受审判的权利。

（关于逮捕的程序保障）

第三三条　任何人除作为现行犯被逮捕外，如无法官署签发并指名犯罪理由的拘捕证，不被逮捕。

（关于拘留及拘禁的程序保障）

第三四条　如无正当理由、或不直接告知理由、或不直接给予委托辩护人的权利，任何人不得被拘留或拘禁。

受到拘禁者，有要求将拘禁理由直接在本人及其辩护人出席的公开法庭上开示的权利。

（住所等的不可侵犯）

第三五条　如无基于正当理由发出的、明确记载搜查场所及没收物品的令状，任何人的居所及其他场所、文件及所有物有不受侵入、搜查或没收的权利。但是，因第三十三条的规定被逮捕时，不受此限。

前款正文规定的搜查或没收，分别依法官发布的令状执行。

（拷问及酷刑的禁止）

第三六条　禁止公务员实行拷问与酷刑。

（刑事被告人的权利）

第三七条　在一切刑事案件中，被告人有接受法院公正迅速且公开审判的权利。

被告人享有询问所有证人的充分机会，并有使用公费通过强制手续为自己寻求证人的权利。

被告人在任何场合都可委托有资格的辩护人。被告本人不能委托时，辩护人由国家提供。

（刑事案件中的口供）

第三八条　任何人不得被强制做不利于本人的供述。

拷问、威胁或其他强制获得的口供，或被非法长期拘留或拘禁后所做的口供，不能作为证据。

任何人如果对自己不利的唯一证据是本人的口供时，不得被认为有罪。

（溯及处罚的禁止）

第三九条　任何人在其实行的当时为合法行为或已经被判无罪的行为，不得被追究刑事上的责任。对同一种犯罪，不得重复追究刑事上的责任。

（请求刑事补偿的权利）

第四十条　任何人在被拘留或拘禁后被判无罪时，得依法律规定向国家请求其赔偿。

第四章　国　会

（国会与立法权）

第四一条　国会是国家权力的最高机关，是国家唯一的立法机关。

（两议院）

第四二条　国会由众议院和参议院两议院构成。

（两议院的组织）

第四三条　两议院由选举产生的代表全体国民的议员组成。

两议院议员的定额由法律规定。

（议员及选举人资格）

第四四条　两议院的议员及其选举人的资格，由法律规定。此时，不得因人种、信仰、性别、身体健康与否、社会身份、门第、教育、财产或收入有所差别。

（众议院议员的任期）

第四五条　众议院议员的任期为四年，但在众议院解散时，在其任期届满前告终。

（参议院议员的任期）

第四六条　参议院议员的任期为六年，每三年改选议员之半数。

（关于选举的事项）

第四七条　关于选举区、投票方法及其他选举两议院议员的事项，由法律规定。此时，各选举区必须以人口为基础，综合考虑行政区划、地势等因素确定。

（两议院议员兼职的禁止）

第四八条　任何人不得同时担任两议院的议员。

（议员的俸禄）

第四九条　两议院议员按法律规定自国库接受适当数额的年俸。

（议员不受逮捕的特权）

第五十条　除法律规定之外，两议院议员在国会开会期间不受逮捕，会期前被逮捕的议员，如其议院提出要求，须在开会期间予以释放。

（议员的免责特权）

第五一条　两议院议员对在议院内所作之演说、讨论或表决，在院外不被追究责任。

（正常国会）

第五二条　正常国会每年召开一次。

正常国会的会期由法律规定。

（临时国会）

第五三条　内阁得决定召集国会的临时会议。如经任一议院全体议员四分之一以上要求，内阁须决定召集临时会议。

（众议院的解散与众议院议员的总选举、特别国会及参议院的紧急集会）

第五四条　众议院的解散由内阁总理大臣决定。

众议院被解散时，必须在自解散之日起四十日以内举行众议院议员总选举，并在自选举之日起三十日以内召开国会。

众议院被解散时，参议院同时闭会。但内阁在国家有紧急需要时，得要求参议院举行紧急会议。

在前项但书的紧急会议中采取的措施，是临时性的，如在下届国会开会后十日内不能得到众议院的同意，即丧失其效力。

（议员的资格审查）

第五五条　两议院在其议员资格产生争议之时，自行审查、裁决其争议。但取消议员资格，须有出席议员三分之二以上多数的决议。

（表决及定额数）

第五六条　两议院议事时，除本宪法有特别规定者外，依出席议员的过半数议决之，可否票数相等时，由议长决定。

两议院各自如无全体议员三分之一以上出席，不得开会议事和作出决议。

（会议及会议录的公开）

第五七条　两议院的会议必须公开。但经出席议员三分之二以上多数议决时，得举行秘密会议。

两议院各自保存其会议记录，除秘密会议记录中认为应特别保密者外，均予公开发表，并须公布于众。

如有出席议员五分之一以上之要求，各议员的表决需载入会议记录。

（工作人员的选任和议院规则及惩罚）

第五八条　两议院各自选任其议长及其他工作人员。

两议院各自制订关于其会议、其他程序及内部纪律的规章体制，并得对扰乱院内秩序的议员进行惩罚。但开除议员须有出席议员三分之二以上多数的议决。

（法律案的议决及众议院的优越）

第五九条　凡法律案，除本宪法有特别规定者外，经两议院通过后即成为法律。

众议院通过而参议院作出不同决议的法律案，如经众议院出席议员三分之二以上多数再次通过时，即成为法律。

前项规定并不妨碍众议院依据法律规定提出举行两院协议会的要求。

参议院接到众议院通过的法律案后，除国会休会期间不计外，如在六十日内不作出决议，众议院可视为其决议被参议院否决。

（关于预算案议决时众议院的优越）

第六十条　预算须先向众议院提出。

关于预算，如参议院做出与众议院不同的决议，依据法律规定，举行协议会仍不能取得一致意见时，或，参议院在接到众议院已经通过的预算后，除国会休会期间外，在三十日内不作出决议时，即以众议院的决议作为国会决议。

（关于条约承认时众议院的优越）

第六一条　关于缔结条约所必要的国会承认，准用前条第二款之规定。

（议院的国政调查权）

第六二条　两议院得各自进行关于国政的调查以及要求有关证人出席作证或提出证言及纪录。

（内阁总理大臣等出席议院的权利及义务）

第六三条　内阁总理大臣及其他国务大臣，为就议案发言得出席两议院。

内阁总理大臣及其他国务大臣，在被要求出席答辩或作说明时，必须出席。但因执行职务特别必要时，不受此限。

（弹劾法院）

第六四条　国会为审判受到罢免控诉的法官，设立有两议院议员组织的弹劾法院。

有关弹劾的事项，由法律规定。

第五章　内　阁

（内阁与行政权）

第六五条　行政权，除本宪法有特别规定，属于内阁。

（内阁的构成及对国会的责任）

第六六条　内阁，按照法律规定，由其首长内阁总理大臣及其他国务大臣组成。

内阁总理大臣及其他国务大臣不得是现役军人。

内阁在行使行政权上，对国会负连带责任。

（内阁总理大臣的提名及众议院的优越）

第六七条　内阁总理大臣经国会在国会议员中提名。

国会须较其他一切议案优先进行内阁总理大臣的提名。

众议院与参议院作出不同的提名决议时，依据法律规定，即使召开两议院的协议会意见仍不一致时，或在众议院作出提名的决议后，除国会休会期间外，在十日内参议院仍不作出提名决议时，即以众议院的提名作为国会的提名。

（国务大臣的任免）

第六八条　内阁总理大臣任命国务大臣。此时，其中半数以上须从国会议员中选任。

内阁总理大臣可任意罢免国务大臣。

（内阁不信任与总辞职）

第六九条　内阁在众议院通过不信任决议案或否决信任决议案时，如十日内不解散众议院，必须总辞职。

（内阁总理大臣空缺时等内阁的总辞职）

第七十条　内阁总理大臣空缺，或众议院议员总选举后第一次召集国会时，内阁必须总辞职。

在内阁总理大臣空缺时，如有法律规定其他准用情况，内阁总理大臣预先指定的国务大臣临时代行其职务。

（总辞职后的内阁）

第七一条　发生前两条情况时，在新总理大臣被任命之前，内阁继续执行其职务。

（内阁总理大臣的职务）

第七二条　内阁总理大臣，指挥监督行政各部，并对其进行综合调整。

内阁总理大臣代表内阁向国会提出议案，并就一般国务及外交关系向国会提出报告。

内阁总理大臣，作为最高指挥官统帅国防军。

（内阁的职务）

第七三条　内阁除执行其他一般行政事务外，执行下列各项事务：

一、诚实执行法律，总理国务。

二、处理外交关系。

三、缔结条约，但须在事前，或在不得已的情况下，在事后获得国会的承认。

四、依法律规定的准则，掌管关于国家公务员的事务。

五、编制并向国会提出预算案和法律案。

六、基于法律规定制定政令。但在此种政令中，除法律特别授权者外，不得制定课以义务或限制权利的规定。

七、决定大赦、特赦、减刑、免除执行刑罚及恢复权利。

（法律及政令的署名）

第七四条　法律及政令均须由主管国务大臣签署，并须由内阁总理大臣联署。

（国务大臣的不追诉特权）

第七五条　国务大臣在职期间，如无内阁总理大臣的同意，不得提起公诉。但在失去国务大臣后，并不妨碍提起公诉。

第六章　司　法

（法院与司法权）

第七六条　一切司法权属于最高法院及依法律规定设置的下级法院。

不得设置特别法院。行政机关不得施行作为最终上诉审的审判。

所有法官依其良心独立行使职权，只受本宪法及法律的约束。

（最高法院的规则制定权）

第七七条　最高法院有权就关于审判程序、律师、法院内部纪律以及司法事务处理的事项制定规则。

检察官、律师及其他相关审判人员必须遵守最高法院制订的规则。

最高法院得将制订关于下级法院规则的权限委托给下级法院。

（法官的身份保障）

第七八条　法官在因次条三款规定的情况及身心障碍不能执行职务时，除依照审判决定，依据第六十四条第一款的规定，不经正式审判不得罢免。行政机关不得执行对法官的惩戒处分。

（最高法院法官）

第七九条　最高法院由任其院长的法官及法律规定名额的其他法官组成，除任其院长的法官外，其余法官由内阁任命。

最高法院法官的任命，在其任命后，依据法律规定，必须接受国民审查。

在前项审查中，对于应被罢免的法官，予以罢免。

最高法院法官到达法律规定年龄时退休。

最高法院法官均定期接受适当数额的报酬，此报酬在任期中，除因法律资格变化或惩戒及依据一般公务员之例，不得减额。

（下级法院的法官）

第八十条　下级法院法官依最高法院提出的名单，由内阁任命。该法官任期以法律规定为限，并得连任。但到达法律规定的年龄时退休。

下级法院法官的报酬，准用前条第五款的规定。

（法令审查权与最高法院）

第八一条　最高法院为有权决定一切法律、命令、规则及处分是否符合宪法的终审法院。

（审判的公开）

第八二条　审判的口头辩论及公判程序和判决在公开法庭进行。

如全体法官一致决定有妨碍公共秩序或善良风俗之虞时，法院的口头辩论和公判程序可以不公开进行。但对政治犯罪、关于出版的犯罪或本宪法第三章所保障的国民权利问题案件的口头辩论和公判程序，一般必须公开进行。

第七章 财　政

（财政的基本原则）

第八三条　处理国家财政的权限，须依据国会决议行使。

必须依据法律规定，确保财政的健全性。

（租税法定主义）

第八四条　新课征租税或变更租税，须依法律规定。

（国费支出及国家的债务负担）

第八五条　国家费用的支出或国家负担债务，须依据国会的决议。

（预算）

第八六条　内阁编制每会计年度预算草案，须向国会提出，经其审议和议决后决定。

内阁在每会计年度中间，可以提出修补预算的预算草案。

内阁在本会计年度开始之前如认为难以获得第一款的议决时，必须提出临时期间的预算草案。

每会计年度的预算，依据法律规定，经国会议决，可以在下一年度此后的年度支出。

（预备费）

第八七条　为补充难以预见的预算不足，依据国会决议得设置预备费，由内阁负责支出。

一切有关预备费的支出，内阁必须于事后取得国会的承认。

（皇室财产及皇室费用）

第八八条　皇室的一切财产属于国家，皇室的一切费用必须列入预算，经国会议决。

（公共财产的支出及利用限制）

第八九条　公款以及其他公有财产，除第二十条第三款规定的情况，不得为从事宗教活动的组织或宗教团体使用、提供方便和维持活动支出，亦不得供其使用。

公款以及其他公有财产，亦不得为国家或地方自治体及其他公共团体难以监督的慈善、教育或博爱事业支出或利用。

（决算的承认）

第九十条　对国家的收支决算，内阁每年都须接受会计检察院审查，依据法律规定，于下一年度同此审查报告一并向国会提出，受其承认。

会计检察院之组织及权限，有法律规定。

内阁对第一款检查报告的内容必须在预算案中得到反映，并对国会报告其结果。

（财政状况的报告）

第九一条　内阁须定期，至少每年一次，向国会报告国家财政状况。

第八章　地方自治

（地方自治的宗旨）

第九二条　地方自治的宗旨是，以居民参与为基础，形成居民身边的、以居民自主、自立及综合实施为目标的行政。

居民拥有接受其向所属地方自治体提供任务相等的权利，负有公平承担其负担的义务。

（地方自治体的种类、国家及地方自治体的协助等）

第九三条　地方自治体基本包括基础地方自治体及包括基础地方自治体的广域地方自治体，其种类由法律规定。

关于地方公共团体的组织及运营事项，依据地方自治的宗旨由法律规定。

国家及地方自治体，必须依据法律规定的职责分担互相协作。地方自治体必须互相协助。

（地方自治体的议会及公务员的直接选举）

第九四条　地方自治体依据法律规定，设置议会为其议决条例及其他重要事项的机关。

地方公共团体的长官、议会议员及法律规定的其他公务员，由该地方自治体拥有日本国籍的居民直接选举。

（地方自治体的权能）

第九五条　地方自治体有处理其事务的权能，得在法律范围内制定条例。

（地方自治体的财政及国家财政措施）

第九六条

地方自治体的经费基本由依据条例规定征收的地方税及其他自主财源负担。

当地方自治体仅凭前项自主财源不能提供地方自治体所应从事的工作时，国家依据法律规定必须讲求必要的财政措施。

第八十三条第二款的规定准用于地方自治。

（地方自治特别法）

第九七条　有关特定地方自治体的组织、运行或权能如与其他地方自治体不同，又，仅对特定地方自治体居民课以义务、限制权利的特别法，依据法律规定，非经该地方公共团体居民投票并经过半数以上同意，不得制订。

第九章　紧急事态

（紧急事态宣言）

第九八条　对我国受到外部武力攻击、因内乱造成社会秩序混乱、因地震等产生大规模自然灾害及其他法律规定的紧急事态，内阁总理大臣认为特别必要时，依据法律规定并经过阁议，可以发布紧急事态宣言。

紧急事态宣言，依据法律规定，必须在事前或事后得到国会的承认。

内阁总理大臣，对于前款情况出现不承认的议决、国会议决应该解除紧急事态宣言、或随着事态变化认为没有必要继续该宣言时，必须依据法律规定并经阁议，迅速解除该宣言。并且，在超过百日需要继续紧急事态宣言时，每超过百日必须事前获得国会的承认。

关于第二款及前款后段的国会承认，准用第六十条第二款的规定。此时，对同款中"三十日以内"适用"五日以内"。

（紧急事态宣言的效果）

第九九条　在发布紧急事态宣言时，依据法律规定，内阁除可以制定与法律具有同样效力的政令之外，内阁总理大臣可以进行财政上必要的支出及其他处分、对地方自治体的首长做出必要地指示。

前款政令的制定及处分，依据法律规定，事后必须得到国会的承认。

在发布紧急事态宣言时，任何人必须依据法律，服从在该宣言事态中采取的、为保护国民的生命、身体及财产措施而发布的国家及其他公共机关的指示。即使在该种情况之下，本法第一四条、第一八条、第一九条、第二一条等关于基本人权的规定，必须最大限度地得到尊重。

在发布紧急事态宣言时，依据法律规定，在宣言存在效力期间，众议院不得解散，对两议院议员的任期及其选举日期可以设定特例。

第十章　修　改

第一百条　本宪法的修改，须经众议院或参议院议员的提议，各议院全体议员过半数以上赞成，由国会议决，向国民提出，并得其承认。此种承认，须在依据法律规定进行的国民投票中获有效投票过半数以上赞成。

宪法的修改在经过前项承认后，天皇直接公布宪法修改。

第十一章　最高法规

（宪法的最高法规性等）

第百一条　本宪法为国家的最高法规，与其条款相违反的法律、命令、诏敕以及关于国务的其他行为之全部或一部，不具效力。

日本国缔结的条约及已确立的国际法规，应诚实遵守。

(宪法尊重拥护义务)

第百二条 全体国民必须尊重该宪法。

国会议员、国务大臣、法官以及其他公务员,负有拥护本宪法的义务。

附 则

(施行日期)

本宪法修改自平成×年×月×日实施。但以下各项规定自公布之日起实施。

(实施必要的准备行为)

为实施本宪法修改进行的必要法律制定及改废、其他为宪法实施必要的准备行为,可以在本宪法修改实施之日前进行。

(适用区别)

修改后的日本国宪法第七九条第五款后段(含修改后第八十条第二款准用情况)规定,依据修改前日本国宪法规定任命的最高法院法官及下级法院法官的报酬亦适用。

关于本宪法实施之时在职的下级法院法官,其任期依据修改前日本国宪法第八十条第一款规定作为任期的剩余期间,可以依据修改后日本国宪法第八十条第一款规定连任。

修改后的日本国宪法第八六条第一款、第二款及第四款规定,自本宪法修改实施后提出的预算案及预算,同条第三款规定,自本宪法修改实施后提出的同条第一款的预算案相关会计年度中关于暂定期间的预算案,各自分别适用。本宪法修改实施之前提出的预算及当该预算相关会计年度中关于暂定期间的预算,仍照前例。

修改后日本国宪法第九十条第一款及第三款规定,自本宪法修改实施后提出的决算适用。

本宪法修改实施前提出的决议,仍照前例。

《日美安全保障条约》(旧)

(1952年4月28日生效)

在日本国与联合国家签订和平条约之后(即《旧金山和约》的签订),因为已解除武装,在和平条约生效之时,缺乏行使固有自卫权的有效手段。

因无责任的军国主义尚未从世界上消除,在这一背景之下,日本国仍处于危险之中。鉴于此,当和平条约在日本国和美利坚合众国之间生效的同时,日本国希望与美利坚合众国之间签订同时生效的安全保障条约。

和平条约承认日本国作为主权国家有缔结集体安全保障条约的权利,同时,联合国宪章也承认所有的国家都拥有个别或集体的自卫权。

为行使上述权利,作为防卫的暂定措施,为阻止对日本国的武力攻击,日本国希望美利坚合众国在日本国内及附近保持军事力量。

为了和平与安全,美利坚合众国现在也有意在日本国内及周边地区维持若干本国军队。但是,美利坚合众国期待:在日本国受到攻击威胁或根据联合国宪章的目的和原则增进和平与安全以外的情况下应该避免使用军备,同时,对于直接或间接的侵略,日本国能够为了本国的防卫逐渐负起自己不断增强的责任。

为此,两国签订以下协定:

第一条:驻军的使用目的

在和平条约和该条约生效之时,日本许可美国陆海空军在日本国内及周边地区拥有的配备权利,美国接受该权利。该驻军在维护远东国际和平与安全之外,为了镇压由一个或两个以上的外部国家教唆或干涉引起的日本国内大规模内乱及骚动,在日本国的明示邀请之下,为保护日本国的安全,可以对外部武力攻击(包括对日本的援助)使用。

第二条：第三国驻军的禁止

在行使第一条权利之时，不经美利坚合众国的事前同意，日本不得允许第三国使用日本的基地及附属设施或与基地相关的权利、权力或权能、驻军或演习的权利、以及陆海空军的通过权。

第三条：行政协定

关于规范美利坚合众国军队在日本国内及周边的配属规则，由两政府之间的行政协定决定。

第四条：效力的终止

在联合国或其他关于维护日本区域国际和平与安全的更好的联合国措施出现，或代替该条约的个别的或集体的安全保障措施生效之时，或日本国与美利坚合众国两国政府同意之时，该条约失去其效力。

第五条：批准

该条约必须由日本国和美利坚合众国批准，该条约在批准文书于两国在华盛顿交换之时生效。

《日美安全保障条约》（新）

（1960年6月23日生效）

日本国和美利坚合众国为了强化两国间的传统和平友好关系，希望拥护民主主义的基本原则、个人自由及法制，并进一步促进两国间的紧密经济合作和经济稳定，改善福利。两国再次确认关于《联合国宪章》的目的和原则信念以及和全世界所有政府、人民一道和平生活的愿望。两国确认保有《联合国宪章》所规定的个别或集体的自卫权。两国为了维护远东地区的国际和平与安全，决定缔结以下的协定。

第一条：努力维护和平

缔约国遵守《联合国宪章》的规定，通过以和平手段解决各自的国际纷争，维护国际和平、安全及正义。即使是为了保持领土完整和政治独立，也应慎重使用武力威胁、武力行使及与联合国宗旨不相符的方式。缔约国和其他爱好和平的国家一起，为了能够使维护国际和平与安全的联合国宗旨得到更加有效地执行，努力强化联合国组织的作用。

第二条：促进经济合作

缔约国通过强化其自由的各项制度，促进作为该制度基础原则地理解，改善安全和福利条件，为和平友好的国际关系进一步发展做出贡献。缔约国应努力消除彼此间的差异，促进两国间的经济合作。

第三条：自卫力的维持发展

缔约国通过个别及相互的合作，持续有效的自助和相互援助，发展和维护在宪法规定基础上的各自抵抗武力攻击的能力。

第四条：随时协商

缔约国就本条约的实施随时进行协商。另外，在日本国安全和远东地区国际和平与安全受到威胁之时，在缔约国任何一方的要求下随时可以进行协商。

第五条：共同防卫

各缔约国宣告，在日本国施政的领域内，如果任何一方受到武力攻击，另一方应依照本国宪法的规定和程序，采取行动对付共同的危险。

作为前述的武力攻击及其结果所采取的全部措施必须按照《联合国宪章》第 51 条的规定立即报告联合国安理会。这些措施在联合国安理会采取了某些国际和平与安全的措施之时必须终止。

第六条：基地的许可

为了维护日本国的安全及维持远东的国际和平与安全，允许美国的海、陆、空三军使用日本国内的设施及区域。

关于前述日本国内的设施、区域的使用及驻日美军的地位问题，遵照已代替 1952 年 2 月 28 日在东京签署的日本国与美国的安全保障条约（即旧的《日美安全保障条约》）第 3 条为基础签订的行政协定之新协定及其他已达成之协议。

第七条：与联合国宪章的关系

本条约不得被解释为对依照联合国宪章所规定的缔约国之权利义务以及对维护国际和平与安全的联合国责任产生了影响。

第八条：批准

本条约必须在依照日本国和美国的宪法程序批准之后，并经两国在东京互换批准书时生效。

第九条：旧条约的失效

1951年9月8日在旧金山市签署的日美安保条约在此条约生效之时失效。

第十条：条约的终止

在日美两国均认为，联合国的相关措施规定足以维护在日本区域内的国际和平与安全之时为止，本条约始终拥有效力。

当然，在该条约存续10年之后，任一缔约国可以通告另一缔约国终止该协议的意思，之后，该条约在通告一年之后终止。

参考文献

一 中文著作

阿部照哉等：《宪法》，中国政法大学出版社 2006 年版。

何勤华、李秀清等：《日本法律发达史》，上海人民出版社 1999 年版。

华夏、赵立新、[日] 真田芳宪：《日本的法律继受与法律文化变迁》，中国政法大学出版社 2005 年版。

黄大慧：《日本大国化趋势与中日关系》，社会科学文献出版社 2008 年版。

千叶真等：《日本宪法与公共哲学》，法律出版社 2009 年版。

商兆琦：《无责任的帝国：近代日本的扩张与毁灭 1895—1945》，上海三联书店 2023 年版。

松田武：《战后美国在日本的软实力》，商务印书馆 2014 年版。

魏晓阳：《日本人的法律生活》，法律出版社 2012 年版。

吴廷璆：《日本史》，南开大学出版社 1994 年版。

于群：《美国对日政策研究》，东北师范大学出版社 1996 年版。

赵立新：《21 世纪日本修宪运动研究》，知识产权出版社 2015 年版。

赵立新：《日本修宪：历史、现状与未来》，知识产权出版社 2019 年版。

二 中文期刊论文

高洪：《论中日关系中的安全博弈与建设性互动》，载《日本学刊》2020年增刊。

何蓓：《日本解禁集体自卫权的合法性问题初探》，载《法治研究》2016年第3期。

梁云祥：《日本新安保法与中日安全关系》，载《日本学刊》2017年第2期。

刘畅等：《日本解禁集体自卫权的进程与违宪解读》，载《东北亚论坛》2017年第12期。

孟晓旭：《东亚安全形势与日本安保政策调整》，载《国际安全研究》2016年第2期。

孙歌：《透过安倍被刺，看到水面下的真实日本》，载《文化纵横》2022年第7期。

王俊生：《安全困境的形成与缓解——以冷战后东北亚安全为例》，载《教学与研究》2014年第11期。

王新生：《平成时代开启后工业化社会》，载《世界知识》2019年第8期。

吴怀中：《"安倍路线"下的日本与中日关系》，载《日本学刊》2016年第3期。

熊达云：《日本构建新安保法制的经纬及其内容评析（上）》，载《外交战略》2016年第1期。

熊达云：《日本构建新安保法制的经纬及其内容评析（下）》，载《外交战略》2016年第2期。

熊李力：《日本解禁集体自卫权以来美日同盟发展态势》，载《日语学习与研究》2019年第6期。

杨伯江、陈腾瀚：《日本国家战略转型：认知重构与路径选择》，载《东北亚学刊》2017年第1期。

于铁军：《因应与调整：战后日本国家安全保障战略的演化》，载

《和平与发展》2023 年第 4 期。

张晓磊：《"自卫队入宪"法理问题探析》，载《日本学刊》2018 年第 4 期。

张玉来：《解读日本"经济安保"新政策》，载《环球财经》2021 年第 5 期。

张玉来：《日本安保政策转型及其对策》，载《国别和区域研究》2018 年第 1 期。

赵立新：《对日本宪法的再认识》，载《河北师范大学学报（社科版）2019 年第 3 期。

赵立新：《对战后日本修宪运动的历史考察》，《河北师范大学学报（哲学社会科学版）》2015 年第 1 期。

朱海燕：《日本安保政策的新发展与影响》，载《国际问题研究》2018 年第 1 期。

朱海燕：《新版"日美防卫合作指针"下日美同盟的质变》，载《国际论坛》2015 年第 6 期。

三　日文文献

安倍晋三：《新しい国家構想》，载《文春新書》2013 年。

奥平康弘：《集団的自衛権の何が問題か》，岩波書店 2014 年版。

半田滋：《日本は戦争をするのか》，岩波書店 2014 年版。

幣原喜重郎：《外交五十年》，法律文化社 1971 年版。

倉持孝司：《"日米防衛のための指針"の再改定と"憲法の規範的規制力"》，载《法学セミナー》2017 年第 12 期。

長尾龍一：《思想としての日本憲法史》，信山社 1997 年版。

常岡圣子：《日本国憲法》，柏書房株式会社 1993 年版。

大江健三郎等：《いま、憲法の魂を選びとる》，岩波書店 2013 年版。

大石真：《憲法史と憲法解釈》，信山社 2000 年版。

渡邊治：《日本国憲法をめぐる攻防の70年と現在》，载《法と民主主義》2015 年第 9 期。

渡辺治：《集団的自衛権容認を批判する》，日本評論社 2014 年版。

渡辺治：《修憲の論点》，旬報社 2002 年版。

高柳賢三、大友一郎、田中英夫：《日本国憲法の制定過程Ⅰ》，有斐閣 2000 年版。

古関彰一：《"平和国家"日本の再検討》，岩波書店 2013 年版。

吉田敏浩：《占領の延長綫上の米軍特権》，載《前衛》2020 年第 7 期。

加藤孔昭：《21 世紀の憲法構想》，信山社 2000 年版。

纐纈厚：《安保法制成立以後の安倍政権》，載《経済》2019 年第 8 期。

纐纈厚：《集団的自衛権容認の深層》，日本評論社 2014 年版。

金子勝：《憲法の論理と安保の論理》，勁草書房 2013 年版。

林賢参：《安全保障関連の憲法改正を目指す安倍晋三・自民党のアプローチとその実践》，載《問題と研究》2016 年。

柳澤協二：《亡国の安保政策》，岩波書店 2014 年版。

全国憲法研究会：《日本国憲法の継承と発展》，三省堂 2015 年版。

三宅義子：《憲法の力》，日本評論社 2013 年版。

山根隆志：《安保法制後の日米軍事同盟》（上、下），載《前衛》2018 年第 11—12 期。

山根隆志：《増大する日米軍事同盟の危険性（下）安保法制施行五年》，載《前衛》2021 年第 6 期。

山形英郎：《同時多発テロ攻撃への反撃》，載《法律時報》第 74 巻第 1 号（2002 年）。

水島朝穂：《徹底分析！集団的自衛権》，岩波書店 2015 年版。

松田竹男：《集団的自衛権の現実》，載［日］《法律時報増刊》2010 年。

添谷芳秀：《秩序変遷と日本外交》，慶応義塾大学出版会 2016 年版。

田佃茂二郎：《安保体制と自衛権》（増補版），有信堂 1960 年版。

田中佐代子：《國際法上の自衛権行使の武力攻撃要件にぉける攻撃国の意図》，載《法學志林》2021 年第 3 期。

樋口陽一：《安倍流改憲にNOを！》，岩波書店 2015 年版。

樋口陽一：《加藤周一と丸山眞男》，平凡社 2014 年版。

西原正：《わかる平和安全法制》，朝雲新聞社 2015 年版。

細谷雄一：《安保論争》，筑摩書房 2016 年版。

現代憲法研究会：《日本国憲法：資料と判例》，法律文化社 1981 年版。

小西洋之：《私たちの平和憲法と解釈改憲のからくり》，八月書館 2015 年版。

小沢隆一：《クローズアップ憲法》，法律文化社 2008 年版。

植村秀樹：《戦後と安保の六十年》，日本経済評論社 2013 年版。

祖川武夫：《国際法と戦争違法化》，信山社 2004 年版。

祖川武夫：《新安保条約の論戦》，載《法律時報》第 32 卷第 4 号（1960 年）。

佐道明廣：《自衛隊史》，筑摩書房 2015 年版。

佐藤司：《現代憲法論》，八千代出版 1987 年版。

四　英文文献

Andrew Oros, Japan, *Security Renaissance: New Policies and Politics for the Twenty-First Century*, Columbia University Press, 2017.

Buckley, Roger, *US-Japan alliancs diplomacy*, 1945 – 1990, New York: Cambridge University press, 1992.

Jaemin Lee, Collective Self-Defense or Collective Security? Japan's Re-interpretation of Article 9 of the Constitution, November 10, 2016.

James Schoff, Uncommon Alliance for the Common Good: The United States and Japan after the Cold War, Carnegie Endowment For International Peace, 2017.

John H. Schaar, *legitimacy in the Modern State*, Transaction Books, 1981.

Mira Rapp-Hooper, Deciphering Trump's Asia Policy: What 'America First' Will Mean for Regional Order, November 22, 2016.

Sheila Smith, *Intimate Rivals: Japanese Domestic Politics and a Rising China*, Columbia University Press, 2015.

Sheila Smith, *Japan Rearmed: The Politics of Military Power*, Harvard University Press, 2019.

Study Group Participants, Kara Bue, Victor Cha, Zack Cooper, Michael Green, Matthew Goodman, Kevin Nealer and Sheila Smith, More Important Than Ever-Renewing the U. S. – Japan Alliance for the 21st Century, CSIS, October 2018.